Bildquellennachweis

U1.1. La Cub – GTM SO TP GC – GTM Sud – VINCI Construction Grands Projets – Cimola. – EGIS/JMI – LAVIGNE & CHERON Architectes – Michel VIRLOGEUX – Hardesty & Hanover; **U1.2** Klett-Archiv, Stuttgart; **9.1** Klett-Archiv (Prisca Martaguet), Stuttgart; **10.1** Thinkstock (iStockphoto), München; **10.2** Fotolia.com (AlexQ), New York; **11.1** iStockphoto (StudioCampo), Calgary, Alberta; **11.2** Fotolia.com (REDBUL74), New York; **12.1** dreamstime.com (RF/Wulschläger), Brentwood, TN; **14.2; 14.3; 14.4; 14.5** Klett-Archiv (Patrick Dembski), Stuttgart; **15.1** laif (Nicolas TAVERNIER/REA), Köln; **16.1** (Prisca Martaguet); **18.1** (Prisca Martaguet); **21.2** (Prisca Martaguet); **22.1** Agents Associés – Julie Artero, Paris; **24.1** Thinkstock (Comstock), München; **25.1** Klett-Archiv, Stuttgart; **26.1** Imago, Berlin; **26.2** Interfoto, München; **26.3** Universum Film, München; **27.1** shutterstock (lightpoet), New York, NY; **28.2** Yahoo! Deutschland GmbH, München; **28.2** iStockphoto (maikid), Calgary, Alberta; **28.3** Mauritius Images (Alamy), Mittenwald; **28.4** laif (Baptiste Fenouil/REA), Köln; **29.1** laif (HUGHES Hervé/Hemispheres Images), Köln; **29.2** Getty Images (AFP), München; **29.3** dreamstime.com (Yvon52), Brentwood, TN; **38.1** akg-images (Rainer Hackenberg), Berlin; **38.2** Getty Images (AFP), München; **38.3** laif (Marco Polo, F. Bouillot), Paris; **38.4** Picture-Alliance (maxppp), Frankfurt; **42.1** akg-images (viennaslide), Berlin; **42.3** Thinkstock (Comstock), München; **42.4** Thinkstock (Digital Vision), München; **42.5** Thinkstock (iStockphoto), München; **42.6** ddp images GmbH (CAPMAN/SIPA), Hamburg; **43.1** iStockphoto (Aman Khan), Calgary, Alberta; **43.2** Fotolia.com (idreamphoto), New York; **43.2** Clairefontaine France; **43.3** Fotolia.com (Pixel & Création), New York; **43.5** Getty Images (AFP), München; **43.6** shutterstock (Losevsky Pavel), New York, NY; **43.7** Fotolia.com (Carole Mineo), New York; **43.8** laif (DUFOUR/GAMMA), Köln; **43.9** shutterstock (ID1974), New York, NY; **45.1** iStockphoto (Amanda Rohde), Calgary, Alberta; **50.2** Action contre la faim (Collège Gaston Chaissac, Pouzauges), Paris; **50.3** Action contre la faim (Christina Lionnet), Paris; **50.4** Action contre la faim, Paris; **56.1** Thinkstock (Digital Vision), München; **56.2** Imageshop, Düsseldorf; **58.1** DFJW-OFAJ, Paris; **59.1** MARCO POLO, Paris (F. Bouillot/Naudin); **59.2; 59.3** TF1 – IMAGE IN; **60.1; 60.2** Klett-Archiv (Prisca Martaguet), Stuttgart; **60.1; 60.2** Klett-Archiv (Alena Zörlein), Stuttgart; **61** Fotolia.com (Mathieu Gerentes), New York; **62.1** Fotolia.com (Lsantilli), New York; **63.1** iStockphoto, Calgary, Alberta; **64.1; 64.2; 64.3; 64.4; 64.5; 64.6; 64.7; 64.8** Klett-Archiv (MARCO POLO, Paris (F. Bouillot/Naudin)), Stuttgart; **68.2** iStockphoto (Ernst Fretz), Calgary, Alberta; **69.1** Gendrot, Paul, Paris; **69.2** shutterstock (wiedzma), New York, NY; **69.3** Getty Images RF (PhotoDisc), München; **69.4** Ingram Publishing, Tattenhall Chester; **69.5** Fotolia.com (evgenyb), New York; **69.6** iStockphoto (angi71), Calgary, Alberta; **69.7** Fotolia.com (photo25th), New York; **69.8** Fotolia.com (unpict), New York; **69.9** Thinkstock (iStockphoto), München; **69.10** shutterstock (Viktor1), New York, NY; **69.11** Thinkstock (Hemera), München; **72.1** Fotolia.com (teracreonte), New York; **72.2** Fotolia.com (PHB.cz), New York; **72.3; 72.6; 72.7** Thinkstock (iStockphoto), München; **72.4** shutterstock (Dudarev Mikhail), New York, NY; **72.5** Ullstein Bild GmbH (CHROMORANGE/TipsImages/Franc), Berlin; **72.8** dreamstime.com (Lupoalb68), Brentwood, TN; **74.1** shutterstock (Pack-Shot), New York, NY; **75.1** Fotolia.com (topdeq), New York; **75.2** Corbis (Philip Gould), Düsseldorf; **77.1; 77.2; 77.3** Klett-Archiv MARCO POLO, Paris (F. Bouillot/Naudin), Stuttgart; **78.1** Klett-Archiv MARCO POLO, Paris (F. Bouillot/Naudin), Stuttgart; **79.1** Mairie de Bordeaux (Photographie Vincent Mothier, graphisme Soizic Quer, direction de la communication Mairie de Bordeaux), Bordeaux; **80.1; 80.2** Klett-Archiv MARCO POLO, Paris (F. Bouillot/Naudin), Stuttgart; **80.3** VISUM Foto GmbH (Andia), Hamburg; **81.1** Klett-Archiv MARCO POLO, Paris (F. Bouillot/Naudin), Stuttgart; **82.1; 82.2; 82.3** Klett-Archiv MARCO POLO, Paris (F. Bouillot/Naudin), Stuttgart; **84.1** Fotolia.com (Claude Coquilleau), New York; **85.1** dreamstime.com (Fahrner78), Brentwood, TN; **85.1** Fotolia.com (Frédéric Massard), New York; **85.2** shutterstock (PhotoSky 4t com), New York, NY; **85.2** Fotolia.com (André Reichardt), New York; **85.3** shutterstock (Muellek Josef), New York, NY; **85.4** Mauritius Images (Alamy), Mittenwald; **85.5** shutterstock (Sandra van der Steen), New York, NY; **85.6** laif (SIPA), Köln; **85.7** Imago, Berlin; **85.8** laif (Sylva VILLEROT/REA), Köln; **85.9** laif (PATRICK OTHONIEL/JDD/GAMMA/Eyedea Pres), Köln; **87.1** Fotolia.com (RF/david bovelette), New York; **88.1** Klett-Archiv (Dr. Heiner Wittmann), Stuttgart; **92.1** Klett-Archiv (Heiner Wittmann), Stuttgart; **93.1** ddp images GmbH (LEROUX-TV/SIPA), Hamburg; **94.1** Nguyen Thuy, Linh, Weißenfels; **95.1** Casterman S.A. („La frontière invisible" de François Schuiten et Benoît Peeters, avec l'aimable autorisation des auteurs et des Editions Casterman), Brüssel; **95.3** Pika Éditions, Boulogne; **95.4** Michel Rabagliati, Montreal (Québec); **97.1; 97.2; 97.3; 97.4; 97.5** Télé Bocal Association loi 1901, Paris; **98.1** Maiworm, Michael (Michael Maiworm), Sprockhövel; **99.1** dreamstime.com (Speedfighter17), Brentwood, TN; **99.2** Klett-Archiv (Prisca Martaguet/Ana.s Vaillant), Stuttgart; **99.3** Fotolia.com (davidadamson), New York; **102.1** shutterstock (Brooke Whatnall), New York, NY; **102.2** iStockphoto (Teresa Guerrero), Calgary, Alberta; **104.1** Klett-Archiv (Prisca Martaguet), Stuttgart; **106.1** Thinkstock (Comstock), München; **109.1** dreamstime.com (Maljalen), Brentwood, TN; **110.1** Francis Passaga (Passaga Francis), Sorde l'Abbaye; **110.1** Picture-Alliance (ZB), Frankfurt; **111.2** akg-images, Berlin; **112.1** Mairie de Vincennes (Anaïs Vaillant), Vincennes Cedex; **114.1** PantherMedia GmbH (Andrey Kiselev), München; **114.2** PantherMedia GmbH (Krystyna Wojciechowska-Czarnik), München; **115.1** Fotolia.com (poco_bw), New York; **115.2** Ullstein Bild GmbH (Rolf Schulten), Berlin; **117.1** Bayard JEUNESSE, Paris; **119.1** ddp images GmbH (LEROUX PHILIPPE/SIPA), Hamburg; **120.1** iStockphoto (andrearoad), Calgary, Alberta; **121.1** Thinkstock (iStockphoto), München; **122.1** L'Ecole des Loisirs, Paris; **122.2** Éditions Oskar, Le bébé tombé du train (Jo Hoestlandt, Andrée Prigent), Paris; **123.1** Éditions Albin Michel, Paris; **159.1** Bel Deutschland GmbH, Taufkirchen; **169** PantherMedia GmbH (Britt Weykam), München; **169** laif (Emmanuel Berthier/hemis.fr), Köln; **179** laif (Nicolas TAVERNIER/REA), Köln; **182** Ullstein Bild GmbH (CARO/Aufschlager), Berlin; **183** Fotolia.com (galam), New York; **184.1** Fotolia.com (Paty Wingrove), New York; **184.2** iStockphoto (Tomaz Levstek), Calgary, Alberta; **185** Fotolia.com (PAO joke), New York; **186.1; 186.2; 186.3; 186.4; 186.5; 186.9; 186.10** MEV Verlag GmbH, Augsburg; **186.6** Fotolia.com (volff), New York; **186.7** Avenue Images GmbH (Ingram Publishing), Hamburg; **186.8** shutterstock (Nattika), New York, NY; **186.11** Fotolia.com (Anna Kucherova), New York; **186.12** Avenue Images GmbH, Hamburg; **186.13; 186.14** Fotolia.com (Tomboy2290), New York; **187** Fotolia.com (Ludovic L'HENORET), New York; **188** Ullstein Bild GmbH (SIPA/LANCELOT FREDERIC), Berlin; **189** shutterstock (Sandra van der Steen), New York, NY; **191** Festival des Très Courts; **193.1** Avenue Images GmbH (Ingram Publishing), Hamburg; **194.1** Festival International de la Bande Dessinée, citer*9eArt+/FIBD; **194.2** iStockphoto (Rob Broek), Calgary, Alberta; **196.1** Thinkstock (Digital Vision), München; **196.2** iStockphoto (Matej Michelizza), Calgary, Alberta; **196.3** Thinkstock (iStockphoto), München; **197** Getty Images (Stone), München; **200** Cinetext GmbH, Frankfurt; **Vorsatz hinten** RATP/PAT phototèque, Paris Cedex 12; **U4.1** Getty Images (Flickr), München

Sollte es in einem Einzelfall nicht gelungen sein, den korrekten Rechteinhaber ausfindig zu machen, so werden berechtigte Ansprüche selbstverständlich im Rahmen der üblichen Regelungen abgegolten.

Découvertes 2

Série bleue

für den schulischen
Französischunterricht

von
Birgit Bruckmayer
Laurent Jouvet
Ulrike C. Lange
Andreas Nieweler
Sabine Prudent
Marceline Putnai

sowie
Dr. Nathalie Karanfilovic
Brigitte Laguerre
Sandra Märten
Jeanne Nissen
Michael Pfau
Christa Wänke

Ernst Klett Verlag
Stuttgart • Leipzig

Découvertes
Série bleue
Band 2

Zusatzmaterialien für Schülerinnen und Schüler zu diesem Band

Cahier d'activités mit MP3-CD und Übungssoftware,
   Klett-Nr. 622125
Cahier d'activités mit MP3-CD und Video-DVD,
   Klett-Nr. 622126
Die dem Cahier d'activités beiliegende MP3-CD wird alternativ für CD-Player auch als Audio-CD angeboten, die zusätzlich die Lieder enthält.

Grammatisches Beiheft, Klett-Nr. 622128
Fit für Tests und Klassenarbeiten, Klett-Nr. 622120
Das Trainingsbuch, Klett-Nr. 622221
99 Wortschatzübungen, Klett-Nr. 622061
99 grammatische Übungen, Klett-Nr. 622019
Vokabellernheft, Klett-Nr. 622183
Verbenlernheft, Klett-Nr. 622170

Am Ende von Découvertes 2 erreichen die Schülerinnen und Schüler das Niveau A2 des Gemeinsamen europäischen Referenzrahmens. Die Kenntnis der im Inhaltsverzeichnis grün unterlegten fakultativen Inhalte wird in den anschließenden Einheiten nicht vorausgesetzt. Das Lehrbuch versteht sich als Gesamtangebot. Die Schwerpunkte des schulinternen Curriculums legen fest, welche Texte und Aufgaben in Découvertes 2 verpflichtend sind.

1. Auflage   1   10   9   8   7   6 | 25   24   23   22   21

Alle Drucke dieser Auflage können im Unterricht nebeneinander benutzt werden, sie sind untereinander unverändert. Die letzte Zahl bezeichnet das Jahr dieses Druckes.
Das Werk und seine Teile sind urheberrechtlich geschützt. Jede Nutzung in anderen als den gesetzlich zugelassenen oder in den Lizenzbestimmungen (CD) genannten Fällen bedarf der vorherigen schriftlichen Einwilligung des Verlages.
Hinweis zu § 52 a UrhG: Weder das Werk noch seine Teile dürfen ohne eine solche Einwilligung eingescannt und in ein Netzwerk eingestellt werden. Dies gilt auch für Intranets von Schulen und sonstigen Bildungseinrichtungen.
Hinweis zu § 16 MarkenG: Alle in diesem Heft genannten Namen, Abbildungen und sonstigen Unternehmenskennzeichnungen Dritter sind eingetragene Marken, Geschmacksmuster und Warenzeichen der jeweiligen Rechtsinhaber.

© Ernst Klett Verlag GmbH, Stuttgart 2013. Alle Rechte vorbehalten.
Internetadresse: http://www.klett.de

Autorinnen und Autoren: Birgit Bruckmayer, München; Laurent Jouvet, Desaignes; Ulrike C. Lange, Bochum; Andreas Nieweler, Horn - Bad Meinberg; Sabine Prudent, Berlin; Marceline Putnai, Maulévrier Sainte-Gertrude; sowie: Andrea Floure, Schorndorf
Weitere Mitarbeit: Dr. Nathalie Karanfilovic, Stuttgart; Brigitte Laguerre, Stuttgart; Sandra Märten, Halle/Saale; Jeanne Nissen, Rostock; Michael Pfau, Halle/Saale; Christa Wänke, Linz
Beratung: Dr. Peter Bettinger, Rehlingen-Siersburg; Prof. Dr. Christoph Bürgel, Münster; Michette Eyser, Leonberg; Prof. Dr. Andreas Grünewald, Bremen; Silke Herr, Ludwigshafen; Hanns-Christoph Lenz, Leipzig; Prof. Dr. Franz-Joseph Meißner, Gießen; Ute Miesterfeld, Barleben; Christopher Mischke, Waiblingen; Ulrike Molter-Bocquillon, Mazaugues; Dr. Andreas Müller, Hannover; Inge Rein-Sparenberg, Marburg; Julitte Ring, Saarbrücken; Jérôme Rorig, Hannover; Jutta Rösner, Erlangen; Dr. Angelika Schenk, Wittenberg; Wolfgang Spengler, Solingen; Hermann Voss, Münster; sowie: Claus Darstein, Starkenburg; Gerda Germann, Zürich; Volker Hähnlein, Rostock; Annegret Mielke, Berlin

Redaktion: Dr. Gilles Floret
Gestaltung: Oliver W. Steinhäuser

Layout: Petra Michel, Bamberg
Illustrationen: François Davot, Troyes; Christian Dekelver, Weinstadt; Katja Rau, Fellbach
Satz: media office GmbH, Kornwestheim
Reproduktion: Meyle + Müller, Medienmanagement, Pforzheim
Druck: PASSAVIA Druckservice GmbH & Co. KG, Passau

Printed in Germany
ISBN 978-3-12-622121-4

So lernst du mit Découvertes

Einführung
Découvertes bedeutet „Entdeckungen". Diese Seite führt euch in das neue Thema ein.

Neuer Lernstoff
Atelier bedeutet „Werkstatt". Hier findet ihr Geschichten, neuen Lernstoff und Übungen.

Anwendung
Pratique: Das neu Gelernte wird in Aufgaben praktisch angewendet.

Überprüfen
Bilan: Hier könnt ihr selber prüfen, ob ihr den Lernstoff schon könnt.

Grammatik
Grammaire: Hier seht ihr die Grammatik des Kapitels auf einen Blick.

Vertiefen, wiederholen
Plateau: Zum Lesen und Wiederholen und zur Vorbereitung auf die internationale DELF-Prüfung

— Plateau 1 —

Gezieltes Üben
Im Anschluss an Atelier-Übungen: differenzierende Zusatzübungen auf 3 Niveaus.

— En plus – différenciation —

Vokabular
Vocabulaire: Die neuen Vokabeln zum Lernen

— Vocabulaire —

Nachschlagen
Liste des mots: Die alphabetische Wortliste zum Nachschlagen

— Liste des mots —

En classe: Erklärung der wichtigsten Übungsanweisungen

— En classe —

🇫🇷 Hier lernt ihr Frankreich mit eurem Land zu vergleichen.

PORTFOLIO
Das Ergebnis dieser Aufgabe kannst du in deinem Portfolio-Ordner sammeln. Informationen zum Portfolio findest du auf Seite 161.

32 💿 CD[1] mit Hördokumenten

✏️ Schriftliche Übung

👥 Partnerarbeit

👨‍👩‍👧 Gruppenarbeit

🗣️ Übungen, die auf die DELF-Prüfung hinführen

69, 1 📄 Dazu findet ihr eine Übung im Cahier d'activités Seite 69, Übung 1.

🚦 Selbsteinschätzung

→ **En plus 130, 4**
Verweis auf Seite 130, Übung 4 im „En plus"-Teil dieses Buchs

△ einfachere Übung
△ schwierigere Übung
ohne Symbol Zusatzübung

(G7) Die Nummern nach den Übungstiteln verweisen auf die Grammatik im Buch und auf das Grammatische Beiheft.

[1] **Dieses Symbol kennzeichnet die Tracknummer auf der MP3-CD, die dem Cahier d'activités beiliegt.**

Mehr dazu
3k46kt 🌐

Auf einigen Seiten im Buch findet ihr Découvertes-Codes. Diese führen euch zu weiteren Informationen, Materialien oder Übungen im Internet. Gebt den Code einfach in das Suchfeld auf www.klett.de ein.

Inhalt

PAGE		Kompetenzen	
		Kommunikativ	**Interkulturell / methodisch**

Au début

10		Lire Postkarten lesen Ecrire Eine Postkarte schreiben Quiz: Wiederholung Band 1	Geographie Frankreichs, Belgiens und der Schweiz

Unité 1
Vive la rentrée!
Mes amis et moi Wie beschreibe ich meine Gefühle?

En plus → S. 126

14	Découvertes	Ecouter Das Thema von Gesprächen verstehen (Globalverstehen) Wortschatz Ordnungszahlen	🇫🇷 Vis-à-vis La rentrée; Klassenstufen im Collège
16	Atelier A Ein neuer Mitschüler	Parler Gespräche beginnen, aufrechterhalten, beenden Grammatik Verben *connaître, savoir* Fragebegleiter *quel* Wortschatz Gefühle Aussprache [s] und [z]; liaison *(avoir, savoir, être)*	
20	Atelier B Eine Verwechslung	Parler Personen beschreiben Lire / Ecrire Informationen zu Personen finden und Stichworte notieren Grammatik Relativsätze mit *qui, que, où* Demonstrativbegleiter: *ce, cet, cette, ces* Wortschatz Personenbeschreibung	
25	Pratique: tâches Anwendungsaufgaben	Lire / Ecrire Du stellst Personen vor. Parler Du sprichst über Menschen und Gefühle.	Stratégie / Médiation Stichworte notieren, zusammenfassen Portfolio Mein „Stimmungsbarometer"
27	Bilan	Übungen zur Selbstkontrolle	

Unité 2
Les mystères de Paris
Mes amis et mes activités Wie berichte ich von Erlebnissen?

En plus → S. 128

28	Découvertes	Ecouter Global- und Selektivverstehen	🇫🇷 Vis-à-vis Das unterirdische Paris
30	Atelier A Ein Besuch in den Katakomben	Parler Seine Meinung äußern Lire Eine Infografik erschließen Ecouter / Médiation Bei einer Führung Informationen weitergeben Grammatik Das Passé composé (mit *avoir*): Partizipien unregelmäßiger Verben Das Verb *voir*	

🟩 fakultative Inhalte

PAGE		Kompetenzen	
		Kommunikativ	**Interkulturell / methodisch**
33	**Atelier B** Eine merkwürdige Begegnung	**Parler** Ein Telefongespräch führen **Ecrire** Eine Geschichte schreiben **Wortschatz** Wortschatz ordnen **Grammatik** Verben auf *-dre* Adjektive auf *-eux* **Aussprache** stumme und klingende Endsilben	**Stratégie** Einen Text gliedern, schreiben, überprüfen
38	**Pratique: tâches** Anwendungsaufgaben	**Lire, écouter, parler** Du versetzt dich in eine andere Person hinein. Du schreibst einen Brief.	**Portfolio** Du schreibst eine Geschichte.
40	**Bilan**	Übungen zur Selbstkontrolle	

Plateau 1

42	**Plaisir d'écouter**	Zaz: Je veux (Chanson)	
44	**Révisions**	Wiederholungsübungen	
45	**On prépare le DELF**	Test	

Unité 3
La vie au collège!
L'école et moi Wie sieht der Schulalltag in Frankreich aus?

En plus → S. 131

46	**Découvertes**	**Parler** Über die Schule in Deutschland und Frankreich sprechen	**Vis-à-vis** Zeugnisnoten in Frankreich
48	**Atelier A** Sacha hat ein Problem.	**Ecouter** Die Fortsetzung eines Textes verstehen **Lire / Médiation** Eine Informationsbroschüre verstehen und erklären **Parler** Etwas vorschlagen, vereinbaren **Wortschatz** Schulalltag **Grammatik** Die Verben *vouloir* und *pouvoir* **Aussprache** [wa]	**Stratégie** Ecouter: Globalverstehen
52	**Atelier B** Ein Erfolg für Sacha	**Ecouter** Vorschläge verstehen **Ecrire** Über ein Erlebnis berichten **Médiation** Ein *bulletin* erklären **Lire** Kurze Mitteilungen verstehen **Grammatik** Das Verb *venir*; Das Passé composé mit *être*	**Stratégie** Ecouter (I): Selektives Verstehen **Stratégie** Wortverbindungen lernen
56	**Pratique: tâches** Anwendungsaufgaben	**Lire / Parler** Du präsentierst Gästen aus Frankreich deine Schule.	**Portfolio** Du entwickelst Quizfragen über deine Schule.
57	**Bilan**	Übungen zur Selbstkontrolle	

cinq 5

PAGE		Kompetenzen	
		Kommunikativ	Interkulturell / methodisch

Unité 4
Fou de cuisine!
Le mode de vie Was isst man in Frankreich?

En plus → S. 133

59	Découvertes	Ecouter Ein Einkaufsgespräch verstehen Wortschatz: Lebensmittel	🇫🇷 Vis-à-vis Essgewohnheiten in Frankreich
61	Atelier A Léo bereitet ein Essen vor.	Parler Ein Einkaufsgespräch führen Lire Ein Rezept verstehen Wortschatz Zahlen über 100 Grammatik Der Teilungsartikel Mengenangaben Das Pronomen *en*	
65	Atelier B Familie Pirou hat Gäste.	Parler Gespräche bei Tisch Ecouter Ein Getränk beschreiben Wortschatz Das Gedeck Grammatik Die Verben *acheter, payer, boire* Aussprache Der Laut [ɥi]	🇫🇷 Vis-à-vis Eine französische Mahlzeit Stratégie Fehlende Wörter umschreiben
68	Pratique: tâches Anwendungsaufgaben	Parler Du sprichst über das Essen zu Hause und in Frankreich.	Portfolio Du beschreibst dein Lieblingsessen.
70	Bilan	Übungen zur Selbstkontrolle	

Plateau 2

71	Plaisir de lire	Isabelle Darras: Le voyage de la 5ᵉ B
72	Révisions	Wiederholungsübungen
73	On prépare le DELF	Test

Unité 5
Une semaine à Arcachon
Ma région et moi Wie plant man eine Reise?

En plus → S. 136

74	Découvertes	Ecouter Eine Diskussion in der Familie verstehen	🇫🇷 Vis-à-vis Arcachon und die Region Aquitaine
76	Atelier A Alex und Jérôme im Familienurlaub	Parler Über Interessen sprechen Lire Einen Reiseprospekt über Bordeaux verstehen Wortschatz Ferien Grammatik Objektpronomen *me, te, nous, vous* Das Verb *dire* Indirekte Rede und Frage	

🟩 fakultative Inhalte

PAGE		Kompetenzen	
		Kommunikativ	**Interkulturell / methodisch**
80	**Atelier B** Eine Bekanntschaft am Strand	**Parler** An einem Gespräch teilnehmen, auf Fragen antworten **Ecrire** Eine Region beschreiben Wortschatz Jahreszeiten und Wetter Grammatik Die direkten Objektpronomen *le, la, les*	**Stratégies** Einen Sachtext vorbereiten, schreiben und überprüfen
84	**Pratique: tâches** Anwendungsaufgaben	**Ecouter, lire, parler** Du bereitest eine Klassenfahrt vor.	**Portfolio** Du schreibst einen Text über eine Region.
86	**Bilan**	Übungen zur Selbstkontrolle	

Unité 6
Notre journal
Les médias et moi Wie kann ich beschreiben, was ich gerne höre, sehe, lese?

En plus → S. 138

PAGE		Kommunikativ	Interkulturell / methodisch
88	**Découvertes** **Tâche:** Wir erstellen eine Schülerzeitung.	**Lire** Du verstehst die Themen einer französischen Schülerzeitung.	**Stratégie** Gemeinsam arbeiten
90	**Station 1** Le coin Internet	**Lire** Du erschließt einen Text. **Parler, écrire** Du sammelst Informationen und schreibst einen Artikel. Wortschatz Internet Grammatik Verben auf *-ir (sortir)*	**Stratégie** Informationen erfragen und präsentieren
92	**Station 2** Le coin musique	**Ecouter** Du verstehst Chansons. **Lire** Du erschließt einen Text. **Parler, écrire** Du stellst einen Sänger / eine Sängerin vor. Wortschatz Musik Grammatik Die Adjektive *beau, nouveau, vieux*	🇫🇷 **Vis-à-vis** Französische Chansons
94	**Station 3** Le coin BD	**Lire** Du erschließt einen Text. **Ecrire** Du schreibst Sprechblasen für ein Comic-Heft. Grammatik Die Verben *devoir* und *recevoir*	🇫🇷 **Vis-à-vis** Französischsprachige BD
96	**Station 4** (fakultativ) Le coin cinéma	**Lire** Du erschließt einen Text. **Ecrire** Du stellst einen Film vor. Wortschatz Film und Fernsehen Grammatik Das Verb *rire*	🇫🇷 **Vis-à-vis** Ein französisches Kurzfilm-Festival
98	**Bilan**	Ihr überprüft die entstandenen Beiträge.	

sept 7

PAGE		Kompetenzen	
		Kommunikativ	**Interkulturell / methodisch**

Unité 7
On peut toujours rêver!
Mes rêves et moi   Wie kann ich über meine Wünsche sprechen?

En plus → S. 142

99	Découvertes	**Ecouter** Ein Gespräch über Wünsche verstehen	🇫🇷 **Vis-à-vis** Die Fête du sport in Vincennes
100	**Atelier A** Auf der Fête du sport in Vincennes.	**Ecrire** Einen Text zusammenfassen **Parler** Ein „Problemgespräch" führen: Empörung und Ratlosigkeit ausdrücken, ermutigen, eine Lösung vorschlagen **Wortschatz** Sport **Grammatik** Verben auf -ir (choisir)	**Stratégie** Ecouter (II) Vom Global- zum Detailverstehen
103	**Atelier B** Eine Überraschung	**Parler** Argumente finden und formulieren **Médiation** Eine Anzeige wiedergeben **Grammatik** Die indirekten Objektpronomen *lui* und *leur* Der unbestimmte Begleiter *tout* Bildung des Imparfait Steigerung der Adjektive	
107	**Pratique: tâches** Anwendungsaufgaben	**Lire, parler** Du begründest Interessen und Wünsche.	**Stratégie** Notizen für eine Präsentation anfertigen **Portfolio** Du beschreibst deine Wünsche.
108	**Bilan**	Übungen zur Selbstkontrolle	

Plateau 3

110	**Plaisir de lire**	Francis Passaga: La colonie de vacances
111	**Révisions**	Wiederholungsübungen
112	**On prépare le DELF**	Test

Unité 8
C'était chouette!
Mes sentiments   Wie kann ich meine Meinung, meine Gefühle äußern?

En plus → S. 145

114	Découvertes	**Ecouter** Ein Gespräch über Wünsche	🇫🇷 **Vis-à-vis** Projektwoche in einer französischen Schule
116	**Atelier A** Eine Projektwoche in Frankreich Sacha ist verliebt.	**Ecrire** Einen Text zusammenfassen **Wortschatz** Gefühle **Grammatik** Imparfait / passé composé	**Stratégie** Kreatives Schreiben

8   huit

PAGE		Kompetenzen	
		Kommunikativ	**Interkulturell / methodisch**
119	**Atelier B** Ein Lied über Liebeskummer.	**Parler** Seine Meinung äußern, etwas vorschlagen, ablehnen, begründen **Médiation** Eine Anzeige verstehen **Grammatik** *ne … pas*, *ne … personne* Das Verb *servir*	
122	**Pratique: tâches** Anwendungsaufgaben	**Lire, parler** Du begründest Interessen und Wünsche.	**Stratégie** Notizen für eine Präsentation anfertigen **Portfolio** Du beschreibst ein Buch.
124	**Bilan**	Übungen zur Selbstkontrolle	

126	**En plus Übungen zur Differenzierung**

147	**Grammaire**

161	**Stratégies**

Vocabulaire

168 Lautzeichen; Tipps zum Vokabellernen
169 Vocabulaire (lektionsbegleitend)
201 Liste des mots (Französisch – Deutsch)
211 Wortliste (Deutsch – Französisch)

218 Solutions (Lösungen zu den *Bilan*- und *Révisions*-Seiten)
223 Textes supplémentaires

neuf 9

Au début

Souvenirs

1 Le courrier des vacances

01

Salut Delphine!

Nous voilà en Bretagne! Le village nous plaît beaucoup. Marie est dans l'eau du matin au soir et Gabriel plonge comme un champion! Clara préfère rester sur la plage. Hier, elle a marché sur un crabe et maintenant elle a peur de l'eau. Demain, on va visiter l'aquarium de Saint-Malo et on va faire un voyage sous la mer avec le sous-marin Nautibus.
Et toi et Lilou?
Qu'est-ce que vous faites?

Amitiés.

Isabelle

02

Chère Maman, cher Papa,

Bonjour d'Auvergne. Tout va bien ici. La colo est sympa.
Je n'aime pas les repas mais les monos sont cool. L'eau est vraiment bonne. Hier, on a visité Vulcania. Là, on est presque au centre de la terre et j'ai appris beaucoup de choses sur la vie des volcans et sur l'histoire de la terre. Le soir, on va au lit à 22 heures (zut)! On marche beaucoup dans la montagne, alors, je suis fatiguée.

Et vous, vous allez bien?
A très bientôt!

Je vous embrasse.

Alex

Au début

03

Coucou Marie,

Je suis à Bruxelles. Hier j'ai visité la ville avec ma mère: tu l'imagines avec son grand chapeau rose devant l'Atomium! Le Manneken Pis, il est vraiment très petit. Demain nous allons à Knokke le Zoute au bord de la mer. On va peut-être aller nager.

Et toi, où passes-tu tes vacances?

A bientôt!

Lilou

04

Bonjour de Lausanne,

Avec mes parents, on fait le tour du lac Léman. Hier, on a visité la vieille ville de Lausanne. Aujourd'hui, on visite le Musée Olympique et demain, on va aller à Genève. Des amis de mes parents ont un voilier. Ça va être génial!
Il fait très chaud et nous sommes super contents.

Tout va bien chez vous?

Bisou.

Mehdi

2 Vrai ou faux?

A *Si c'est faux, corrigez les phrases.*

1. Clara aime bien l'eau.
2. Gabriel n'aime pas le sport.
3. Alex passe ses vacances chez ses grands-parents.
4. Alex a passé un après-midi sur la montagne «Vulcania».
5. Le Manneken Pis est à Bruxelles.
6. Lausanne se trouve au bord du lac de Constance.
7. Mehdi fait du bateau sur la mer.
8. Mehdi passe ses vacances avec ses copains.

onze 11

Au début

B Cherchez sur la carte les villes et les régions où Isabelle, Alex, Lilou et Mehdi passent leurs vacances.

Allez sur Internet et cherchez des informations supplémentaires.
Présentez ensuite un des endroits en 3–4 phrases en classe.

3 Mes vacances

A Et vous, comment est-ce que vous avez passé vos vacances? Racontez.

B Vous n'avez pas écrit de cartes postales pendant vos vacances? Ce n'est pas grave. Créez maintenant votre propre carte postale. Choisissez une belle image et écrivez un texte original. Après, vous choisissez la meilleure[1] carte en classe. Bon courage!

1 **la meilleure carte** die beste Karte

Au début

4 Souvenirs de Découvertes 1

Arbeitet in Gruppen und vervollständigt die folgenden Sätze. Wenn ihr bei einer Frage unsicher seid, dann wiederholt das entsprechende Grammatikkapitel des Vorjahres (die Zahlen in Klammern zeigen euch, wo ihr Informationen dazu findet). Schreibt die Sätze auf einen Zettel und gebt ihn eurem Lehrer bzw. eurer Lehrerin ab.

1. Malou est un chien? Non, Malou n'est pas **?** chien. *(Grammatisches Beiheft 1, p. 45)*
2. Il joue **?** la rue. *(Grammatisches Beiheft 1, p. 59)*
3. Ce soir, nous allons **?** Léo. *(Grammatisches Beiheft 1, p. 22)*
4. Ils ont oublié quelque chose? Non, **?** . *(Grammatisches Beiheft 1, p. 45)*
5. Lilou porte un **?** manteau **?** *(hübsch, lang)*. *(Grammatisches Beiheft 1, p. 37)*
6. Marc va **?** piscine pour faire **?** natation. *(Grammatisches Beiheft 1, p. 28 f)*
7. Gabriel et Clara **?** *(prendre)* une glace ensemble. *(Grammatisches Beiheft 1, p. 32)*
8. Nicolas raconte **?** une histoire **?** amis. *(Grammatisches Beiheft 1, p. 39 f)*
9. Nicolas et Sabine **?** *(ranger p.c.)* leur chambre. *(Grammatisches Beiheft 1, p. 34 f)*
10. Sylvie, **?** *(mettre)* la table, nous voulons manger. *(Grammatisches Beiheft 1, p. 41)*
11. Lilou, qu'est-ce que tu **?** *(faire)* hier? *(Grammatisches Beiheft 1, p. 34 f)*
12. Tu lis encore? Non, **?** . *(Grammatisches Beiheft 1, p. 45)*
13. Marc pose **?** *(viele)* questions à sa mère. *(Grammatisches Beiheft 1, p. 44)*
14. Qu'est-ce que vous **?** *(machen)* demain? *(Grammatisches Beiheft 1, p. 27)*
15. Léo et Magalie, est-ce que ce sont **?** *(eure)* parents? *(Grammatisches Beiheft 1, p. 23 f)*
16. Wie lauten die 3 Imperativformen von „travailler"? *(Grammatisches Beiheft 1, p. 29)*
17. Marie et Pierre cherchent **?** copains. *(Grammatisches Beiheft 1, p. 23 f)*
18. Tu as encore des questions? – Non, je **?** . *(Grammatisches Beiheft p. 44 f)*
19. Léo aime **?** chiens. *(Grammatisches Beiheft p. 15)*
20. Frag nach dem unterstrichenen Satzteil: J'aime Paris <u>parce que c'est super</u>. *(Grammatisches Beiheft p. 30–32)*

18–20 Punkte:	Tu es un champion.
15–17 Punkte:	C'est assez bien, continue.
11–14 Punkte:	Révise les chapitres de grammaire.
bis 10 Punkte:	Révise vite ta grammaire.

1 Découvertes

Unité 1
Vive la rentrée!

Après les grandes vacances, les élèves rentrent au collège. Ils cherchent leur classe et le nom de leur prof principal sur les listes.

Mehr dazu
3k46kt

> **Vis-à-vis**
>
> *La rentrée* nennt man in Frankreich den Beginn des neuen Schuljahres *(l'année scolaire)*. Es beginnt Anfang September, für die Lehrer ein paar Tage früher als für die Schüler und nicht für alle Klassen am gleichen Tag. Wie verläuft der Schulbeginn bei euch?

05 **A** *Avant l'écoute:* Choisissez deux personnages et faites un mini-dialogue.

06 **B** *Écoutez. De quoi est-ce que les élèves parlent?*

1. Les filles parlent des …
2. Mme Ducharme est peut-être …
3. Anne-Sophie a envie de …

PORTFOLIO

Am Ende dieser Unité kannst du Personen vorstellen und Stimmungen und Gefühle ausdrücken.

14 quatorze

Découvertes 1

Maintenant, Léo et ses amis sont **en 4ᵉ**. Et vous?

🇫🇷 Vis-à-vis

Was wisst ihr noch über das französische *Collège*? Was gibt es dort?

→ En plus 126, 1

âge[1]	le collège en France
11–12 ans	la 6ᵉ: la sixième
12–13 ans	la 5ᵉ: la cinquième
13–14 ans	la 4ᵉ: la quatrième
14–15 ans	la 3ᵉ: la troisième

quinze 15

Atelier A

1 On est dans quelle classe?

1. Dans la cour du collège, le jour de la rentrée. Les élèves regardent les listes avec les classes et les noms des professeurs.

Mehdi: Tu as passé des bonnes vacances?
Léo: Oui, et toi?
Mehdi: Bof, j'ai été chez ma grand-mère.
Léo: Ah, moi aussi! Quels profs est-ce qu'on a cette année?
Mehdi: Je ne sais pas. Je regarde la liste …
Génial, nous avons M. Lebreton comme prof principal. Tu le connais?
Léo: Oui, il est sympa. Et les autres?
Mehdi: En anglais, on a Mme Bardin, les autres, c'est comme l'année dernière.
Ah non, on a Rousselet en EPS!
Léo: C'est une blague? Il est super sévère, je le connais, c'est un ami de mon père.

2. *Marie:* Alors les garçons, ça va? Qu'est-ce qu'il y a Léo? Tu as l'air triste!
Léo: Je suis en colère, tu veux dire!
Mehdi: Il déteste Rousselet. Je pense qu'il a peur.
Léo: Mehdi, tu n'es pas drôle, tu sais?
Marie: Vous mangez à la cantine cette année?
Mehdi: Moi, oui. Et toi, Léo?
Léo: Moi, je rentre pour manger. Ma mère travaille maintenant à mi-temps.
Mehdi: Tu as de la chance!

3. *Marie:* Vous savez, Alex n'est plus dans notre classe.
Léo: Ah bon? Elle a changé d'école?
Marie: Non, mais elle apprend l'espagnol comme deuxième langue. Alors, elle est en 4^{e}A.
Mehdi: Ah? C'est bien dommage!

4. *Léo:* Vous connaissez le garçon, là-bas?
Mehdi: Quel garçon?
Léo: A côté de l'entrée. C'est un nouveau.
Mehdi: Ah oui, je connais sa tête, mais je ne sais plus d'où.

5. *Léo:* Bonjour! Tu cherches ta salle?
Le nouveau: Oui, la salle 18.
Léo: Tu es aussi en 4e B? Alors, viens avec nous! Moi, c'est Léo, et voilà Marie et Mehdi. Et toi, tu t'appelles comment?
Le nouveau: Je m'appelle Julien, Julien Aldon.

16 seize

Atelier A B — Pratique — Bilan — 1

2 A propos du texte

 A *Corrigez les phrases.*

1. C'est les grandes vacances.
2. Les élèves regardent les listes dans le journal.
3. Léo a passé ses vacances chez sa tante.
4. Léo aime bien monsieur Rousselet.
5. Marie est en colère.
6. Léo mange à la cantine.
7. La mère de Léo ne travaille pas.
8. Alex a changé de lycée.
9. Le nouveau cherche la cantine.
10. Il est dans la classe d'Alex.

B *Marie et Alex parlent de leur classe et du nouveau. Imaginez et jouez le dialogue.*

3 M. Lebreton sait tout. (G 1, 2)

→ En plus 126, 2

Connaître ou savoir? Trouvez le bon verbe et la forme correcte.

1. *Marie:* Tu **?** Mme Bardin? On a cours avec elle maintenant.
2. *Mehdi:* Tout le monde **?** Mme Bardin. Regarde, voilà M. Lebreton.
3. *M. Lebreton:* Bonjour, bonjour. Vous ne **?** pas dans quelle salle vous êtes aujourd'hui?
4. *Marie:* Si, je **?**. On est dans la salle 25.
5. *M. Lebreton:* Alors vite, allez-y!
6. *Marie:* Mais vous **?**, monsieur, on a encore cinq minutes.
7. *M. Lebreton:* Marie, tu aimes bien rester avec tes copains. Nous **?** bien ça.
8. *Marie:* Vous **?** bien vos élèves, monsieur.
9. *M. Lebreton:* Oui, Marie, et je **?** aussi Mme Bardin. Faites vite!
10. *Marie:* Comment est-ce qu'il **?** ça?
11. *Mehdi:* Les profs **?** toujours tout.
12. *M. Lebreton:* Non, Mehdi, mais ils **?** bien leurs élèves.

4 Vous savez écouter?

→ En plus 126, 3

A *Ecoutez bien et écrivez les phrases dans votre cahier.*

B *Lisez.*

1. Nous avons chanté.
2. Nous savons chanter.
3. Vous avez écouté.
4. Vous savez écouter.
5. Ils sont dix amis.
6. Ils ont dix amis.
7. Il sait la réponse?
8. C'est la réponse?

dix-sept 17

1 Atelier A–B

	m.	f.
Sg.	quel	quelle
Pl.	quels	quelles

→ En plus 126, 4 △

Ecrire et parler

5 Léo et le nouveau

A Ecrivez les questions de Léo.

Exemple: **1.** *Léo:* Tu es de quelle ville?

Léo	**Le nouveau**
1. (ville?)	Je suis de Strasbourg.
2. (âge?)	J'ai 14 ans.
3. (activités)?	Je fais de la natation.
4. (chanteurs?)	J'aime le chanteur de «Tokio Hotel».

B Du lernst jemanden kennen und möchtest wissen …

1. … in welcher Straße er oder sie wohnt.
2. … welche Bücher er oder sie liest.
3. … welche Farben er oder sie mag.
4. … welche Sportart er oder sie macht.

Erfindet weitere Fragen und Antworten und spielt den Dialog.

→ En plus 127, 5 △

Parler

6 Ça va? Tu es en forme?

A *Lest die Sätze gemeinsam.*

ON DIT

☺ **Ça va!**
Je suis en forme.
Je vais bien!
Je suis (très) content / contente!
Pas de problème!
C'est bien. / C'est super!
J'aime bien ça. / J'adore ça.
Je trouve ça drôle.

☹ **Ça ne va pas!**
Je suis triste / fatigué(e).
Je ne vais pas trop bien.
Je suis en colère!
C'est bête / dommage.
Ce n'est pas possible!
C'est nul! / Ça m'énerve!
Ce n'est pas drôle!

B Ecoutez les phrases et notez dans votre cahier les émotions (die Emotionen).

	affirmatif*	interrogatif	triste	joyeux	en colère
1					
2					
3					
4					
5					
6					
7					
8					
9					
10					

*bejahend

Atelier A – B ———— Pratique ———— Bilan **1**

Parler **7 Savoir parler**

Du möchtest …

… ein Gespräch beginnen,

… Zeit gewinnen, weil du nicht weiterweißt,

… nachfragen,

… zeigen, dass du verstehst,

… das Gespräch beenden.

ON DIT

Das kannst du sagen:
Bonjour. Tu es d'ici? Tu es d'où / de quelle ville?

Tu sais … euh … enfin …
Je veux dire … je ne trouve pas le mot …

Comment? / Pardon? Tu peux répéter s'il te plaît?
Je n'ai pas compris. Qu'est-ce que c'est, «une blague»?

Ah oui, d'accord. Je comprends maintenant. / C'est ça!
Ah bon? C'est vrai? Tiens, c'est intéressant / bizarre …

Bon, allez … Au revoir! Bonne journée. A bientôt!

Tu es en France chez ton correspondant. Choisissez une scène et jouez-la.

A *Tu accompagnes ton correspondant à son cours de judo. Le professeur n'est pas encore là, alors tu parles à un / une élève.*

B *Tu es à une fête d'anniversaire. Tu parles à un garçon / une fille qui a l'air triste.*

STRATEGIE

Worüber kann man sprechen, wenn man sich noch nicht kennt? Zum Beispiel darüber:
- Woher kommt der oder die andere?
- Wie heißt er / sie?
- Welche Musik, Kleider, Farben … mag er / sie gern?

 8 La cantine

 Mehr dazu b5m5zz

Viele Schüler essen in Frankreich in der Kantine, da sie einen zu weiten Heimweg haben oder weil ihre Eltern arbeiten. Schaut euch folgendes Wochenmenü an. Welche Wörter versteht ihr?

Semaine du 11 au 15 juin

	Lundi	Mardi	Mercredi	Jeudi	Vendredi
Entrée	Salade de tomates	Salade de carottes aux noix ou céleri rémoulade	Melon et jambon cru	Thon vinaigrette	Tarte flambée
Plat principal	Filet de dinde rôti	Escalope viennoise	Pizza salami	Hamburger	Poisson pané
Garniture	Haricots verts ou riz pilaf	Pommes de terre	Salade verte	Frites	Pommes de terre
Sans viande	Tortellini 4 fromages	Omelette provençale avec salade de tomates	Pizza Margarita	Choucroute garnie	Pâtes italiennes aux champignons
Fromage	Brie	Camembert	Emmental	Vache qui rit	Gouda
Dessert	Fruits	Yaourt	Tarte aux abricots	Beignet aux pommes	Petit suisse nature ou aux fruits

dix-neuf 19

Atelier B

1 **Un nouveau qui s'appelle Julien** (G 4)

(Julien ne connaît pas le collège.)
Julien est un nouveau qui ne connaît pas le collège.

(Les autres ne connaissent pas Julien.)
Julien est un garçon que les autres ne connaissent pas et qu' Alex trouve sympa.

A *Übersetze diese Sätze. Ist „qui" Objekt oder Subjekt? Ist „que" Objekt oder Subjekt?*

B *In welchen der folgenden Sätze muss qui stehen, in welchen que?*

1. Julien est un garçon ? entre au collège.
2. Julien est un garçon ? les autres regardent de loin.
3. Julien est un garçon ? ne connaît pas encore les professeurs.
4. Julien est un garçon ? Alex trouve sympa.
5. Julien est un garçon ? ne parle pas beaucoup.
6. Julien est un garçon ? on connaît.

Findet selbst weitere Beispiele.

2 **Au CDI** (G 4)

A *Faites des phrases. (Plusieurs solutions possibles.)*

1. Julien est au CDI   où madame Bardin entre aussi.
2. Il lit un livre   où il cherche une idée.
3. C'est le moment   où on trouve des informations.
4. Après, il va à la table   ou regarder des CD-ROM.
5. Au CDI, on peut lire   ou regarder des vidéos.
6. On peut écouter des CD   où il y a les ordinateurs.

Où ist nicht nur ein Fragewort, sondern auch ein Relativpronomen. Welche beiden Sätze ergeben einen Sinn und sind keine Relativsätze?

B *Formez des phrases avec les pronoms relatifs qui conviennent.*

1. Julien est un garçon	qui	il est né.
2. Il a deux sœurs		il y a deux chats et beaucoup de livres.
3. Il habite dans une maison	que	Alex aime bien.
4. Il lit des livres	qu'	écrivent des chansons.
5. Il n'aime pas trop les questions		les autres ne connaissent pas.
6. Il aime bien Strasbourg	où	les autres posent.

3 Des surprises en 4eB

1. Quand Léo, Mehdi, Marie et Julien arrivent dans la salle 18, le professeur est déjà là. Le cours commence. «D'abord, on regarde votre emploi du temps», dit M. Lebreton. Mais Léo n'écoute pas. Il pense encore aux vacances. Tout à coup, *paf* ! Une boulette de papier tombe sur sa table. Léo lit …

Qui a écrit ce papier?

2. Léo regarde le nouveau qui a l'air timide … Quoi? Lui, un acteur? C'est une blague! Mais *paf*, encore une boulette sur sa table.
M. Lebreton: Léo Pirou, qu'est-ce que tu as, là?
Léo: Euh… rien, monsieur.
M. Lebreton: Mais si, tu as un papier dans la main. Va le mettre à la poubelle.
Puis le cours continue.

3. A midi, les copains vont à la cantine, où ils retrouvent Alex.
Mehdi: Vous savez qui est dans notre classe? Alors écoutez bien: le nouveau, Julien Aldon, joue dans un film.
Alex / Léo: Non!?
Mehdi: Je jure sur la tête de ma mère. On dit ça aux autres? On va parler avec Julien?

4. Après le repas, Mehdi et Léo n'ont pas cours. Ils vont au CDI et cherchent des informations sur Internet. Mehdi tape «acteur» et «Aldon». Et voilà les résultats.

Mehdi: Regarde ces photos, Léo. C'est Julien, non?
Léo: Il ressemble vraiment à Julien, mais d'abord, ce garçon s'appelle Tristan et pas Julien. Et puis, il est né en 2000, ce n'est pas comme Julien.
Mehdi: En 2000 … Ce n'est pas possible! Alors Julien …
Léo: … n'est pas cette star de cinéma!
Mehdi: Zut! J'ai l'air bête, maintenant!

Samedi 26 septembre ☆☆☆ 498 276 34

20:40 48 heures par jour
Comédie. Fra. 2008. Réal.: Catherine Castel. 1h 29. Avec: Aure Atika, Antoine de Caunes, Victoria Abril, Tristan Aldon.
Tiraillée entre sa carrière professionnelle et sa famille, Marianne a l'idée d'échanger les rôles avec son mari Bruno. Du rêve à la réalité, un regard amusant porté sur les femmes d'aujourd'hui qui jonglent entre travail, enfants et maison.

vingt-et-un 21

1 Atelier A–B

Lire

4 A propos du texte

  A *Trouvez les phrases correctes. Il y a quelquefois plusieurs bonnes réponses.*

1. Au cours de M. Lebreton, Léo lit …
   - un papier de Mehdi.
   - son emploi du temps.
   - un papier du nouveau.

2. Léo pense: Julien …
   - n'a pas l'air timide.
   - n'a pas l'air sympa.
   - n'a pas l'air d'un acteur.

3. A la cantine, Mehdi raconte à ses copains: le nouveau …
   - joue dans un parc.
   - joue dans un film.
   - joue au théâtre.

4. Tristan …
   - ressemble à Julien.
   - est né en 2000.
   - n'est pas un acteur.

18 **B** *Ecoutez le dialogue A, puis le dialogue B.*
*Quel dialogue va avec le texte **Des surprises en 4ᵉA?***
Quel dialogue ne va pas? Pourquoi? Justifiez (begründet) vos réponses.

En forme

5 Un garçon sympa (G 4)

A *Reliez (verbindet) les phrases par qui / que / où.*

1. Marie, Mehdi, Léo et Julien vont dans la salle 18.
   Ils ont cours dans cette salle. *(Ort)*
2. Léo lit le message. Le message est sur sa table. *(Subjekt)*
3. Le professeur voit le papier. Léo a le papier dans la main. *(Objekt)*
4. Mehdi et Léo vont au CDI. Au CDI, ils cherchent des informations sur Julien. *(Ort)*
5. Tristan Aldon est une star. Il est né en 2000. *(Subjekt)*

B *Trouvez d'autres exemples (Findet weitere Beispiele).*

Jeu de mots

6 Trouvez le mot. (G 4)

→ En plus 127, 6

  A *Qu'est-ce que c'est?*

1. C'est **quelque chose** qu'on prend pour écrire ou pour dessiner.
2. C'est **un endroit** du collège où les élèves vont quand ils ont cours.
3. C'est **quelqu'un** qui donne des cours à des élèves.
4. C'est **un endroit** du collège où on va quand on n'est pas en forme.

C'est un truc qui est très bon et que j'adore.

B *Choisis un mot et écris une définition.*
Ton voisin / ta voisine devine ce mot.

une piscine   une cantine   un danseur   un cadeau   un journaliste   un gymnase   une invitation   un train

22 vingt-deux

Atelier — A–B — Pratique — Bilan — **1**

7 Devinettes

A *Travaillez en groupes. Un élève décrit une personne. Les autres écoutent d'abord, puis ils devinent qui c'est. Vous pouvez aussi décrire d'autres personnes.*

Exemple: C'est un garçon qui a les cheveux blonds.
Il n'a pas l'air content.
Il est … et un peu …

→ C'est Léo!

Julien

Léo

M. Lebreton

Mme Bardin

ON DIT	
être	un homme une femme / une dame une fille / un garçon
	grand(e) petit(e) joli(e)
avoir	les yeux bleus, marron, noirs, verts …
	les cheveux blonds, bruns, roux …
porter	un t-shirt bleu, une robe verte, un pantalon, un jean …
être / avoir l'air	timide cool bête
	intéressant(e) fatigué(e) bizarre triste sympa drôle
ressembler à	un garçon de ma classe, un chanteur …

B *Ecrivez un petit texte (40–50 mots) où vous présentez une personne que vous connaissez. Commencez comme ça:*

«La personne que je présente s'appelle …»

8 Tu connais ce film?

Lisez d'abord les phrases. Puis écoutez le texte. Complétez les phrases.

1. Hier soir, Arthur a …
2. Léo parle du film …
3. Quand il regarde ce film, Léo …
4. Dans leur collège aussi, …
5. La sœur de Tristan …
6. Tristan n'est pas bête parce que…

vingt-trois   23

1 Atelier A–B

En forme **9** **Regardez cette photo.** (G 5) → En plus 127, 7 △

A *Julien montre une photo de son collège à un copain de Strasbourg. Jouez la scène puis notez les phrases. Utilisez **ce / cet / cette / ces**.*

	m.	f.
Sg.	ce/cet	cette
Pl.	ces	

Exemple: **1. Ce collège**, c'est le collège Balzac de Paris.

1. collège
2. salle
3. élèves
4. élève
5. garçon
6. fille
7. mains
8. BD
9. ordinateur
10. livres

B *Apportez une photo et décrivez votre photo aux autres.*

En forme **10** **Je (ne) vais (pas) bien!**

Quand est-ce que vous (n') allez (pas) bien? Travaillez à deux et utilisez ces expressions:

être content(e)
ne pas être content(e)
être en forme
être en vacances
avoir un cadeau / faire un beau cadeau à qn
aller bien
avoir des bons résultats en classe
ne pas aller bien
être en colère
avoir des problèmes
avoir beaucoup de travail
…

Exemple:
– Quand est-ce que tu es content(e)?
– Je suis content(e) quand je suis en vacances.

Atelier – A - B — Pratique — Bilan — 1

Pratique

Lire

1 Septembre d'Or

Malik, ein junger Senegalese, geht zum ersten Mal in Montreuil, einem Vorort von Paris, zur Schule. Am ersten Schultag trifft er Naïma, eine junge Marokkanerin …

A *Lisez ou écoutez d'abord le texte.*

Mehr dazu
8g68fr

Un homme en costume[1] et cravate sort: c'est monsieur le principal. Il nous ouvre la porte[2] et nous entrons dans l'école. Il y a des élèves qui parlent encore. Je suis surpris[3]. Au Sénégal[4], ce n'est pas comme ça.

Derrière la porte, il y a des listes avec les classes et nos noms. Les autres parlent et parlent, il y a des élèves qui sont contents et il y a des élèves qui sont tristes. Je cherche mon nom et ma classe mais je ne comprends pas. Tout à coup, Naïma dit: «Tu es avec moi, on est dans la même classe, la seconde A, regarde: ton nom est là.»

Je trouve Naïma très jolie. Elle marche devant moi et nous entrons dans notre salle de classe.

Il y a déjà beaucoup d'élèves qui disent bonjour à Naïma. Elle explique: «Voilà Malik, c'est un nouveau. On habite le même quartier.» Je dis «Salut» et cinq minutes après, notre professeur principal entre dans la classe. Il s'appelle monsieur Voisin et il est notre professeur de français. Il me regarde et dit «Bienvenue». Après, il nous explique notre emploi du temps.

Naïma est gentille et aime rigoler. Après les cours, nous rentrons ensemble en bus. Quand nous arrivons dans notre quartier, elle dit «Au revoir. A demain.» Je suis très heureux parce que j'ai déjà une amie. Maintenant, je n'ai plus peur de l'école.

D'après: Wilfried N'Sondé, Septembre d'Or, pages 30–34; Ernst Klett Verlag 2010

B *Répondez maintenant aux questions.*

1. Pourquoi est-ce que Malik est surpris?
2. Qu'est-ce que les élèves cherchent sur les listes?
3. Est-ce que Malik est en 4ᵉA?
4. Pourquoi est-ce que Naïma connaît Malik?
5. Qui est monsieur Voisin?
6. Pourquoi est-ce que Malik n'a plus peur de l'école?

Parler

2 Allez, on discute …

Travaillez à deux. Choisissez une situation et jouez un dialogue. (1 – 2 Minuten).

1. Dans ta classe, il y a un nouveau que tu trouves très sympa. Tu discutes avec ton copain / ta copine.

2. Hier, ton copain / ta copine a encore oublié votre rendez-vous[5]. Aujourd'hui, vous discutez de ça.

3. Ton copain / ta copine et toi, vous avez gagné une journée dans un parc d'attractions. Vous discutez de ça.

---

1 le **costume** der Anzug, 2 **une porte** eine Tür, 3 **surpris(e)** überrascht, 4 le **Sénégal** der Senegal,
5 un **rendez-vous** [ɛ̃ʀɑ̃devu] *(hier:)* ein Treffen

vingt-cinq 25

1 Pratique

Médiation

3 Cinéma

Im Rahmen des Projekts „Kino macht Schule" wird deine Klasse nächste Woche einen Film anschauen. Bei dir wohnt gerade ein französischer Austauschschüler. Er kennt die vorgeschlagenen Filme nicht und bittet dich daher, ihm kurz zu erklären, worum es darin geht. Du brauchst die einzelnen Inhaltsangaben nicht genau zu übersetzen.

So kannst du beginnen:
Le film parle d'un garçon qui …

Hendrik findet Frankreich schrecklich. Seinen Französischlehrer mag er überhaupt nicht. Umso mehr mag er Valérie, deren Mutter Französin ist. Mit seinem Freund Johannes und anderen nimmt Hendrik an einer Fahrt nach Frankreich teil. Aber er spricht kaum Französisch und das führt zu einigen schwierigen Situationen. Diese Ferien in einer französischen Familie wird Hendrik nicht so schnell vergessen …

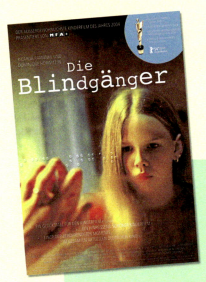

Marie und Inga sind Freundinnen. Beide lieben die Musik. Und beide sind blind (aveugle). Eines Tages treffen sie Herbert, den die Polizei sucht. Er kommt aus Kasachstan und will auch wieder zurück. Sie verstecken ihn in ihrem Internat. Gemeinsam suchen sie Möglichkeiten, das Geld für Herberts Reise zu verdienen …

Ecouter

4 Qui est Cédric?

21 *Ecoutez le texte puis répondez aux questions.*

1. Quel âge a Cédric?
2. Avec qui est-ce qu'il habite?
3. Pourquoi est-ce que mademoiselle Nelly n'est pas toujours contente de Cédric?
4. Qu'est-ce que Cédric n'aime pas beaucoup?
5. Qui est Chen?
6. Décrivez le caractère de Cédric.
7. Quelle est sa spécialité?

Johnny, Rudi, Matz, Martin, Uli, Sebastian und ihre Freunde sind im Internat. Ihr Lieblingslehrer ist Dr. Johannes Bökh, den die Buben Justus nennen. Er erzählt ihnen von verschiedenen Ländern und daher möchten die Buben die Welt sehen. Sie träumen von einem fliegenden Klassenzimmer. Die Buben haben auch viele andere Abenteuer …

26 vingt-six

Atelier – A - B — Pratique — Bilan — 1

Bilan

1 Parler

Mehr dazu
gh33am

Du kannst schon …

1. … sagen, dass du jemanden nicht kennst (diesen Jungen).	Je ne …
2. … jemanden fragen, in welcher Klasse er / sie ist.	Tu es …?
3. … sagen, dass du in der 8. Klasse bist.	Je suis …
4. … jemanden fragen, warum er / sie wütend ist.	Pourquoi est-ce que …?
5. … sagen, dass es dir gut geht.	Je …
6. … sagen, dass dich etwas ärgert.	Ça …
7. … sagen, dass du etwas nicht verstanden hast.	Je n'ai …
8. … jemanden um Wiederholung bitten.	Tu … s'il te plaît?
9. … etwas sagen, wenn du in einem Gespräch nicht weiterweißt (z. B. „Ich will sagen …").	Je …
10. … eine Person beschreiben (Mädchen, klein, sympathisch, schwarzhaarig, roter Pulli).	C'est une … Elle …

Was kannst du gut, was klappt noch nicht? Vergleiche deine Lösungen mit den Lösungen auf Seite 218.

2 En forme (G 3, 5)

Les élèves rangent la salle de classe. Complète.

Exemple:
– Où est-ce qu'on met ces livres?
– Quels livres?
– Les livres de français.

ce   cet   cette   ces   quel   quels   quelle   quelles

1. Où est-ce qu'on met ? livres?   – ? livres?   – Les livres de français.
2. Tiens, tu connais ? casquette?   – ? casquette? – La casquette verte, là-bas.
3. Il est à qui, ? sac?   – ? sac?   – Le petit sac rouge.
4. Il est à qui, ? anorak?   – ? anorak?   – L'anorak noir, sous la table.
5. Je ne comprends pas ? élèves.   – ? élèves?   – Les élèves qui oublient toujours leurs affaires.

3 En forme (G 4)

*Complète par **qui**, **que** / **qu'** ou **où**.*

1. Dans la classe de ma sœur, il y a un nouveau ? s'appelle Antoine.
2. C'est un petit garçon blond ? joue de la guitare.
3. Il joue des mélodies fantastiques ? je ne connais pas.
4. Le mercredi après-midi, il va dans la rue ? il joue pour tout le monde.
5. Beaucoup de gens aiment bien les chansons ? il joue.
6. Un garçon ? sait jouer comme Antoine, c'est vraiment super.

vingt-sept   27

2 Découvertes

Unité 2
Les mystères de Paris

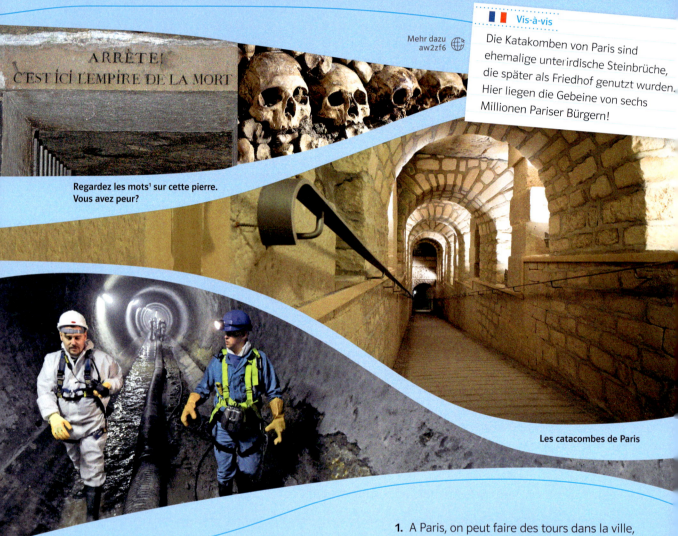

Regardez les mots[1] sur cette pierre. Vous avez peur?

Vis-à-vis

Die Katakomben von Paris sind ehemalige unterirdische Steinbrüche, die später als Friedhof genutzt wurden. Hier liegen die Gebeine von sechs Millionen Pariser Bürgern!

Mehr dazu aw2zf6

Les catacombes de Paris

1. A Paris, on peut faire des tours dans la ville, mais aussi sous la ville. Attention, ce sont des visites pour les courageux! Il y a d'abord les catacombes, où on trouve un escalier et deux kilomètres de souterrains et de couloirs mystérieux.

24 **A** Regarde les photos. Quel endroit est-ce que vous trouvez intéressant? Pourquoi?

25 **B** Ecoutez. Où est-ce qu'on est?

C Ecoutez encore une fois. Comment est-ce que ces gens trouvent cet endroit?

[1] Inschrift: Halte an! Hier ist das Reich des Todes.

PORTFOLIO

Am Ende dieser Unité kannst du über Ereignisse und persönliche Erlebnisse berichten.

28 vingt-huit

Découvertes **2**

26 **2.** On peut aussi visiter les égouts de Paris. Dans ces souterrains, on peut lire les noms des rues.

3. Une fois par mois, on peut prendre aussi le métro et faire un voyage dans les stations oubliées.

Le château de Miglos

Est-ce qu'il y a un endroit mystérieux dans ta ville ou ton village? Fais une photo et écris en français une légende (Erläuterung) de 20 à 30 mots.

vingt-neuf 29

Atelier A

1 Le secret des catacombes

Avant la lecture: *Qu'est-ce que vous savez déjà sur les catacombes?*

1. Souvent, le soir, Julien chatte avec Marie et Alex. Mais ce mercredi soir, les deux filles ne sont pas encore en ligne, alors Julien lit une discussion entre trois élèves de la 4ᵉ A.

2.
pikachu75: Slt![1] Demain, il y a la visite des catacombes! Cool, non?
lola_star: Bof! On voit rien!
psg_benji: Moi, j'ai déjà visité les catacombes avec mes parents!
pikachu75: Et tu as eu peur?
psg_benji: Mais non! Il n'y a pas de vampires dans les catacombes.
lola_star: J'ai lu qu'il y a des milliers de crânes! C'est vrai?
psg_benji: Oui, on a été dans cette salle. C'est trop génial!
pikachu75: A propos de vampires, on fait la visite avec les 4ᵉB, demain! ;-)
psg_benji: Ça va être drôle. C'est des nuls, surtout le nouveau! Vous voyez qui c'est?
pikachu75: Ah, oui! Julien, il ne parle pas beaucoup. Il va aimer les catacombes! mdr[2]
lola_star: Oh, arrêtez, vous êtes nuls, vous ne connaissez pas Julien. Il est sympa …
pikachu_75: Sympa? Ouais, je vois, surtout avec les filles …
lola_star: Oh, il est tard! Bon, à demain!

«Moi, un nul?» Cette fois, Julien en a marre. Il est à Balzac depuis des semaines et les garçons de la 4ᵉA écrivent des choses comme ça. Pourquoi? Parce qu'il ne parle pas beaucoup? Parce qu'il n'est pas «cool»?

3. Jeudi matin, 9 heures. Les classes de 4ᵉ ont pris le métro avec monsieur Marignan, le prof d'histoire.
– Bon, la visite va commencer. Faites attention dans l'escalier, restez dans le groupe. Tu as entendu, Julien?
– Oui, m'sieur!
– Allez, on y va!
Le guide arrive et la visite commence.

4. Dans les catacombes, il fait froid et sombre. Un garçon dit: «On entre dans l'empire de la mort». Marie a peur: «Oh, arrêtez!!» Les élèves arrivent dans une salle où ils voient des milliers de crânes. Julien reste derrière. Il pense: «Qu'est-ce qu'ils ont contre moi?» Tout à coup, il voit ce crâne devant lui. Il a des idées noires et n'a plus envie de rester avec les autres. Alors il cherche une sortie. Mais très vite, il ne sait plus où il est. Dans un petit couloir, Julien voit enfin une grille, mais elle est fermée à clé: «Zut!» A ce moment-là, une main traverse la grille et prend son bras …

---
1 Slt! = Salut! **2 mdr** (mort de rire) = Ich lach' mich tot. *(Abkürzungen in französischen Chat-Foren)*

30 trente

Atelier A B — Pratique — Bilan 2

Lire **2** **A propos du texte**

A *Quelle phrase va avec quelle image?*

1. Julien a des idées noires et cherche une sortie.
2. Les élèves de 4e arrivent devant l'entrée des catacombes.
3. Julien lit la discussion des élèves de la 4e A sur Internet.
4. Tout à coup, Julien a peur: il voit une main.

B *Travaillez à deux. Mettez les images dans le bon ordre et racontez l'histoire.*

Parler **3** **Qu'est-ce que tu en penses?**

A *Parlez du texte. Posez des questions à tour de rôle[1] et répondez.*

Exemple:
– Comment est-ce que tu trouves les catacombes?
– Je trouve que …

1. Comment – tu – trouver – les catacombes?
2. Comment – tu – trouver – la discussion en ligne?
3. Pourquoi – Marie – avoir peur – catacombes?
4. Pourquoi – Julien – ne pas rester – groupe?
5. Quel est – problème – Julien?

ON DIT
– Je trouve ça intéressant / mystérieux / bête …
– Je trouve **que** c'est …
– Je pense **que** … parce que …
– Qu'est-ce que tu en penses?

B *Imaginez la suite de l'histoire. Discutez.*

En forme **4** **Dans les catacombes** (G 6)

A *Complétez les phrases avec le verbe **voir**.*

1. Monsieur Marignan, nous ne **?** pas l'escalier!
2. Comment, vous ne **?** pas. On **?** bien, ici!
3. Alex, tu **?** ces crânes? Je prends une photo. Clic.
4. Vos élèves ne **?** pas les affiches? Pas de photos, ici!
5. Moi, je suis le guide, je **?** tout.

B *Jouez.* Exemple:
– Je vois une chose que vous ne voyez pas et qui est bleue.
– C'est le crayon bleu sur la table?
– Oui, c'est le crayon bleu. / Non, ce n'est pas le crayon bleu.

---

1 **à tour de rôle** abwechselnd

trente-et-un 31

2 Atelier A-B

5 Avant la visite (G7)

→ En plus 128, 1

A *Trouvez et notez les infinitifs et les participes qui vont ensemble.*

infinitif: voir, mettre, prendre, lire, avoir, écrire, comprendre, faire, connaître, savoir, pleuvoir, être

participe: écrit, plu, fait, su, été, mis, connu, eu, pris, vu, lu, compris

B *Avant la visite, Marie parle avec son père. Posez des questions et répondez. Utilisez le passé composé.*

Exemple:
- Papa, est-ce que **tu as fait** la visite des catacombes?
- Oui, **j'ai fait** la visite des catacombes.

lire un livre sur les catacombes
mettre une veste
prendre des photos
rencontrer des vampires
être content de la visite
avoir peur

voir des milliers de crânes
écrire un poème sur les catacombes
savoir retrouver la sortie
faire la visite des catacombes
comprendre l'histoire de cet endroit

6 Ecoutez le guide.

→ En plus 129, 2 △

A Findet anhand der Zeichnung heraus:
- wie weit die Katakomben unter der Erde liegen,
- was es in Paris sonst noch unter der Erde gibt.

B Du besichtigst die Katakomben mit deinen Eltern. Sie verstehen den Fremdenführer nicht. Höre genau zu und erzähle deinen Eltern
- wie lange und wie weit ihr laufen werdet,
- was mit den Steinen von diesem Ort gemacht wurde,
- was man hier nicht machen soll.

1 **un parking souterrain** eine Tiefgarage, 2 **la profondeu**r die Tiefe, 3 **la cave** der Keller, 4 **les égouts** die Abwasserkanalisation, 5 **une adduction d'eau** eine Wasserversorgung, 6 **une carrière** ein Steinbruch, 7 **le gypse** der Gips, 8 **le calcaire** der Kalk, 9 **creuser** graben, 10 **la nappe phréatique** das Grundwasser

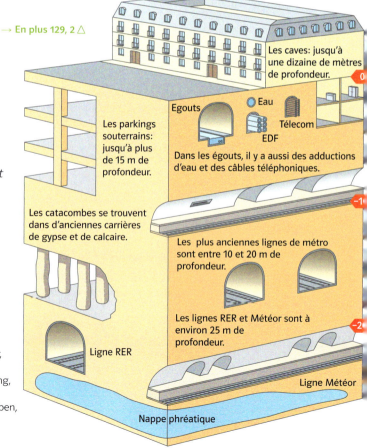

32 trente-deux

Atelier A **B** — Pratique — Bilan — **2**

Atelier B

Approche

1 **Comment est-ce qu'ils sont?** → En plus 129, 3

Regardez les dessins. Reliez les dessins avec les adjectifs: gefährlich, neugierig, unglücklich, mutig, glücklich.

		m.	f.
Sg.	courag-	eux	euse
Pl.		eux	euses

Ils sont curieux. Elle n'est pas courageuse. C'est dangereux? Il est malheureux. Elles sont heureuses.

2 Avant la lecture: Une main a traversé la grille et a pris le bras de Julien. A votre avis, qui est-ce? Et qu'est-ce que Julien va faire?

Des catacombes mystérieuses

1. Derrière la grille, un homme bizarre regarde Julien. Il ouvre la grille. D'abord, Julien a peur, mais l'homme n'a pas l'air dangereux.
– Tu es seul? Tu attends quelqu'un?
5 Julien reste là sans répondre.

2. – Moi, c'est Vladimir. Et toi?
– Euh … Julien.
– Tu as perdu ton groupe?
– Euh … oui. Mais qu'est-ce que vous faites, ici?
10 – N'aie pas peur. Je suis dessinateur de BD. Je cherche des idées pour un manga. C'est l'histoire d'un garçon mystérieux qui descend dans les catacombes. Regarde ces dessins, c'est pour les premières pages.
– Waouh! C'est génial!

15 **3.** – Et toi, Julien? Tu as l'air malheureux.
– Je ne trouve plus la sortie et puis … j'en ai marre de tout!
Alors, Julien raconte le divorce de ses parents, le nouveau collège à Paris. C'est trop pour Julien.
– Je comprends, Julien. Mais tu n'as pas perdu tes copains,
20 tu as même gagné des amis. Les élèves de Balzac ne connaissent pas ton histoire, ta vie … C'est tout! Parle plus et ils vont comprendre. Tu sais, moi aussi, à 14 ans …
Julien écoute Vladimir et enfin, il oublie ses idées noires.

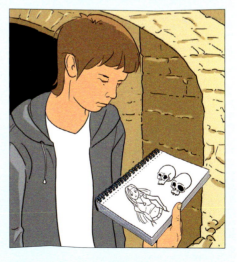

2 Atelier A B

4. «Bon, on y va. Je sais où est la sortie» dit Vladimir. Ils traversent maintenant un long souterrain très sombre. De très loin, ils entendent les autres qui appellent Julien qui pense: «Aïe aïe aïe, ça ne va pas être drôle pour moi!»
«Monte ici, c'est ouvert, et tu es presque à la porte de sortie. Ils vont peut-être attendre là-bas. Voilà mon numéro de téléphone. Allez, vite! Qu'est-ce que tu attends? Bonne chance!»

5. Cinq minutes après, Marie et Alex retrouvent Julien. Elles sont très heureuses. Julien aussi est heureux de retrouver ses copains de Balzac.
– Julien! Tu es là! On a appelé. Tu n'as rien entendu? Qu'est-ce que tu as fait? demandent les filles, un peu curieuses.
A ce moment-là, monsieur Marignan et les autres profs arrivent. Ils sont très en colère. Alors, Julien dit: «Monsieur Marignan, je suis vraiment désolé … C'est une longue histoire. Je vais tout expliquer.»

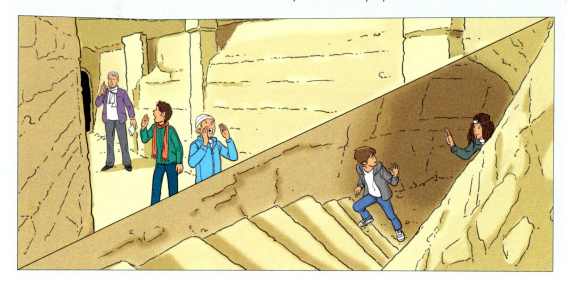

Après la lecture: Vladimir dit à Julien: «Parle plus et ils vont comprendre. Tu sais, moi aussi, à l'âge de 14 ans …» Qu'est-ce que Vladimir raconte à Julien? Continue la phrase de Vladimir.

Lire 3 A propos du texte

A *Quelle phrase va avec qui? Expliquez pourquoi.*

1. … est malheureux parce que …
2. … fait des dessins parce que …
3. … oublie ses idées noires parce que …
4. … sont très heureuses parce que …
5. … est en colère parce que …

Vladimir   Julien   Marie et Alex   M. Marignan

Exemple: Julien est malheureux parce que sa famille n'habite plus à Strasbourg.   *Continuez.*

B *Jouez une des deux scènes suivantes. Les expressions de l'exercice 3, p. 31, peuvent vous aider.*

1. Julien a quitté le groupe, alors Alex parle avec Marie.
2. Les trois élèves de la 4eB discutent aussi de Julien et de ses problèmes.

Atelier A—B   Pratique   Bilan   2

4 Où est Julien? (G 8) → En plus 130, 4

A *Qu'est-ce qu'ils disent? Utilisez les verbes* **attendre, entendre, répondre** *et* **perdre**.

Exemple: **1.** On attend devant la grille, d'accord?

1. Ein Schüler schlägt seinen Freunden vor, vor dem Gitter zu warten.
2. Ein Lehrer fragt die Schüler, worauf sie warten.
3. Ein Schüler sagt, dass er nichts hört.
4. Eine Lehrerin ruft nach Julien und fragt, warum er nicht antwortet.
5. Herr Marignan informiert seine Kollegen, dass Marie und Alex am Ausgang warten.
6. Ein Schüler sagt dem Lehrer, dass er sein Handy verloren hat.

B *Faites huit phrases au passé composé avec les mots suivants. Utilisez chaque verbe à droite deux fois.*

j'ai atten**du**   j'ai répond**u** à
j'ai enten**du**   j'ai perd**u**

Exemple: J'ai attendu à la sortie.

devant une grille | une question | un professeur | le copain | le guide
un bruit bizarre | la sortie | une histoire intéressante | une clé

5 Chanson: Les souris des catacombes

Ecoutez et répétez. Puis, formez deux groupes et chantez le rap.

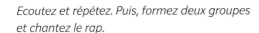

Elles aiment beaucoup les souterrains
Où on ne voit presque rien.
   Les catacombes, c'est leur quartier.
   La nuit, elles montent les escaliers.
Souvent, elles dansent dans la nuit
Mais elles ne font pas de bruit.
   Regarde, elles montent.
   Regarde comment …
Elles dansent dans la nuit qui tombe
Les souris des catacombes.

6 Que va faire M. Marignan?

A *Ecoutez et répondez.*

1. Pourquoi est-ce que M. Marignan a eu peur pour Julien dans les catacombes?
2. Quels sont les problèmes de Julien?
3. Qui a habité aussi à Strasbourg?

B *Julien ne veut plus être malheureux. Qu'est-ce qu'il va faire, maintenant? Qu'est-ce que tu penses?*

trente-cinq   35

2 Atelier A B

En forme — 7 La surprise de Vladimir (G 7)

*Lisez la suite de l'histoire, puis faites un résumé.
Commencez comme ça :* Six mois après la visite des catacombes, Julien **a regardé** un …

1. Six mois après la visite des catacombes, Julien regarde un reportage sur Vladimir et les mangas à la télé.
2. Vladimir parle de son manga. Julien a envie de lire le manga.
3. Après le collège, il attend ses copains et ensemble, ils font un tour à la FNAC.
4. Julien ne perd pas une minute. Il cherche, cherche …
5. Tout à coup, sur une table, il voit un livre noir : « Catacombes ».
6. Julien prend vite le manga et lit les premières pages.
7. Quand il ouvre la page 42, il appelle les autres : « Alex, Marie, Léo ! Regardez ! »
8. D'abord, ses amis ne comprennent pas.
9. Mais quand Julien montre les dessins, ils répondent : « Génial, Julien ! Vladimir n'a pas oublié cette histoire dans les catacombes. Et maintenant, tu es dans le livre ! »

Parler — 8 Allô ?

A *Ecoutez et lisez le dialogue.
Puis lisez les questions et notez les réponses dans votre cahier. Jouez le dialogue.*

Du rufst an.
- Wie meldest du dich?
- Wie sagst du, wen du sprechen möchtest?
- Wie sagst du, dass du später noch einmal anrufst?
- Wie beendest du das Gespräch?

Du wirst angerufen.
- Wie meldest du dich?
- Wie sagst du, dass der gewünschte Gesprächspartner nicht da ist?

B *Une heure après, Julien rappelle pour dire merci à Vladimir. Faites le dialogue entre le dessinateur et Julien.*

C *Vous téléphonez à une copine / un copain pour discuter d'un problème.
Son père répond. Faites le dialogue.*

> **ON DIT**
> – Allô ? …
> – Bonjour, madame. Je suis Julien, un ami de Vladimir. J'ai déjà appelé ce matin. Je voudrais parler à Vladimir, s'il vous plaît. Est-ce qu'il est là ?
> – Non, désolée, il n'est pas là. Tu rappelles dans une heure ?
> – Bon, alors je rappelle plus tard. Au revoir, madame et merci !
> – Au revoir, Julien.

36   trente-six

2 — Atelier A B · Pratique · Bilan

Cherchez dans les textes pages 30, 33–34.

9 Des mots pour raconter une histoire

→ En plus 130, 5

A Cherchez dans les textes trois autres mots pour chaque colonne.
Comparez ensuite vos résultats.

1. derrière
   à côté de
   …

2. depuis
   à ce moment-là
   …

3. un escalier
   une porte
   …

4. appeler
   expliquer
   …

B Trouvez dans les textes de l'unité les contraires de ces verbes.

fermer   répondre   descendre   quitter
retrouver
Exemple : quitter ≠ entrer   entrer   penser à

C Trouvez neuf choses qu'on peut perdre.
On peut perdre sa clé … Continuez.

10 Savoir raconter

→ En plus 130, 6

Schreibe eine kleine Geschichte, die in den Katakomben passiert sein könnte.

être   voir
avoir   lire
savoir   ouvrir
mettre   faire
prendre   comprendre

Verwende dazu
- so viele Wörter wie möglich aus der Übung 9
- die folgenden Verben im passé composé :

STRATEGIE

1. **Überlege** zuerst, was du erzählen willst. Sammle Ideen und **notiere** französische **Stichwörter.**

2. **Schreibe** deine Geschichte auf. Was geschah zuerst, was dann? Wie kannst du die Geschichte spannend erzählen?

3. **Überprüfe** deinen Text sorgfältig. Entdeckst du Fehler?

Beispiele:

Quand? vendredi, à minuit …
Qui? homme, vampire …
Où? souterrains, escalier …
Quoi? visiter, tomber, perdre …

D'abord, puis, après, …

seul, sombre, bruit, mystérieux, peur, à ce moment-là, tout à coup …

Stimmen die Verben mit dem Subjekt überein?
Hast du an die Plural-s oder -x gedacht?
Stimmt der Satzbau?

Pratique

Lire, écouter et parler

1 Les secrets du métro

A *Préparez en classe un exposé sur le «Paris mystérieux». Choisissez une des 4 photos ci-dessous. Cherchez d'autres informations sur Internet.*

Le métro en chiffres[1]
5 millions de personnes par jour, 16 lignes[2], 215 km, 300 stations, vitesse moyenne[3]: 27 km/h
Ouvert tous les jours de 5 h 30 à 1 h 15 du matin
Le métro de Paris ouvre en 1900 pour l'Exposition universelle. La première ligne, la ligne 1, est longue de 13 km et le ticket coûte 15 centimes!

1. La station de la Cité est la seule station sur une île à Paris. Elle est à 20 mètres de profondeur[4]. Pour arriver à cette station, le métro passe sous la Seine.
2. A Paris, il y a 14 «stations fantômes[5]». On utilise aujourd'hui la station Porte des Lilas pour tourner des films ou faire des photos.
3. La ligne 14 est la première ligne automatisée de Paris. C'est une ligne qui fonctionne, sans conducteur[6] …
4. La ligne 6 est très belle parce qu'elle ne passe pas seulement sous Paris, c'est aussi une ligne aérienne[7]. De la ligne 6, on peut voir la tour Eiffel par exemple.

B *Vous préparez maintenant l'exposé. Vous pouvez par exemple répondre à ces questions:*
- Le métro a quel âge? Et quelle est la première ligne dans l'histoire du métro?
- Quel est le numéro de la ligne où on voyage sans conducteur?
- Combien est-ce qu'il y a de «stations fantômes»?
- A quelle heure est-ce que le métro ferme?

C *Est-ce que tu connais des endroits mystérieux en Allemagne/Autriche/Suisse? Présente ces mystères à ton/ta correspondant(e). Ecris un petit texte de 40 mots.*

---

1 un chiffre eine Zahl **2 une ligne** eine Linie **3 la vitesse moyenne** die Durchschnittsgeschwindigkeit
4 la profondeur die Tiefe **5 un fantôme** ein Geist **6 un conducteur** ein Fahrer **7 le métro aérien** die Hochbahn

Atelier – A B — Pratique — Bilan — **2**

Ecrire

2 Ensemble, c'est la classe!

Dans ton collège, il y a une élève, Elise, qui a souvent l'air triste. Tout le monde pense qu'elle n'est pas sympa parce qu'elle est souvent seule dans la cour et parce qu'elle ne parle pas beaucoup. Les élèves de sa classe ne savent pas qu'Elise a quitté sa ville et ses amis …
Elle écrit une lettre au journal «Okapi» pour expliquer son problème.

> 15 novembre 2020
>
> Cher Okapi,
>
> J'ai 12 ans et je …
>
> …
>
> Je suis malheureuse et j'attends votre réponse.
>
> Elise

A Ecrivez la lettre de l'élève (40–50 mots).   déménager   travail   emploi   père   trouver

B Formez des groupes et échangez (*tauscht*) les lettres entre les groupes. Choisissez une lettre par groupe et écrivez une réponse (40–50 mots).

3 Quelle histoire!

Dans la vie, beaucoup de choses arrivent: des choses sympas, drôles, tristes, bêtes, fantastiques, mais aussi des choses dangereuses ou bizarres …

Raconte une petite histoire (40–50 mots). Tu peux utiliser les verbes: chercher, oublier, quitter, rencontrer et les verbes de G7, p. 149. Tu peux aussi faire des dessins pour ton texte.

> Comment faire pour raconter une histoire intéressante? Regarde la stratégie, page 37.

Mon dico personnel

Lerne den Ausdruck, der zu deiner Geschichte passt.

trente-neuf 39

2 Bilan

Bilan

1 Parler

Du kannst schon …

> Überprüfe, was du kannst!
> Vergleiche deine Lösungen mit den Lösungen auf Seite 218–219.

1. … fragen, was jemand gegen dich hat.	Qu'est-ce que … moi?
2. … sagen, dass jemand traurige Gedanken hat.	Il a des …
3. … jemanden fragen, was er über etwas denkt.	Qu'est-ce que tu en …?
4. … sagen, was du über etwas denkst *(es ist lustig)*.	Je …
5. … sagen, wie jemand aussieht *(glücklich)*.	Il a l'air … / Elle a l'air …
6. … sagen, dass du die Nase voll hast.	J'en …
7. … jemandem viel Glück wünschen.	… chance!
8. … sagen, dass du heute schon einmal angerufen hast.	J'ai déjà …
9. … sagen, dass du nichts hörst.	Je n'…
10. … sagen, dass du später noch einmal anrufst.	Je … tard.

2 Parler

Travaillez à deux. Faites des dialogues.

Exemple:

1. Comment est-ce que tu trouves la discussion des élèves de 4ᵉB sur Internet?
– Moi, je trouve que la discussion est nulle . Et toi, qu'est-ce que tu en penses?
– Moi, je pense que …

Comment est-ce que tu trouves …
1. … la discussion des élèves de 4ᵉB sur Internet?
2. … l'idée de visiter les catacombes?
3. … l'idée de Vladimir de faire un manga là-bas?
4. … cette histoire?

intéressant · (pas) sympa · dangereux · (très) bien · fantastique · courageux · nul · super · bizarre · bête

3 En forme (G 7)

Complète avec les verbes au passé composé.

1. **Alex:** Tu (voir) ça, Léo? «C'est ici l'empire de la mort!»
2. **Léo:** Oui, je (lire) ça! Qui (écrire) ces mots?
3. **Alex:** Je ne sais pas. Tu (prendre) des photos?
   Léo: Non, le guide n'est pas d'accord.
4. **Alex:** Et tu (faire) un tour là-bas?
5. **Léo:** Non. Je n'ai pas (être) là-bas parce qu'on (mettre) une grille.
6. **Alex:** OK, je (comprendre). Tu (avoir peur) de rester seul là-bas!
   Léo: Mais non, oh, et puis zut!

40 quarante

Atelier – A - B   Pratique   Bilan   2

4 En forme (G 8)

Mettez les verbes à la forme correcte.

Exemple: Moi, j'attends ici.

1. *Un élève:* Moi, j' **?** ici.
2. *Un autre:* Tu **?** Julien ici, mais tu **?** ton temps, tu **?** ?
   Nous avons **?** Julien.
3. *Une élève:* Nous **?** Julien, tout le monde **?** Julien, mais il ne **?**
   pas. Et nous n' **?** rien. Est-ce que vous **?** quelque chose, vous?
4. *Une autre:* Les élèves là-bas **?** les professeurs et le guide, mais
   c'est tout. Ils ne **?** pas.
5. *Un professeur:* **?** ! Est-ce qu'on **?** quelque chose, là? Ah!
   Des souris! Ne **?** pas la tête. Et **?** encore un peu. On ne **?** pas
   quelqu'un comme ça! Allez, j' **?** un moment ici.

répondre

attendre

perdre

appeler

entendre

5 Parler

Faites le dialogue en français.

La mère de Julien

1. Allô?

3. Je suis désolée, Léo. Julien n'est pas là.

5. D'accord. Julien rentre dans une heure.

7. Alors au revoir, Léo!

Léo

2. Léo meldet sich und stellt sich vor.
   Er sagt, er habe an diesem Morgen
   schon einmal angerufen. Er sagt, er
   möchte Julien sprechen.

4. Léo sagt, dass er später noch einmal
   anruft.

6. Léo bedankt sich und verabschiedet
   sich.

6 Lire et écrire

Mettez les phrases dans le bon ordre.

1. Après, il a rencontré le dessinateur de manga.
2. Enfin, il a retrouvé la sortie et ses copains d'école.
3. D'abord, Julien a quitté le groupe dans les catacombes.
4. Puis, une main a traversé la grille et a pris son bras.
5. Alors, il a eu peur.

quarante-et-un 41

Plateau 1

Plaisir d'écouter

Je veux (Zaz)

Donnez-moi une suite au Ritz[1],
je n'en veux pas!
Des bijoux de chez Chanel,
je n'en veux pas!
Donnez-moi une limousine,
j'en ferais quoi?

Offrez-moi du personnel[2],
j'en ferais quoi?
Un manoir[3] à Neuchâtel,
ce n'est pas pour moi.
Offrez-moi la tour Eiffel,
j'en ferais quoi?

Refrain:
Je veux d'l'amour, d'la joie,
de la bonne humeur,
ce n'est pas votre argent
qui fera mon bonheur,
moi, j'veux crever[4]
la main sur le cœur
allons ensemble, découvrir
ma liberté[5],
oubliez donc tous vos clichés,
bienvenue dans ma réalité.

J'en ai marre de vos bonnes manières,
c'est trop pour moi!
Moi je mange avec les mains
Je suis comme ça!
Je parle fort et je suis franche[6],
Excusez moi!
Finie l'hypocrisie[7] moi j'me casse[8] de là!
J'en ai marre[9] des langues de bois[10]!
Regardez moi,
De toute manière j'vous en veux pas[11]
et j'suis comme ça (bis)

Refrain

M+T: Kerredine Soltani, Tristan Solanilla,
Alle Rechte für D, Ö, CH
bei Play on 911 der
Sony / ATV Music Publishing

Zaz

1 Nobelhotel in Paris – 2 Hauspersonal – 3 Landsitz – 4 (ugs) sterben – 5 Freiheit – 6 ehrlich – 7 Heuchelei – 8 abhauen – 9 die Nase voll haben – 10 Phrasendrescherei – 11 jemandem etwas nachtragen

Plateau 1

A *Lisez d'abord les questions puis écoutez la chanson. Répondez ensuite aux questions et notez les réponses dans votre cahier. Justifiez vos réponses.*

Vrai ou faux? Zaz veut …

1. des grosses voitures   Oui, …   Non, …
2. être heureuse   …   …
3. des diamants
4. une grande maison à la campagne
5. manger avec les mains
6. dire tout ce qu'elle pense
7. vivre dans le luxe
8. être riche
9. être amoureuse
10. avoir beaucoup d'argent

Médiation

B *Tes parents écoutent souvent cette chanson à la radio allemande, mais ils ne parlent pas français. Raconte la chanson en allemand.*

C *Et toi? Qu'est-ce que tu veux? Qu'est-ce que tu ne veux pas? Dis pourquoi tu veux ou tu ne veux pas les choses ci-dessous.*

Exemple: **1.** je veux un bijou en or /
je ne veux pas de bijou en or parce que …

un bijou en or

des vacances à Tahiti

avoir un titre de «Docteur»

un diplôme de français

une robe Chanel

jouer dans un film

une carte de crédit

chanter à la télévision

rester enfant toute la vie

Plateau 1

> Lösungen zu den Révisions-Übungen findest du auf Seite 219.

Révisions

Parler

1 Dans la cour du collège

Im Schulhof ist ein französischer Austauschschüler, der alleine mit einem Fußball spielt. Der Ball rollt versehentlich in deine Richtung. Du hebst ihn auf und du kommst mit dem Schüler ins Gespräch.

Du fragst ihn,
- ob er oft Fußball allein spielt,
- seit wann er schon allein im Hof ist,
- wo seine Freunde jetzt sind.

Du sagst,
- du findest, dass er gut spielt,
- dass du Zeit hast,
- dass du jetzt gern mit ihm spielen möchtest.

Travaillez à deux. Préparez un dialogue. Utilisez les propositions données. Jouez la scène.

souvent — maintenant — quel — trouver que — depuis quand — enfin

Médiation

2 Qu'est-ce que c'est, «stinksauer»?

Tu es dans la rue avec Zoé, ta correspondante française. Vous rencontrez un camarade qui raconte quelque chose. Zoé ne comprend pas tout. Explique les mots **en gras (fettgedruckt)** à Zoé.

Ton camarade:
„Ich war eben in der Sporthalle. Da kam der **Hausmeister** in die **Umkleidekabine**. Er war **stinksauer** wegen der Duschen. Da ist eine Wahnsinns**überschwemmung**! Jemand hat wohl irgendwas in den **Abfluss** gestopft. Mann, hat der ein Theater gemacht!"

Toi
C'est un endroit où …
C'est une personne qui / que …
C'est quelque chose comme …
On est … quand …

3 Ecrire

Regarde l'image et raconte une petite histoire. Utilise les mots suivants.

lire un livre – mystérieux – entendre des bruits – avoir très peur – monter les escaliers[1] – ouvrir une porte – voir

Tout à coup – à ce moment-là – puis – enfin – d'abord – alors – là-bas – à côté de …

Commencez comme ça: Nous avons passé une semaine dans la maison de nos grands-parents. Un jour, … *Ecris la suite dans ton cahier.*

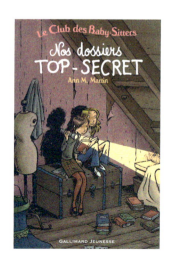

---
1 les escaliers die Treppe

Plateau 1

On prépare le DELF

1 Compréhension de l'oral

Ecoute deux fois le texte. Lis les phrases, trouve la bonne solution et note-la dans ton cahier.

1. Fanny veut aller voir
   a Lilou.
   b les égouts.
   c Valérie.
2. Elle a vu un reportage
   a à la télé.
   b dans un journal.
   c sur Internet.
3. Sous la ville, il y a
   a les numéros des maisons.
   b le nom des rues.
   c le nom des stations de métro.
4. Mercredi, Valérie va voir
   a son grand-frère.
   b sa grand-mère.
   c Fanny.
5. Une heure après, Fanny
   a rappelle Valérie.
   b appelle ses parents.
   c appelle son frère.

2 Compréhension des écrits

Salon Manga
Le Salon Manga ouvre ses portes pour sa 13ᵉ édition les 4 et 5 février 2012 au Parc des Expositions de Paris, Porte de Versailles. Un programme exceptionnel vous attend avec concours de costumes, karaoké, concerts et jeux vidéo. Sur la liste des invités: des auteurs de manga, des dessinateurs, des acteurs et des chanteurs qui viennent spécialement pour le salon. Bref, le programme est large et varié. De quoi amuser tous les publics, petits ou grands.

Vrai ou faux?

1. Le «Salon Manga» est un festival de cinéma.
2. Il y a déjà eu douze «Salons Manga».
3. Le salon est ouvert trois jours.
4. Il n'y a pas de musique.
5. On peut rencontrer des stars.
6. C'est un festival pour tout le monde.

3 Production écrite

Il est 20 heures. Tu viens de recevoir un mail de ton ami/e. Tu lui réponds et tu lui expliques pourquoi tu n'as pas pu venir. Ecris ta réponse dans ton cahier.

> Cher Théo,
> J'ai attendu pendant une demi-heure devant le cinéma. J'ai envoyé un SMS mais tu n'as pas répondu. Ça n'est pas très sympa d'oublier les copains …

4 Production orale

Tu as trouvé un trésor avec des pièces en or dans la cave de ta grand-mère. Alors tu vas à la banque pour mettre les pièces dans un coffre (Safe).

Jouez le dialogue à deux. Ton/ta camarade joue le banquier.

quarante-cinq 45

3 Découvertes

Unité 3
La vie au collège

Mehr dazu r2jt2k

Vis-à-vis

In Frankreich ist das Schuljahr in drei Abschnitte *(trois trimestres)* eingeteilt. Am Ende jedes *trimestre* bekommen die Eltern das Zeugnis *(le bulletin scolaire)* ihrer Kinder per Post. In vielen *collèges* können sie auch die Noten und die Mitteilungen der Lehrkräfte online einsehen. Für die Schüler ist es wichtig, im Durchschnitt mindestens 10 von maximal 20 Punkten zu bekommen *(avoir la moyenne)*.

42 Après chaque cours, les élèves changent de salle.

PORTFOLIO

Am Ende dieser Unité kannst du den französischen Schulalltag beschreiben und ihn mit deinem Schulalltag vergleichen.

46 quarante-six

Découvertes 3

1
Quand les élèves n'ont pas cours,
ils vont en permanence.
Ils apprennent leurs leçons,
font leurs devoirs, lisent ou discutent
avec le pion.

2
Dans le carnet de correspondance, ou
en ligne, les professeurs écrivent des
messages pour les parents.

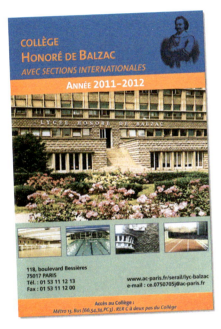

3
Les élèves notent leurs devoirs
dans leur cahier de textes.

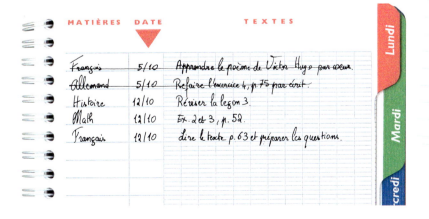

Vis-à-vis

- Et dans votre école, c'est comment? Décrivez.
- Qu'est-ce qu'il manque? (Was fehlt?)

Il y a des …
Il n'y a pas **de** …

quarante-sept 47

3 Atelier A B

Atelier A

1 Chanson

Music by Carlos Imperial / French Lyrics by Pierre Cour
© Fermata do Brasil – IMG Liechti & Cie

Tu veux ou tu veux pas?
Tu veux c'est bien
Si tu veux pas tant pis,
Si tu veux pas
J'en f'rai pas une maladie.
Oui mais voilà réponds-moi,
Non ou bien oui
C'est comme ci ou comme ça,
Ou tu veux ou tu veux pas

Tu veux ou tu veux pas
Toi tu dis noir et après
  tu dis blanc
C'est noir c'est noir

Oui mais si c'est blanc c'est
  blanc
C'est noir ou blanc
Mais ce n'est pas noir et blanc
C'est comme ci ou comme ça
Ou tu veux ou tu veux pas
*La vie, oui c'est une
  gymnastique
Et c'est comme la musique
Y a du mauvais et du bon
La vie, pour moi elle est
  magnifique
Pourquoi tu te la compliques
Par tes hésitations*

*La vie, elle peut être très
  douce
A condition que tu la pousses
Dans la bonne direction
La vie, elle est là, elle nous
  appelle
Avec toi elle sera belle
Si tu viens à la maison*

Tu veux ou tu veux pas? hein!
Quoi? Ah! tu dis oui
Ah! a a a a a a a
Et ben moi j'veux plus!
Ouh! la la

A Lisez le texte de la chanson.

B Remplacez «vouloir» par «pouvoir» et utilisez les expressions ci-contre.

un peu	aller au ciné	jeu	quand il pleut
année	travailler		regarder un DVD
à deux	avoir de bonnes notes		activités

2 Un problème, deux idées

Dans la cour du collège.
Sacha: Eh, Mehdi, j'ai un problème: je vais encore avoir un mauvais bulletin. Je n'ai pas la moyenne et j'ai encore eu une mauvaise note en géo: 7/20 à la dernière interro.
Mehdi: C'est une surprise? Non? Alors, qu'est-ce que tu vas faire?
Sacha: Je ne sais pas. Tu as une idée? Mes parents ne vont pas être contents! Mais tu sais, moi l'école … Mon truc, c'est plutôt le sport, quoi!
Mehdi: Je sais! Mais tu peux aussi travailler un peu plus, non? Tiens voilà Marie! Salut, Marie!
Marie: Eh, Mehdi, j'ai une idée pour l'exposé en géo. Les surveillants veulent organiser une «Course contre la Faim», cette année. Alors, je propose de faire un exposé sur un pays pauvre!
Mehdi: Pourquoi pas? D'accord. On va au CDI après la récré! Tu travailles avec nous, Sacha?
Sacha: Je veux bien participer à la course, mais un exposé, ça ne me dit rien!

Marie: Oh, arrête! Quand on veut, on peut! Enfin, comme tu veux. Alors salut!
Mehdi: A plus, Sacha!
Sacha: Ben alors? Vous ne voulez pas m'aider, c'est ça? Bon, tant pis mais moi j'ai une idée, et mon idée, c'est une très bonne idée!

48 quarante-huit

Atelier A B — Pratique — Bilan 3

Lire et écouter

3 A propos du texte

A *Qu'est-ce que c'est? Qui est-ce? Devinez.*

Exemple: → 1. C'est le bulletin.

1. Dans ce document papier, les parents voient les notes de leurs enfants.
2. Sacha ne l'a pas en géo: il a 7/20.
3. Ils veulent organiser une course.
4. Il veut travailler avec Marie.
5. C'est quelque chose que Sacha aime.
6. C'est quelque chose que Sacha n'aime pas trop.

B *Lisez d'abord les questions, puis écoutez la suite du texte. Répondez aux questions.*

1. Où est-ce que ça se passe?
2. Qui parle?
3. Qui est content, qui n'est pas content? Pourquoi?

STRATEGIE
- Achte auf die Geräusche.
- Achte auf die Stimmen.
- Achte auf den Tonfall.

En forme

4 Et tes notes, Sacha? (G 9, 10)

→ En plus 131, 1 △

A *Complétez avec les formes de **vouloir** (v) ou **pouvoir** (p).*

M. Massicard: Sacha, on (p) parler un moment? C'est à propos de tes notes.
Sacha: Ben euh, je ne (p) pas maintenant. Mes copains (v) faire du foot avec moi, alors …

Mme Massicard: Ils (p) attendre un peu. Sacha, tu ne (p) pas ou tu ne (v) pas parler de tes résultats? Ecoute, on a eu ton bulletin et tu n'as pas la moyenne. Ton père et moi, nous (p) parler de ça avec toi, non?
Sacha: Oui, vous (p), mais …

B – Que veulent faire les parents de Sacha? Que veut faire Sacha?
– A toi, maintenant: Qu'est-ce que Sacha peut faire pour avoir la moyenne? Qu'est-ce que ses amis peuvent faire?

de mots

5 La vie au collège en France

A *Trouvez 8 autres mots et expressions qui décrivent la vie au collège et faites un filet à mots dans votre cahier.*

→ En plus 131, 2 △

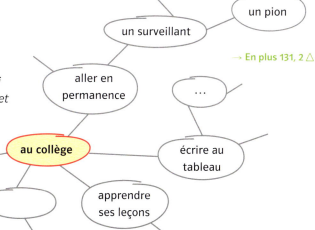

B *Parlez à deux. Qu'est-ce que vous trouvez bien au collège en France, qu'est-ce que vous ne trouvez pas bien? Justifiez votre réponse.*

6 Ensemble contre la faim!

Les séances de sensibilisation

Des membres de l'*Action contre la Faim* viennent dans votre collège pour sensibiliser les élèves au problème de la faim dans le monde et leur présenter le projet de la course contre la faim.

La course

Les élèves trouvent des sponsors qui donnent une somme d'argent par kilomètre parcouru. Les participants disposent d'un temps de course maximum de 1h30. La distance maximale est de 10 kilomètres. Le jour de la course, les élèves se retrouvent sur la ligne de départ. La course d'endurance commence et chaque participant fait son possible.

A Versuche herauszufinden,
- was eine „séance de sensibilisation" ist,
- wie man an der „Course contre la Faim" teilnimmt und worauf es ankommt.

Tipps:

1. Folgende Wörter kannst du aus dem Deutschen erschließen:

   un projet   un sponsor   une somme   une ligne

   Welche weiteren Wörter kannst du verstehen?

2. „Par jour" heißt „pro Tag". Was heißt wohl „par kilomètre"?

B Du erklärst einem Freund / einer Freundin auf Deutsch, was der „Course contre la Faim" ist und wie er abläuft.

7 Monsieur, je voudrais savoir!

Ecoutez et répondez.

1. Où est-ce que la scène se passe?
2. Qui arrive et parle avec les élèves? Pourquoi?
3. Que veulent faire les élèves? Qu'est-ce qu'ils proposent?

> Regardez la stratégie «Ecouter» à la page 49.

50 cinquante

Atelier **A** B — Pratique — Bilan **3**

Parler **8** Je propose de …!

ON DIT

etwas vereinbaren / einen Vorschlag machen	einem Vorschlag zustimmen	einen Vorschlag ablehnen
Je propose de faire …	D'accord.	Je n'ai pas (trop) envie de …
Je propose d'aller …	Bonne idée!	Non, j'aimerais mieux faire …
On fait … ensemble?	Je veux bien.	Je ne sais pas.
Tu es d'accord pour faire …?	Si tu veux.	Ce n'est pas (trop) mon truc.
On se retrouve …?	Pourquoi pas?	Ça ne me dit rien.

Travaillez à trois. Imaginez deux situations et faites des dialogues entre trois personnages.

Situations:
– Vous préparez une fête.
– Trois vampires veulent faire un tour.

Je propose d'aller faire un tour dans les catacombes, ce soir.
Moi, les catacombes, ce n'est pas mon truc.
…

Ecrire **9** Sacha chatte avec Mehdi.

Sacha propose à son copain Mehdi d'aller au cinéma avec lui. Ecrivez le dialogue. Les mots à droite peuvent vous aider.

à quelle heure   un film avec
commencer   coûter
mon / ma / mes   demander à qn
on se retrouve   où

de sons **10** Le son [wa] / [a]

A *Ecoutez et répétez.*

Ouah, ouah!

Ecoutez bien!	Excusez-moi!	J'ai fait mes devoirs
Le soir, dans le noir	Une fois par mois	Maintenant, c'est le soir
On entend des histoires	Je ne suis pas là	Il fait sombre, il fait noir
mystérieuses	Je fais un voyage	Alors au revoir!
dans le couloir.	Alors tournez la page.	

B *Faites trois autres phrases. Utilisez des mots avec le son [wa]. Puis lisez ces phrases à votre voisin.*

cinquante-et-un 51

Atelier B

1 Bravo, Sacha!

Voilà quelque chose que Sacha aime: une course! Les sportifs sont déjà là. Il y a beaucoup de monde. Les surveillants qui ont organisé cette course donnent encore quelques informations, puis la course commence. Sacha est content! Il va montrer à tout le monde qu'il peut faire des choses bien!

Deux kilomètres déjà. Il y a beaucoup d'élèves devant Sacha, mais Sacha ne va pas vite. Il veut continuer longtemps et faire beaucoup de kilomètres.

Trois, puis quatre kilomètres. Il ne veut pas arrêter la course avant les autres: que vont penser Mehdi, Marie et les autres? Pendant la course, Sacha pense à sa dispute avec ses copains, il pense à ses notes, à ses parents.

Non, cette fois, il veut rentrer à la maison avec un bon résultat. Tout à coup, il entend: «Vas-y, Sacha, vas-y!» … Cinq kilomètres. Il avance toujours et voit plusieurs groupes de sportifs qui ne peuvent plus continuer. Ils sont trop fatigués. Six kilomètres. Sacha regarde devant et derrière lui. Maintenant, il n'y a plus que cinq ou six élèves sur la piste. Continue, Sacha! …

Voilà Sacha seul sur la piste. Les autres ont arrêté leur course! Mais qu'est-ce que c'est? Sacha entend des applaudissements. Puis quelqu'un crie «Bravo, Sacha!» Mais ça vient d'où? Tiens, mais c'est Mehdi et Marie! Sept kilomètres. Enfin Sacha arrête lui aussi sa course. Il est très fatigué, mais il est aussi très heureux!

2 A propos du texte

Fermez les yeux pendant 1 minute puis expliquez.

1. Sacha participe à la course parce que …
2. Sacha ne va pas vite parce que …
3. Après la course, Sacha est heureux parce que …

3 La photo des sportifs

*Complétez avec les formes du verbe **venir** au présent.*

Un surveillant: Allez, on fait la photo! Sacha, tu **?** ? Les autres, vous **?** ?
Sacha: Je **?**, monsieur. Cinq minutes!
Le surveillant: Mais non, **?** tout de suite! Et Julie, qu'est-ce qu'elle fait? Elle n'est pas encore là! Elle **?** ou elle ne **?** pas?
Sacha: Julie et moi, nous **?** dans une minute. Les autres **?** aussi … bientôt.
Le surveillant: Oh là là, quelle vie!

Atelier A — B — Pratique — Bilan — **3**

4 Un article dans le journal du collège

«Cette année encore, notre collège a organisé une «course contre la faim». Cette fois, 300 élèves sont venus participer à la course et le collège va pouvoir donner 2 380 euros à des pays pauvres. Après la course, les surveillants sont venus féliciter l'élève Sacha Massicard qui a fait une course de 7 km. Mme Ducharme, la professeure de géo est venue elle aussi avec sa classe.

Encore un grand merci à notre ami Sacha qui a beaucoup fait pour cette course! Après la course, les familles sont restées pour une petite fête. Les gens veulent même revenir l'année prochaine! Le soir, tout le monde est rentré content à la maison. Cette course a été un grand succès pour notre collège.»

Marie Chabane, 4ᵉ B

5 A propos du texte

A *Pourquoi est-ce qu'on dit merci à Sacha, dans l'article? Expliquez.*
B *Qu'est-ce que les gens ont fait après la fête? Racontez.*
C *Pourquoi est-ce que cette course a été un grand succès pour le collège? Expliquez.*

6 Bravo, Sacha!

→ En plus 132, 3

A **Avant l'écoute:** *Quels sont les problèmes de Sacha, au collège? Imaginez la suite de l'histoire.*
B **Pendant l'écoute:** *Que proposent ses parents?*
C **Après l'écoute:** *Qu'est-ce qui a changé pour Sacha, depuis la course?*

STRATEGIE
- Was weißt du schon über den Inhalt?
- Achte auf Schlüsselwörter, hier z. B. *proposer*.

7 A la récré (G 12)

A *Faites des phrases correctes et écrivez ces phrases dans votre cahier.*

Hier, à la récréation,

1. Alex et une copine — est allée à l'infirmerie.
2. une élève de la 4ᵉ B — est retourné voir la professeure.
3. Mehdi et Marie — sont arrivées en retard.
4. Léo et Julien — sont allés dans la cour.
5. Sacha — sont descendus au CDI.
6. des filles — sont restées dans le couloir.

B *Prenez les débuts des phrases 1 à 6 et faites six autres phrases avec les verbes donnés.*

Exemple:
Alex et une copine sont allées parler à une prof.

aller — (re)venir
arriver — (re)partir — rentrer
monter — descendre — passer
entrer — rester — tomber

cinquante-trois 53

3 Atelier A B

En forme 8 Drôle de cours! (G 12)
→ En plus 132, 4 △

Aujourd'hui, Sacha raconte le cours de français à ses parents. Qu'est-ce qu'il a fait? Racontez l'histoire. Commencez comme ça:

Exemple: **1.** Ce matin, nous sommes descendus …

1. Ce matin, nous (descendre) dans la cour avec M. Dubois, le prof de français.
2. Nous (commencer) à faire du théâtre.
3. Mais des filles (venir) pour regarder.
4. Elle (faire) du bruit.
5. Alors une surveillante (venir).
6. Puis le mauvais temps (arriver).
7. Alors tout le monde (retourner) dans le collège.
8. Nous (ne pas rester) longtemps dans la salle de cours.
9. Une minute plus tard, la fin du cours (arriver). On (aller) en récré. Quel cinéma!

Ecrire 9 Quelle journée!

Voici la première et la dernière phrase d'une petite histoire. Inventez 8 autres phrases pour compléter l'histoire.

Début: Aujourd'hui, ma famille et moi, nous sommes allés faire un tour en ville. …
Fin: Quelle journée!

Regardez encore la stratégie, p. 37.

Médiation 10 Le bulletin scolaire de Sacha

Erläutere einem Verwandten, der kein Französisch kann, was ein Bulletin ist und welche Informationen man diesem entnehmen kann. Sage ihm, in welchen Fächern Sacha gut ist und in welchen Fächern nicht.

ANNEE SCOLAIRE 2013 / 2014 BULLETIN 1er TRIMESTRE			Nom de l'élève: Sacha Massicard		Classe: Quatrième B	
	Moyennes			Notes extrêmes		Appréciations
Discipline / Professeur	Elève	Coeff.	Classe	Mini	Maxi	Appréciations générales
Anglais / Mme MEYLAN Michèle	10	3	9,9	5,8	15,5	Peut mieux faire.
Français / M. DUBOIS Christian	9	4	12	6	16	Sacha ne travaille pas assez à la maison.
Histoire-géographie / Mme DUCHARME Claudine	7,5	3	11	6	16,5	Trop peu de travail, l'ensemble est mauvais.
E.P.S. / M. MARCHEDONT Pierre	15	2	11	7,5	15	Très bien. Elève très motivé!
Mathématiques / M. CESTOR Jacques	11	4	12,5	4,5	15	Bon départ.

Moyenne générale	9,5	11,7	
Observations du conseil de classe		Trimestre très moyen, Sacha ne travaille pas assez. Nous attendons un travail plus sérieux.	

Atelier — A — **B** — Pratique — Bilan — **3**

Lire 11 Un carnet de correspondance

Mehr dazu
uw7a4q

CORRESPONDANCE
(À faire signer par les parents ou le responsable légal)

DATE	
30/09	Sacha a oublié plusieurs fois ses devoirs en géographie et dans d'autres matières. Il a aussi perdu son cahier de textes. Il a donc deux devoirs à faire en plus pour mardi prochain. *C. Ducharme*
11/10	Monsieur Muscade est en voyage scolaire du mardi 16 au vendredi 19 octobre. Le 18, les élèves peuvent quitter le collège à 15 heures.
20/10	Nous avons bien lu le message de M. Archibald concernant la rencontre d'information pour les parents le 8/11 à 17h.

A *Répondez.*

1. C'est le carnet de quel élève?
2. Quel jour de la semaine est le 18 octobre?
3. Qui a écrit l'information du 30/09?
4. Qui a écrit l'information du 20/10?

B *Qu'est-ce que c'est, un carnet de correspondance? Expliquez.*

> C'est un carnet où …
> Quand les … veulent … ils …

Stratégie 12 Apprendre le vocabulaire

→ En plus 132, 5 △

A *Complétez les 3 expressions. Puis notez toutes les expressions (Ausdrücke) dans votre cahier avec leur traduction.*

expressions	en allemand
avoir la moyenne	den Durchschnitt erreichen
quelques informations	
répondre à une question	
l'année ?	
un ? succès	
participer à ?	
…	

STRATEGIE

Lerne **Wörter** nicht einzeln, sondern **in Verbindungen,** die man gut anwenden kann. Wenn dir solche Wortverbindungen begegnen, notiere sie in deinem Heft. Trage auch die Übersetzung ein. Im *Vocabulaire* ab Seite 168 findest du viele Beispielsätze, die du ebenfalls notieren und dir merken kannst.

B *Trouve quatre autres expressions à noter.*

Pratique

Pratique

Vis-à-vis

1 Ici et là-bas

Des élèves français sont dans votre école pour une rencontre franco-allemande. Vous allez faire une petite présentation de votre école.

Lire

A Lisez d'abord ce que les élèves français ont appris sur l'école en Allemagne. Qu'est-ce qu'ils trouvent intéressant ou bizarre? Pourquoi? Expliquez.

Le «Gymnasium» n'est pas la même chose que le «collège».

Les notes, en Allemagne, vont de 1 à 6. Un, c'est une très bonne note, 6 est une très mauvaise note. En Suisse, c'est le contraire: 6 est une très bonne note et 1 une très mauvaise note.

En Allemagne, les cours n'ont que 45 minutes.

Quand les élèves allemands quittent leur école à 16 heures, c'est «tard» pour eux. Mais pour nous, c'est tôt.

Parler

37, 11

B Travaillez à quatre. Préparez votre présentation. Prenez des notes: Qu'est-ce que vous savez sur le collège en France? Comment c'est, chez vous? Quelles informations sur votre école sont intéressantes pour vos invités français? Pourquoi?

En France	Chez nous
les notes: …	…
les cours: …	
la permanence: …	
…	

C Chaque élève de votre groupe présente quelques points. Regardez l'exemple.

Dans notre école, il n'y a pas de permanence. Quand un professeur n'est pas là, …

PORTFOLIO

D Pour la journée franco-allemande, tu prépares un quiz sur ton école. Tu peux aussi trouver d'autres idées: un jeu, un sketch, des devinettes …

Exemple:

Questions pour un champion

La «Aula» c'est … **a** l'infirmerie.
　　　　　　　　　b la grande salle à l'entrée de l'école.
　　　　　　　　　c la femme du professeur de latin.

Atelier – A - B — Pratique — Bilan — 3

Bilan

1 Parler

Überprüfe, was du kannst! Vergleiche deine Lösungen mit den Lösungen auf Seite 219.

Mehr dazu
5g8tt8

Du kannst schon …

1. … sagen, dass du an etwas teilnimmst *(einem Spiel)*.	Je …
2. … jemanden auffordern, mit etwas anzufangen.	V…
3. … dich mit jemandem verabreden *(vor dem Kino)*.	On se …
4. … einen Vorschlag machen *(in den Park gehen)*.	Je … au parc.
5. … einem Vorschlag zustimmen.	…
6. … einen Vorschlag ablehnen.	Ça …
7. … sagen, was du lieber machen würdest *(lesen)*.	J'aimerais …
8. … jemandem sagen, dass er aufhören soll.	…!

2 En forme (G 9, 10)

*Complétez le texte par les verbes **vouloir v** et **pouvoir p**.*

1. *Le prof:* Alors, qu'est-ce que vous **v** faire plus tard?
2. *Marie:* Moi, je **v** écrire des livres.
3. *Mehdi:* Anne et moi, nous **v** être dessinateurs.
4. *Le prof:* Les autres **v** dire quelque chose aussi? Sacha!
5. *Sacha:* Moi, je **v** … être footballeur.
6. *Le prof:* Tu ne **v** pas être prof? Prof de sport?
7. *Sacha:* Quoi? Non merci. Mais Anne, avec ses bonnes notes, elle **p** faire ça!
8. *Anne:* Euh, monsieur, Antoine et Eric, ne sont pas bêtes. Vous ne pensez pas qu'ils **p** être profs, plus tard?
9. *Le prof:* Quand on **v**, on **p** ! Bon, on arrête là, nous **p** continuer la discussion une autre fois.

3 Parler

Travaillez à deux. Faites des dialogues.

Exemple:
– On va au cinéma ensemble?
– Bof, je n'ai pas trop envie.

cinquante-sept 57

3 Bilan

4 En forme (G 12)

Voilà une histoire d'Alex. Racontez au passé composé.

1. Une dame (perdre) son chien.
2. Je (voir) un chien seul et je (vouloir) aider la dame.
3. Mais le chien (entrer) avec un homme dans un magasin.
4. Alors, moi, vite, je (aller) dans ce magasin aussi.
5. Mais le chien (monter) sur une table et des livres (tomber).
6. Deux vendeuses (arriver), l'air pas contentes.
7. Bien sûr, l'homme et le chien (ne pas attendre) et (retourner) dans la rue.
8. Enfin, je (arriver) à côté du chien.
9. – Monsieur, vous (prendre) le chien d'une dame, je pense!
10. – Quoi, quelle dame? Quel chien? Gaston? Mais c'est mon chien!
11. Je (penser): «Et voilà, cette fois encore, je (aller) trop vite!»

5 Vis-à-vis

Au collège: trouvez les parties de phrases qui vont ensemble.

- Quand un professeur veut donner des informations aux parents des élèves …
- … aller en permanence.
- A la fin de chaque trimestre, les parents voient les résultats de leurs enfants …
- Quand les élèves n'ont pas cours, ils peuvent …
- … noter les devoirs à faire.
- Le cahier de textes, c'est pour …
- … dans le bulletin.
- … il écrit un message dans le carnet de correspondance.

6 Portfolio   Contacter la France par Internet

Ihr habt jetzt schon einiges über das französische Schulleben erfahren, am meisten erfährt man aber immer im direkten Kontakt. Wie ihr diesen herstellen könnt und vielleicht sogar einmal selbst im Rahmen eines Frankreichaufenthalts eine französische Schule „live" erleben könnt, das verrät euch die folgende Internetseite:

1. Allez sur le site www.ofaj.org et recherchez les informations suivantes:
   a. Quel est le nom de cette organisation? (en allemand et en français)
   b. Depuis quand est-ce que cette organisation existe?
   c. Qu'est-ce qu'on peut faire avec l'OFAJ?
   d. Notez quelques activités ou projets organisés par l'OFAJ.

2. Pour trouver un partenaire français, il faut d'abord donner quelques informations personnelles. Préparez la fiche d'enregistrement (www.ofaj.org/senregistrer-comme-partenaire) et donnez vos nom/prénom/adresse/courriel/téléphone et une petite description en français (et en allemand).

Découvertes 4

Unité 4
Fou de cuisine!

Léo aime les bons repas. Et il aime regarder «Tfou de cuisine»[1] à la télé.

Papa, maman! Vite, ça commence!

Welche typisch französischen Speisen kennt ihr?

 55

A la télé, Carla et Grégoire vont au marché pour faire les courses. Ils achètent des fruits et des légumes.

A la maison, ils font la cuisine. Ce n'est pas difficile!

[1] **Tfou de cuisine** [tefudkɥizin] Name einer Kochsendung für Kinder

PORTFOLIO

Am Ende dieser Unité kannst du Einkaufsgespräche führen und dein Lieblingsessen beschreiben.

cinquante-neuf 59

4 Découvertes

A *Trouvez les numéros et les mots qui vont ensemble.*

Exemple: Les tomates, c'est le numéro …

| les tomates *(f.)* | les citrons *(m.)* | **le** lait | les œufs *(m.)* | **le** sucre |
| les pommes de terre *(f.)* | **la** salade | **la** viande | les yaourts *(m.)* | **la** farine |

Au marché …

… et au supermarché

B *Ecoutez Grégoire et Carla au marché. Qu'est-ce qu'ils achètent? Prenez des notes.*

Vis-à-vis

„Essen wir heute kalt oder warm?"
Über diese Frage würde man sich in Frankreich wundern. Dort isst man in der Regel auch abends eine warme Mahlzeit. Meistens bestehen die Mahlzeiten aus mehreren Gängen *(les plats)*. Wie ist das bei euch?

60 soixante

Atelier A

1 Samedi, après le petit-déjeuner

M. Pirou: Tiens, j'ai reçu un mail de mon collègue allemand Tayfun. Vendredi prochain, il va venir à Paris avec sa fille. On les invite à dîner? Qu'est-ce que vous en pensez?
Mme Pirou: Je veux bien, mais tu sais que le vendredi, je
5 rentre du travail vers 6 heures et demie. Qui va faire la cuisine?
Léo: Ben …, papa et moi, on peut faire des steaks-frites et de la salade. On n'en mange plus à la cantine. Et comme entrée, des tomates avec du thon et de l'huile d'olive.
10 *Mme Pirou:* J'ai du saucisson dans le frigo.
M. Pirou: Les tomates au thon, ça fait un peu banal et Tayfun ne mange pas de viande et surtout pas de porc.
Léo: J'ai une idée. Comme à la cantine, une salade d'endives aux pommes et au roquefort en entrée et des
15 moules comme plat principal.
Mme Pirou: C'est une bonne idée! Mais dis donc, ta cantine, c'est une super adresse!
Léo: Il faut aussi un dessert, quelque chose avec du chocolat … Une mousse au chocolat ou un gâteau au chocolat?
20 *Mme Pirou:* Oh, on va plutôt acheter un gâteau à la boulangerie.
M. Pirou: Bon, je vais déjà répondre à Tayfun. Vous allez voir, ce n'est pas un Allemand typique.

A Qu'est-ce qu'on apprend sur Tayfun, sur Léo, sur madame Pirou?

B Qu'est-ce qu'il faut pour faire un gâteau au yaourt? Traduisez et comparez. (Übersetzt und vergleicht.)

Il faut **du** sucre. Il faut **un** pot de yaourt.
Il faut **de la** farine. Il faut **des** œufs.
Il faut **de l'**huile.

C Regardez la liste des courses.
Qu'est-ce que les Pirou achètent aujourd'hui?
Utilisez l'article partitif **du**, **de l'**, **de la**.

Exemple:
Ils achètent **du** lait.

soixante-et-un 61

2 Tu penses à tout, Léo!

1. Tayfun et sa fille Ayla arrivent cet après-midi. Il faut tout préparer. Léo et son père vont faire les courses. Ils vont d'abord au marché.

Vendeuse: C'est à qui?
5 *Léo:* C'est à nous! Un kilo de pommes et quatre endives, s'il vous plaît. Et puis deux kilos de pommes de terre et des olives.
M. Pirou: Les olives ne sont pas sur la liste, Léo.
Léo: Papa, il faut quand même des olives pour
10 l'apéritif. Il faut aussi un citron, s'il vous plaît.
M. Pirou: Pour les moules?
Léo: Mais non, pour le rince-doigts. Il ne faut pas oublier le rince-doigts, comme au restaurant!
Vendeuse: Il pense à tout, votre grand garçon.

15 **2.** Enfin, les Pirou achètent les moules et les boissons à la supérette.

Vendeur: Bonjour! Vous désirez?
M. Pirou: Je voudrais des moules pour cinq personnes.
20 *Vendeur:* Alors, 5 litres, ça va? Avec un peu de beurre, des carottes, du thym et un verre de vin blanc … hm … délicieux! Et avec ça?
M. Pirou: Ce sera tout, merci. Tu as vu, Léo? On achète deux bouteilles de jus d'orange
25 et on a une bouteille gratuite.

Léo: Pourquoi pas? C'est vrai que les Allemands boivent du jus de fruits à table?
M. Pirou: Pas tous les Allemands. Tayfun et Ayla vont peut-être boire aussi du thé.
30 *Léo:* Alors moi j'en bois aussi. Tu achètes aussi du chocolat, papa? Et il ne faut pas oublier le roquefort pour la salade!
M. Pirou: Tu penses vraiment à tout.
Léo: Et puis il faut aller chercher le gâteau.
35 *M. Pirou:* Tu as raison. Bon, je paie et je rentre avec les courses. Toi, tu vas chercher le gâteau à la boulangerie, s'il te plaît.

Atelier A B — Pratique — Bilan — **4**

Lire 3 A propos du texte

Vrai ou faux? Corrigez.

1. Léo et son père achètent des olives pour une salade de tomates.
2. Ils achètent un citron pour la salade.
3. Il faut un litre de moules par personne.
4. Les moules, c'est un dessert.
5. Tayfun adore le saucisson.
6. A la supérette, ils achètent du jus de pomme.
7. Léo veut boire du jus d'orange.
8. Monsieur Pirou va chercher le gâteau.

En forme 4 Qu'est-ce qu'il faut acheter? (G 13, 14)

A *Pour un repas, vous allez faire des courses. Notez 6 choses qu'il faut acheter.*

B *Travaillez à deux. Parlez de vos listes.*
Qu'est-ce qu'il faut?
Combien est-ce qu'il en faut?
Présentez votre dialogue à vos camarades.

Exemple: – Il faut acheter **du** coca.
– Il en faut combien?
– 2 bouteilles.
– Il faut aussi …
– Combien …?

un/e …
du …
de la …
de l' …
des …

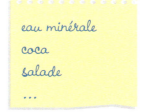

eau minérale
coca
salade
…

Parler 5 Vous désirez?

Travaillez à deux. Faites le dialogue.

→ En plus 133, 1

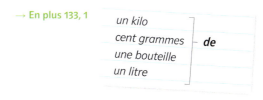

un kilo
cent grammes
une bouteille
un litre
de

ON DIT

le vendeur / la vendeuse
le client / la cliente

– Bonjour, monsieur / madame. Vous désirez?
– Je voudrais des olives, s'il vous plaît!
– Vous **en** voulez combien?
– J'**en** prends deux cent grammes.
– Deux cent grammes **d'**olives, voilà. Et avec ça?
– Ce sera tout, merci! Je vous dois combien?
– Ça fait 4 euros, s'il vous plaît.
– Voilà 4 euros!
– Merci, monsieur / madame et bonne journée!
– Merci! Au revoir, monsieur / madame!

soixante-trois 63

4 Atelier A–B

Ecouter

6 Des courses qui font mal!

A *Avant l'écoute.* Léo va chercher le gâteau. Où est-ce qu'il va?

B Ecoutez le texte. Il a deux parties. Quel titre va avec quelle partie?

Une catastrophe et une idée
Un combat
Trois baguettes et un gâteau
Une bonne blague

C *Après l'écoute.* Qui est-ce? Qu'est-ce que c'est?

1. **Elle** a déjà payé.
2. Léo **en** achète trois.
3. C'est difficile à porter.
4. **Il** est désolé.
5. **Il** est tombé.
6. **Il** va faire la cuisine chez Sacha.
7. M. Pirou **en** a acheté au supermarché.

Lire

7 Le saucisson au chocolat

A *Regardez les images, puis mettez les phrases dans l'ordre correct. Qu'est-ce qu'on fait d'abord? Et puis?*

Ingrédients:
180 g de chocolat   1 œuf
100 g de beurre   8 chamallows
100 g de sucre   150 g de biscuits

Mélanger et verser sur du papier alu.
Mélanger l'œuf au chocolat et au beurre pas trop chauds, puis le sucre.
Mettre au frigo pendant environ 6 h.
Replier le papier alu et donner la forme d'un saucisson.

Rouler le saucisson dans du sucre.
Couper les biscuits et les chamallows en petits morceaux.
Découper comme un vrai saucisson.
Faire fondre le chocolat et le beurre.

B *Dans cette recette[1], quels mots nouveaux est-ce que vous comprenez? Notez-les.*

---
1 **une recette** ein Rezept

Atelier B

Jeu de mots

1 Mettre la table

A *Qu'est-ce qu'il faut pour mettre la table?*

une assiette
une fourchette
un couteau
une cuillère
un verre
une nappe

un verre
une serviette
du pain
de l'eau

A

à gauche (de)
à droite (de)
à côté (de)
à la bonne place
derrière ≠ devant

il n'y a pas de
il faut mettre

B

Ils sont fous ou quoi?

B *Comparez les deux photos et décrivez les sept erreurs sur la photo B.*

Exemple: Sur la photo B à droite, il n'y a pas de fourchette.

2 Un repas … et des surprises

1. Et voilà, les invités sont arrivés. Tout le monde est à table.

Tayfun: Hmm! La salade de chicorée est délicieuse avec ce fromage.
M. Pirou: Merci, Tayfun, mais en français on dit «des endives». La «chicorée», c'est de l'ersatz de café, chez nous. Ayla, tu en veux encore?
Ayla: Non merci.
Mme Pirou: Marc, Léo, vous allez chercher les moules, s'il vous plaît? J'espère que tu vas aimer, Ayla.

Tayfun: Mais oui, j'en suis sûr. Ayla est un peu timide avec les garçons, vous savez.
Ayla: Papa, hör auf, das ist peinlich!
Mme Pirou: Voilà aussi du pain et du beurre.

2. Puis, tout à coup, c'est le silence. Tayfun n'a jamais mangé de moules. Ce n'est pas facile, surtout avec un couteau et une fourchette! Ayla n'a pas encore commencé. Elle regarde comment fait Léo, puis elle prend une moule entre ses doigts. Hmm, c'est un peu bizarre, mais c'est très bon!

soixante-cinq

4 Atelier A B

3. *M. Pirou:* Qu'est-ce que tu bois, Ayla? Du jus d'orange?
Ayla: Non merci! Je préfère du thé, s'il vous plaît.
Léo: Moi aussi j'en veux! Moi aussi!
Les parents de Léo n'ont pas le temps de répondre, une moule de Tayfun vole dans les cheveux de Mme Pirou.
Tayfun: Oh non, je … es tut mir leid! Désolé!
Mme Pirou: Ce n'est pas grave! Et votre assiette est vide! Je vais vous chercher une autre assiette de moules.

4. *Mme Pirou:* Vous voulez encore à boire, Tayfun?
Tayfun: Oui, merci, les moules, ça donne soif. Mais je vais goûter ça.
Mme Pirou: NON!
Ayla: Das ist doch für die Finger, Papa!

Tout le monde rigole.
Mme Pirou: Léo, tu vas chercher le dessert, s'il te plaît?
Léo: Il n'y a jamais de mauvaise surprise avec les gâteaux de la boulangerie!

Après la lecture Vous êtes sûre, Madame Pirou? Imaginez la fin du repas.

→ En plus 134, 4 △

Lire

3 A propos du texte

Pensez au texte et complétez les phrases.

1. Tayfun et Ayla sont ? *(zu Tisch)*
2. Ayla est un peu ? *(schüchtern)*
3. Tayfun veut manger les moules avec ? *(Gabel)*
4. Ayla trouve les moules ? *(komisch aber gut)*
5. Ayla et Léo boivent ? *(Tee)*
6. Tout à coup, ? *(Muschel)*
7. Tayfun veut boire ? *(Fingerschale)*
8. A la fin, Léo va ? *(Nachtisch)*

Vis-à-vis

4 Un menu français

Quels sont les plats d'un menu français? Comment est-ce que tu trouves ça? Pourquoi? Qu'est-ce qu'on mange chez toi, le soir?

Miam … Je suis fou de camembert!

MENU

ENTRÉE
Tomates à l'huile d'olive
*
PLAT PRINCIPAL
Moules-frites
*
Salade
*
Fromage
*
DESSERT
Gâteau

66 soixante-six

5 Vite! Il faut faire les courses! (G 16)

Parlez avec votre voisin.
Posez des questions à tour de rôle.

Exemple:
– Est-ce qu'il y a encore du lait?
– Oui, il y **en** a encore.

– Est-ce qu'il y a encore du pain?
– Non, il n'y **en** a plus.

6 A table! → En plus 134, 5

Qu'est-ce que tu peux dire à table?

1. Du möchtest, dass man dir die Butter reicht.
2. Das Fleisch schmeckt sehr gut.
3. Quiche ist dein Lieblingsgericht.
4. Du hast keinen Durst mehr.
5. Du möchtest noch ein bisschen Gemüse haben.
6. Du isst niemals Käse.

ON DIT

– Tu me passes le pain, s'il te plaît?
– Oui, voilà.
– Tu veux encore des moules?
– Oui. Elles sont très bonnes!
– Tu reprends des frites?
– Je veux bien.
– Le steak-frites, c'est mon plat préféré!
– Tu veux un peu de fromage?
– Merci, je n'ai plus faim.
– Comme dessert, tu veux du gâteau ou des fruits?
– Je voudrais un fruit, s'il te plaît.
– Tu prends une tasse de café / de thé?
– Non, merci, je ne bois jamais de café / de thé.

7 Léo, on attend le gâteau! → En plus 135, 6

Mettez les verbes à la forme correcte.

 acheter   boire   payer   préférer   espérer

1. *M. Pirou:* Alors Tayfun, qu'est-ce que tu ? Du jus d'orange?

2. *Tayfun:* Non, je boire de l'eau! A la maison, nous souvent de l'eau …

3. *Ayla:* … surtout avec un peu de citron, hein, papa? Tu en souvent!

4. *Mme Pirou:* Ah bon? Nous, nous l'eau sans citron!

5. *M. Pirou:* Mais qu'est-ce qu'il fait, Léo? J' qu'il n'y a pas de problème avec le gâteau!

6. *Mme Pirou:* Pourquoi, chéri? Vous avez le gâteau ensemble, non?

7. *M. Pirou:* Oui et non! Moi, j'ai les courses et Léo a le gâteau … Ah, Voilà Léo! J' que le gâteau va être bon!

4 Pratique

Pratique

Tu es en France, dans la famille de ton correspondant / ta correspondante. Vous parlez des repas en France et dans ton pays. Tu veux montrer à cette famille ce que tu aimes manger chez toi.

Parler

1 Le matin, on ne mange pas beaucoup!

A *Regardez la photo et décrivez le petit-déjeuner français. Qu'est-ce qu'il y a? Qu'est-ce qu'il n'y a pas?*

Le petit-déjeuner chez ton correspondant

B *Tu veux faire un bon petit-déjeuner allemand pour la famille de ton correspondant. Fais d'abord en français une liste des choses qu'il faut pour ce petit-déjeuner. Puis parle avec ton correspondant: Qu'est-ce qu'il faut acheter?*

Des idées pour un petit-déjeuner allemand

68 soixante-huit

Atelier – A - B | Pratique | Bilan | 4

2 Mon menu de rêve

A Décris ton menu préféré (entrée, plat principal, dessert, boissons). Tu peux faire un dessin ou un collage.
Pour les fous de cuisine: Vous pouvez aussi faire la cuisine et prendre des photos – ou même faire une vidéo!

B Formez des groupes de quatre et trouvez un menu que tout le monde aime. Présentez ce menu devant la classe.

Au collège Balzac, on a organisé un grand repas de fête. Chaque élève est arrivé avec un plat. Voilà l'affiche.

Mon dico personnel

du poisson

du poulet

des pâtes

du jambon

du kebab

de la pizza

des saucisses

du riz

de la mousse au chocolat

de la glace

soixante-neuf 69

4 Bilan

Bilan

1 Parler

Mehr dazu
t88fy9

Überprüfe, was du kannst!
Vergleiche deine Lösungen mit
den Lösungen auf Seite 219 – 220.

Du kannst schon …

1. … sagen, dass etwas benötigt wird *(Schokolade)*.	Il faut …
2. … sagen, dass man etwas tun muss *(einkaufen)*.	Il …
3. … fragen, wie viel jemand von etwas will.	Vous …
4. … sagen, dass du etwas hoffst *(dass der Kuchen gut ist)*.	J' …
5. … sagen, dass du etwas lieber trinkst *(Milch)*.	Je …
6. … jemanden bitten, dir etwas zu reichen *(Brot)*.	Tu …
7. … sagen, dass du satt bist.	Je n'ai …
8. … jemanden beruhigen.	Ce n'est pas …

2 Vis-à vis / Jeu de mots

*Trouvez 20 choses qu'il faut mettre sur la table
en France pour 3 personnes. Commencez comme ça:*

Pour 3 personnes, il faut mettre 3 serviettes, 3 …, du …

3 Parler (G 13 – 16)

*Sur la liste des courses, vous trouvez les choses
qu'il faut acheter.
Regardez la liste et faites des dialogues.*

Exemple:
– Est-ce qu'il faut de la salade?   – Oui, il en faut.
– Est-ce qu'il faut aussi du lait?   – Non, il n'en faut pas.
– Tu en achètes combien?   – J'en achète une bouteille.

*beurre (250 g)
eau (6 bouteilles)
salade (1)*

4 En forme (G 17)

*Complétez le dialogue par les verbes **boire, acheter,
payer, préférer** et **espérer** à la forme correcte.*

1. *Léo:* Alors, qu'est-ce qu'on **?** pour nos invités?
2. *Mehdi:* D'abord des boissons: qu'est-ce
   qu'elles **?**, les filles?
3. *Julien:* A la cantine, Marie **?** toujours de l'eau!
4. *Léo:* Oui, mais pour samedi, nous **?** du jus
   d'orange au supermarché.
5. *Mehdi:* Mais moi, je **?** le jus de pomme …
   et Julien aussi!
6. *Léo:* Ah, vous **?** le jus de pomme? Alors,
   on en prend aussi! … Et pour manger?
7. *Mehdi:* J' **?** que ma mère va faire une quiche!
8. *Léo:* Bon, mais comment **?** au supermarché?
   Je n'ai plus que 3 € dans ma poche!
9. *Julien et Mehdi:* Ecoute, nous, nous **?** cette
   fois, et la prochaine fois, tu **?**!

70   soixante-dix

Plateau 2

Plaisir de lire

Le voyage de la 5ᵉ B

A *Lisez la BD.*

B *Lisez la BD une deuxième fois. Inventez la suite de l'histoire.*
C *Vous aimez être dans un internat? Racontez (petit texte de 5 phrases ou BD / manga).*

Plateau 2

Révisions

> Lösungen zu den *Révisions*-Übungen findest du auf Seite 220.

Jeu de mots

1 C'est le jour et la nuit!

A *Pierre est dans un centre de vacances, dans un village.
Sa mère l'appelle. Qu'est-ce qu'elle lui demande et qu'est-ce qu'il lui répond?
Trouve les contraires (Gegenteile) et écris les dialogues.*

Exemple 1:   Maman: Alors, il fait beau?   Pierre: Non. Il pleut et il fait froid.

1 … beau?   2 … grande ville?   3 … à côté du village?   4 … facile?

5 … courageux?   6 … fruits et légumes?   7 … heureux?   8 … vouloir rester?

B *Travaillez à deux. A décrit une image. B dit le contraire (≠ ne … pas!). Puis, changez de rôle.*

Exemple: A: (A) **La fille est contente.** <-> (B) **Le garçon est triste.** Il fait …

Parler / Ecrire

2 Raconte!

A *Un / e élève commence. Il / Elle parle d'une activité, puis pose une question à un / e camarade.
A la fin, tout le monde doit avoir parlé.*   Exemple: *Hier, j'ai fait du vélo. Et toi?*

Hier, Lundi, mardi … dernier, Le weekend dernier, La semaine dernière,	aller (chercher) sortir descendre tomber	rester monter partir venir	vouloir (faire) jouer travailler rendre (visite)	visiter discuter aider acheter …
		+ être		**+ avoir**

B *Notez cinq activités de vos camarades.*   Exemple: *Hier, Lara a travaillé. Niklas …*

En forme

3 Pour faire une fête

Faites des phrases.
Exemple: *Pour faire une fête, il faut du coca.
        Mais il ne faut pas de cahiers.*

> du, de la, de l', des
> ne … pas de

eau (minérale)	tickets	farine	voisins sympas	café
copains / copines	couteaux	verres	huile	assiettes
guide	fromage	sable	pierres	temps
musique	boissons	sandwichs	place	chocolat
CD	chaises	serviettes	crêpes	diabolo menthe

72   soixante-douze

Plateau 2

On prépare le DELF

1 Compréhension de l'oral

🎧 69 *Vous écoutez une émission de radio. Complétez les phrases dans votre cahier.*

1. Laura prépare une recette à la radio avec **?** .
2. Elle prépare quatre **?** .
3. Pour cela, il lui faut **?** et **?** .
4. Le croque-monsieur doit rester **?** dans le four.

2 Compréhension des écrits

Lisez ces petites annonces. Quelle annonce intéresse qui? Attention! Il y a quatre annonces et cinq jeunes.

1. Marion veut aller au cinéma.
2. Lucas cherche une BD.
3. Léa adore faire des gâteaux.
4. Yan aime aider.
5. Sylvain adore les histoires drôles.

A *Tfou de cuisine* propose un stage d'été d'une semaine pour les enfants de 8 à 12 ans. Tél: 03 23 53 98 56.

B On court contre la faim dans le monde! Rendez-vous le 13 mai à 15h30 devant le collège Hugo! ☺

C Vends «Histoires pressées» de Bernard Friot (livre de poche); neuf … et rigolo! carambar@neuf.fr

D «Une vie de chat» Un film magnifique: des beaux dessins – un chat malin! En salle dès ce soir!

3 Production écrite

Dans un courriel, vous proposez à un copain/une copine d'aller au cinéma. Proposez un film et expliquez pourquoi il faut aller le voir. Ecrivez 60-80 mots.

4 Production orale

Vous avez dix minutes pour préparer le sujet 1 et votre rôle dans l'exercice 2.

1 Mon collège (monologue)
Présente ton collège. Qu'est-ce que tu aimes, qu'est-ce que tu n'aimes pas dans ton école? Raconte une journée «typique» au collège.

Parle une minute devant la classe.

2 Le repas-surprise (exercice en interaction)
Toi (A) et ton/ta corres français/e (B), vous voulez faire un repas-surprise pour ses parents. Vous parlez de la date, de la décoration de la table, du repas et des courses qu'il faut faire, bien sûr.

A deux, jouez la scène devant la classe (3 – 4 min).

5 Découvertes

Unité 5
Une semaine à Arcachon

C'est les vacances de printemps. Alex et sa famille veulent passer une semaine au bord de la mer. Ils parlent de leur voyage …

Mehr dazu qd87aa

Vis-à-vis

Arcachon liegt an der Atlantikküste, in der Region *Aquitaine*. Bei Touristen ist diese Gegend wegen ihrer schönen Strände, ihrer Meeresfrüchte und ihres Weines sehr beliebt.
Durchschnittstemperaturen im Frühling:
Luft: März 15°; April 17°; Mai 20°
Wasser: März 12°; April 13°; Mai 16°.

Dans le sud-ouest de la France, sur la côte atlantique il y a des jolies plages. Voici la dune du Pilat, à côté d'Arcachon.

A Cherchez Arcachon sur la carte au début du livre. Cherchez aussi la Normandie. Qu'est-ce qu'on peut faire dans ces endroits?

PORTFOLIO

Am Ende dieser Unité kannst du über eine Reise sprechen und diese auch vorbereiten. Außerdem kannst du eine Region vorstellen.

Découvertes **5**

🇫🇷 **Vis-à-vis**

Die Normandie liegt im Nordwesten Frankreichs am Ärmelkanal (la Manche).
Durch ihre regionalen Produkte, wie zum Beispiel Camembert, ist diese Region bei Touristen auch sehr beliebt.
Durchschnittstemperaturen im Frühling:
Luft: März 11°; April 12°; Mai 15°
Wasser: März 10°; April 10°; Mai 12°.

En Normandie, dans le nord-ouest de la France, il y a des jolies villes, comme Rouen ou Honfleur. On trouve aussi la mer et des jolies plages. Et les températures? La mer est assez froide.

B *Quel temps fait-il à Arcachon et en Normandie au printemps? Comparez les deux endroits.*

 C *Ecoutez le texte et répondez:*

1. Pourquoi est-ce que Mme Guibert ne veut pas aller en Normandie?
2. M. Guibert propose Arcachon. Pourquoi?
3. Qu'est-ce que la famille cherche à la fin de la discussion? Ils vont à l'hôtel?

D *Et toi, qu'est-ce qui t'intéresse? Qu'est-ce que tu préfères? La Normandie ou Arcachon? Explique pourquoi.*

soixante-quinze 75

5 Atelier A B

Atelier A

Approche

1 Avant le départ

- Wie würde man die Beispielsätze ins Deutsche übersetzen?
- Wie nennt man die fett gedruckten Wörter?
- An welcher Stelle im Satz stehen sie hier?

En forme

2 Marie dit au revoir à Alex. (G 18)

→ En plus 136, 1

A *Complétez les réponses. Utilisez le bon pronom.*

me	nous
te	vous

Marie:

1. – Alors, tu **me** quittes pour une semaine?
2. – Voilà un livre sur la mer. Ça **vous** intéresse, Jérôme et toi?
3. – Tu vois, je **vous** connais bien.
4. – Moi, je vais à Lyon. Tu vas **m'**écrire?
5. – Tu vas **nous** montrer tes photos, à Clara et moi?
6. – Au revoir et bonnes vacances! Tu ne vas pas **m'**oublier?

Alex:

– Oui, …
– Oh oui, ça …
– C'est vrai, tu …
– Bien sûr, …
– Oui …
– Mais non, …

B *Vous partez en vacances à Arcachon. Posez maintenant des questions et répondez.*

Exemple:
– Les voyages, ça **t'**intéresse?
– Oh oui, ça **m'**intéresse. /
  Non, ça ne **m'**intéresse pas trop.

les bateaux   la plage   le surf

les phares …   les musées   le skimboard

76 soixante-seize

3 En voiture!

1. Les Guibert ont pris l'autoroute. Ils arrivent au péage.

M. Guibert: Et voilà, encore un bouchon!
Mme Guibert: C'est normal, Philippe. C'est les vacances.
Alex: Et hop, j'envoie un MMS à Marie! Jérôme, qu'est-ce que tu écoutes comme musique? Tu me passes ton baladeur mp3?
Jérôme: Comment? Je ne t'entends pas.
Alex: Zut! Papa, je voudrais mettre la radio.

2. A la radio, il y a une chanson d'Anaïs. Alex chante.

Jérôme: Hé, arrête! Tu nous énerves avec cette musique et avec tes MMS!
Alex: Tes copains et toi, vous n'envoyez jamais de MMS? Ça ne vous plaît pas? C'est bizarre, ça!
Mme Guibert: Ecoutez! Il y a une aire de repos à deux kilomètres. On va faire une pause.

Peu après, les Guibert mangent des sandwichs à une table. Jérôme a mis le chat sous un arbre parce qu'il fait très chaud au soleil.

3. Après la pause, les Guibert montent dans la voiture. A ce moment-là, un monsieur arrive. Il est très en colère et crie: «Mais ce n'est pas possible! Vous montez dans votre voiture et vous laissez ce pauvre chat seul ici!»

M. Guibert: Euh, mais … c'est Malou! Monsieur, c'est une erreur!
Le monsieur: Une erreur? Vous n'aimez pas les animaux, c'est plutôt ça!
Jérôme: Mais non, monsieur! Nous avons oublié le chat! … Mais merci beaucoup, monsieur.
Le monsieur: Oublié?! Bravo! Et vos enfants, vous les oubliez aussi?!
M. Guibert: Mais monsieur, ce n'est pas la m …
Alex: Trop drôle … Marie va adorer cette histoire!

C pas grat8!

Grom mNRv!

On a oublié Malou! 5pa, non?

4 A propos du texte

A *Répondez*

1. Pourquoi est-ce qu'il y a un bouchon?
2. Pourquoi est-ce que Jérôme est énervé?
3. Qu'est-ce que les Guibert font sur l'aire de repos?
4. Qu'est-ce que le monsieur pense?

B *Imaginez:*

1. Alex appelle Marie et lui raconte le voyage …
2. Qu'est-ce que M. Guibert veut dire à la fin. Finissez sa phrase.

Lire, écouter et écrire

5 Un SMS de Marie

 75

*Vous comprenez ce SMS de Marie?
C'est difficile? Alors, écoutez, puis écrivez
le message en phrases complètes.*

> pauv'Malou. kL histoire!
> je suis dans le tr1 de
> Lyon. mon frR mNRv o6 !
> GHT 1 Kdo pour toi! a +

6 Pile ou face?

 76
65, 4

1. Les Guibert sont arrivés à leur gîte. La maison est vraiment jolie. A côté de la chambre des parents, il y a deux autres chambres, une grande et une petite. Dans la grande chambre, il y a un
5 canapé et une télévision. Dans la petite chambre, il y a une fenêtre qui donne sur un petit jardin. Et la dispute commence …

2. Jérôme demande s'il peut avoir la grande chambre. Il explique qu'il faut de la place pour
10 le chat. Alex trouve que Jérôme peut prendre la petite chambre parce qu'il est … petit. Et que proposent les parents? Eh bien, ils disent qu'il faut jouer à pile ou face – et c'est Alex qui gagne la grande chambre!

15 **3.** Jérôme dit que ce n'est pas juste, qu'on a presque oublié Malou sur l'autoroute et que Malou a maintenant envie d'une grande chambre … Alex dit: «Tu as raison. Malou est très fatigué. On donne la grande chambre à Malou
20 et nous deux, on reste dans la petite chambre. D'accord?»

Le gîte est bi1.
La plage n'est pas lo1!

Lire, Ecrire

7 A propos du texte

A *Qui parle? Justifiez vos réponses.*

Exemple: **1.** C'est Alex. Elle trouve que Jérôme peut prendre la petite chambre.

4. Elle gagne toujours! Et moi, alors?

6. Mais moi, je préfère la petite chambre! Miaou!

3. Voilà 50 centimes. Ecoutez …

1. Cette chambre est petite, mais toi aussi!

2. Où est-ce que je vais mettre Malou?

5. Pauvre Malou!

 B *Qu'est-ce qu'ils peuvent dire encore? Trouvez cinq autres phrases, puis jouez la dispute.*

8 Bordeaux vous invite.

A l'office de tourisme[1] de Bordeaux, M. Guibert voit une affiche intéressante.

BORDEAUX La Ville City Tours
VISITES DE BORDEAUX

LE PETIT TRAIN
Visite du Vieux Bordeaux en mini-train. Commentaire audio avec casque.

LE TOUR DES MARCHÉS
Laissez-vous aller de marché en marché et découvrez les saveurs du Sud-Ouest!

PETIT TOUR EN BATEAU
Promenades sur la Garonne avec visite du port.

VIN & CHOCOLAT
Nous vous invitons à découvrir les vins et chocolats de la région. Un parcours à déguster!

CONTES ET LÉGENDES
Ecoutez des légendes qu'on raconte de génération en génération.

A partir de 10 ans / 2 heures / Réservation obligatoire
Office de Tourisme centre ville C4

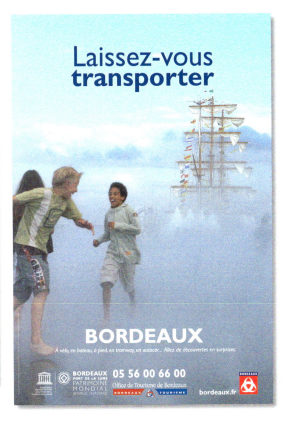

Cherchez sur la carte à la fin de votre livre où est Bordeaux. Sur Internet, vous pouvez aussi trouver d'autres informations sur la ville.

Répondez aux questions.

- Qu'est-ce qu'on peut faire à Bordeaux?
- Qu'est-ce que tu trouves intéressant? Pourquoi?
- Quelle visite est-ce que tu voudrais faire avec ta famille?

ON DIT

A Bordeaux, on peut …
Je voudrais …
La visite … m'intéresse parce que …
   … ne m'intéresse pas parce que …
Ça me plaît parce que …
Avec ma famille, j'aimerais …

9 Le message de Lola (G 20)

Lisez le message de Lola.

Expliquez son message à un ami.
Utilisez écrire, dire, demander et expliquer.

Exemple:
Lola écrit qu'elle n'a pas envie d'aller à la piscine. Elle explique …

> Salut!
> C'est moi, Lola. Je n'ai pas trop envie d'aller à la piscine cet après-midi. J'ai fait du sport ce matin. Maintenant, je suis très fatiguée et j'ai mal à la tête. Je préfère aller à la piscine avec toi demain. Tu es d'accord? Je vais t'appeler ce soir.
>
> A +
> Lola

---
1 un office de tourisme: ein Fremdenverkehrsamt, eine Touristeninformation

Atelier B

1 Pas facile, le skimboard!

1. Au printemps, il y a du soleil à Arcachon, mais l'eau est froide et ce n'est pas encore la bonne saison pour nager. Sur la plage, les gens regardent les vagues et les bateaux ou jouent au ballon.
⁵ Aujourd'hui, Alex veut enfin essayer son skimboard. Elle cherche un bon endroit. Pour apprendre à faire du skimboard, il faut de la place et un peu d'eau, mais pas trop.

2. Voilà, ici, ça a l'air bien. Alex lance son skim,
¹⁰ monte dessus et … tombe sur le sable. C'est normal, c'est la première fois! Elle regarde un garçon en combinaison néoprène qui fait du skim sur les vagues. Ça a l'air facile! Elle essaie encore une fois. Cette fois, elle
¹⁵ reste debout un moment, mais très vite, elle tombe encore. Aïe! Et maintenant, les vagues emportent son skimboard. Alex veut aller le chercher …

3. Le garçon la voit. Il crie: «Attends, ne va pas
²⁰ dans l'eau. Elle est trop froide! C'est dangereux!». Le garçon revient alors avec le skimboard d'Alex.
– Oh, merci … C'est sympa!
– Tu es tombée. Tu as mal?
– Oui. J'ai mal à la jambe et au dos …!
²⁵ – Hum… La prochaine fois, essaie de prendre ton skim comme ça et ne le lance pas trop loin devant toi. Ok?
– Merci, je vais l'essayer tout de suite. Moi, c'est Alex.

4. – Moi, c'est Marc. J'habite ici. Tu n'es pas de
³⁰ la région, toi, non?
– Non. Comment tu sais?
– Moi, les touristes, je les vois tout de suite …
– Je passe une semaine ici avec mes parents et
³⁵ mon frère.
– Ah oui, je les ai vus avec toi ce matin.
– On retourne dans l'eau?
– Ah non! Il y a trop de vent et le drapeau est jaune, maintenant. Alors, tu viens? On va jouer au beach-
⁴⁰ ball! Et après, on va manger une glace, d'accord?
– Une glace? Comme des touristes, alors …

Vis-à-vis

Drapeaux de baignade

baignade surveillée
baignade dangereuse
baignade interdite

80 quatre-vingts

Atelier A–B — Pratique — Bilan — **5**

Lire 2 A propos du texte
→ En plus 136, 4

A Qu'est-ce que c'est? Qui est-ce?

Exemple: **1.** Ce sont les vagues et les bateaux.

1. Sur la plage, les gens **les** regardent.
2. Il faut **l'**attendre pour nager dans la mer.
3. Alex **le** lance devant elle.
4. Alex **le** voit faire du skim sur les vagues.
5. Les vagues **l'**emportent.
6. Marc **la** trouve trop froide pour Alex.
7. Marc **les** voit de loin.
8. Marc **les** invite à jouer au ballon.

B Mettez les images dans l'ordre correct et racontez l'histoire au présent.

expliquer – comment

essayer – tomber

aller chercher – dans l'eau

faire du skim – vagues

chercher – endroit

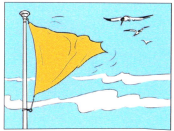

drapeau – jouer

En forme 3 Vous connaissez la région? (G 21)

67, 8

Marc pose des questions à Alex et Jérôme. Donnez les réponses. Utilisez les pronoms objets **le, la, les.**

Les huîtres du bassin d'Arcachon

→ En plus 136, 4 △

A Exemple:
1. – Vous connaissez la région?
   – Non. Nous **la** visitons pour la première fois.

Marc:
2. – Vous avez goûté les fruits de mer d'ici?
3. – Jérôme, tu aimes les moules?
4. – Vous connaissez la dune du Pilat?

Alex et Jérôme:
– Oui, et / aimer beaucoup
– Oui / aimer bien
– Non / ne / connaître / pas encore

quatre-vingt-un 81

5 Atelier A B

«La Ville d'hiver» à Arcachon

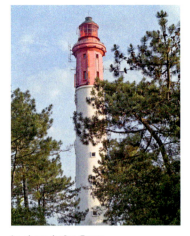
Le phare du Cap Ferret

Le marché

B Exemple: **1.** – Vous avez déjà visité la «Ville d'hiver»?
– Non, mais nous allons **la** visiter demain.

Marc:
1. – Vous allez voir le marché?
2. – Il faut aussi visiter le phare!
3. – Vous venez à la fête du printemps, ce soir?

Alex et Jérôme:
– Oh oui, / avoir envie de / voir.
– Oh, / pouvoir / voir / tout de suite?
– Aller / proposer / à nos parents.

Wenn ihr die Objektpronomen mit dem Passé composé verwendet, müsst ihr auf eine Besonderheit achten! → Seite 154.

Jeu de mots

68, 10

4 Devinettes

A *Apprenez le texte par cœur.*

Qui est-ce?
En hiver, j'attends le printemps.
Au printemps, je suis tout blanc.
En été, je suis content.
En automne, j'ai des enfants.

B *Voici d'autres devinettes. Qu'est-ce que c'est? Trouve quatre mots nouveaux de l'unité.*

1. Je suis bleue sur les cartes postales. Je suis de l'eau, mais on ne peut pas me boire!

2. Les surfeurs m'adorent quand je suis grande. Ils m'attendent pendant des heures.

3. Je suis sur la plage et sur les dunes. Les enfants jouent avec moi. Quand les gens rentrent, je reste dans leurs vêtements.

4. Quand j'arrive, le matin, il ne fait plus nuit. Quand je suis là, il peut faire chaud, surtout en été.

C *Inventez des devinettes.*

Atelier A **B** — Pratique — Bilan **5**

Ecrire **5** **En vacances**

Qu'est-ce que vous aimez faire pendant les vacances, quand il y a du soleil? Et quand il fait mauvais?
Faites d'abord une liste, puis écrivez 8 phrases.

beau (soleil)	mauvais
piscine	livre
ballon	cartes
…	…

Exemple: Quand il y a du soleil, j'aime aller à la piscine.
Quand il fait mauvais, je reste …

Ecouter et parler **6** **A Arcachon quand il pleut.** → En plus 137, 7 △

81

A Vous êtes à Arcachon pour quinze jours. Dans un café, un homme vous parle. Ecoutez. De quelle région vient cet homme? Pourquoi est-ce qu'il vous parle?

B Lisez les phrases, puis écoutez le texte encore une fois. Vrai ou faux? Si c'est faux, corrigez.

1. L'homme demande si vous connaissez bien la région.
2. Il demande: «Qu'est-ce qui vous intéresse surtout?»
3. Il dit qu'à Arcachon, on peut faire du sport.
4. Il demande si vous savez lire.
5. Il demande si vous pouvez rigoler.
6. Il dit qu'il peut vous montrer où est le musée.

C Ecoutez le texte encore une fois. Après chaque question, essayez de trouver une réponse.

Arbeite mit einem Fehlerprotokoll (S. 166–167).

Ecrire **7** **Savoir donner des informations**

Qu'est-ce que vous avez appris sur Arcachon et la région de Bordeaux? Ecrivez un petit texte sur cette région (40–60 mots).

STRATEGIE

	Où?	dans le Sud-Ouest, au bord de …
1. Sammle zuerst französische **Stichwörter**.	**Quand?**	en été, pendant les vacances …
	Quoi?	visites, nager …
2. **Schreibe** deinen Text auf. Verbinde deine Sätze mit „kleinen Wörtern".	… et … mais … parce que … quand … … qui … que … où …	
3. **Überprüfe** deinen Text! • Stimmen Verben und Subjekte überein? → • Stimmen Adjektive und Nomen überein? → • Stimmt die Rechtschreibung? →	le**s** touriste**s** v**i**ennent … l'**eau** est froid**e** … il y a des joli**s** gîte**s** … une vag**u**e, la r**é**gion, les drapeau**x** …	

quatre-vingt-trois 83

5 Pratique

Pratique

Ecouter, lire, parler et écrire

1 On prépare un voyage.

Votre classe prépare un voyage à Bordeaux que vous organisez ensemble. Vous cherchez des informations et vous proposez des activités à votre professeur.

Tipp: Benutze die Pausentaste. Die Redewendungen auf Seite 36 helfen beim Telefonieren.

A *Vous téléphonez à l'office de tourisme. Vous voulez savoir quelles activités il y a pour les jeunes. Ecoutez la dame de l'office de tourisme et répondez à ses questions.*

B *Vous cherchez une visite …*

– *intéressante pour votre classe,*
– *qu'on peut faire à pied,*
– *pas trop chère et pas très longue.*

L'office de tourisme vous a envoyé ces informations. Expliquez à votre professeur ce qu'on peut faire à Bordeaux.

Proposez une visite et justifiez.

Bordeaux autrement!

Découvrez Bordeaux autrement avec une chasse au trésor[1] dans le vieux quartier de la ville. Sur demande et réservation (dans la limite des stocks disponibles).

Ticket de bus nécessaire.
Tarif: 5 € par personne
Durée: 2 h – 2 h 30

Sur les pistes de Robin
9 – 13 ans / rallye
***
Un petit rallye touristique pour les 9 à 13 ans à la découverte de Bordeaux.
Pendant une heure vous allez découvrir l'histoire de la ville à travers des quiz et des jeux.
***

Durée de la visite: 1 h / Tarif: gratuit pour tous.

LA DECOUVERTE DE LA VILLE, visite quotidienne à pied

Au départ de l'office de tourisme de Bordeaux, balade à pied le matin avec présentation des principaux monuments du centre historique.

Commentée par un guide bilingue français-anglais.

Durée de la visite: *2 h*
Tarifs: *8.50 € / 7.50 € / 6.00 €*

Les mercredis et samedis visite en autocar.

---

1 une chasse au trésor: eine Schnitzeljagd

Atelier – A - B   Pratique   Bilan   5

C Cherchez le nom de la ville française jumelée¹ avec votre ville ou avec une ville de votre région.

D Vous allez passer une semaine là-bas. Cherchez sur Internet les visites intéressantes dans la ville et dans la région. Cherchez aussi les activités que vous avez envie de faire là-bas.

E Ecrivez un petit texte pour donner des informations sur la ville, les endroits intéressants et les activités. Utilisez la stratégie à la page 83.
Présentez le texte devant votre classe.

La ville d'Arcachon est jumelée avec la ville de Goslar.

Mon dico personnel

faire de l'escalade

faire de la voile

faire du cheval

faire de la peinture

faire du canoë-kayak

faire de l'accrobranche

visiter une grotte

faire les magasins

regarder un match de …

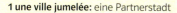

1 une ville jumelée: eine Partnerstadt

quatre-vingt-cinq   85

5 Bilan

Bilan

1 Parler

Überprüfe, was du kannst! Vergleiche deine Lösungen mit den Lösungen auf Seite 220.

Mehr dazu d2c5wp

Du kannst schon …

1. … sagen, dass dich etwas interessiert.	Ça …
2. … jemanden fragen, ob du ihm helfen kannst.	Je peux … ?
3. … jemanden fragen, ob er dir schreibt.	Tu vas … ?
4. … über die Jahreszeiten und das Wetter sprechen (*Im Frühling regnet es oft*).	Au …
5. … sagen, dass du *etwas* noch nicht kennst (*die Düne*).	La dune? Non, je ne …
6. … jemandem mitteilen, was deine Eltern sagen (*sie sagen*, es sei eine schlechte Idee).	Mes parents …
7. … sagen, dass etwas nicht gerecht ist.	Ce n'est …
8. … vorschlagen, Kopf oder Zahl zu spielen.	On joue …

2 En forme (G 18)

A *Qu'est-ce qu'ils disent?*   Exemple: **1. Je te montre** mon skimboard.

Romain parle à Lucie:
1. «Je (montrer) mon skimboard.»
2. «Tu ne (lancer) pas le ballon?»

Romain parle à Clément et Lucie:
3. «Je (donner) mon numéro de portable.»
4. «Vous (appeler) bientôt?»

Les parents parlent à Lucie:
5. «Nous (attendre) pour manger.»
6. «Tu ne (écouter) pas?»

Les parents parlent à Clément et Lucie:
7. «Venez, nous (payer) un diabolo menthe.»
8. «Vous (aider) à chercher le chat?»

B *Qu'est-ce qu'ils veulent faire?*

Exemple: **1. Je veux te montrer** mon skimboard.   *Continuez.*

3 En forme (G 21)

ce, cet, cette, ces → page 148

Faites des dialogues. Exemple:
– Tu connais **ce** garçon?
– Oui, je **le** connais.
– Non, je ne **le** connais pas.

filles	femme	plat
groupe	animal	valise
garçon	région	gens

4 Jeu de mots

A *Notez dix mots sur le thème des vacances.*

B *Trouve les saisons.*

1. C'est la saison de Noël. Il fait très froid.
2. Les élèves adorent cette saison parce qu'ils ont des vacances et qu'il fait très chaud.
3. Il ne fait pas trop chaud et il ne fait pas trop froid. C'est la saison entre mars et juin.
4. C'est la saison avant l'hiver.

quatre-vingt-six

Atelier – A - B   Pratique   Bilan   5

5 En forme (G 20)

Les Guibert discutent. Qu'est-ce qu'ils disent? Résumez la discussion.

demander
vouloir savoir } si
dire
répondre } que

1. *M. Guibert:* Alors, nous visitons Bordeaux?
2. *Mme Guibert:* Je veux bien!
3. *Jérôme:* C'est loin, Bordeaux?
4. *M. Guibert:* C'est à une heure en voiture.
5. *Alex:* Moi, je veux rester à Arcachon!
6. *Jérôme:* Nous visitons Bordeaux en mini-train?
7. *M. Guibert:* C'est une bonne idée.
8. *Mme Guibert:* Tu n'aimes pas les visites, Alex?
9. *Alex:* Je préfère la plage.

1. M. Guibert demande s'ils visitent Bordeaux.
2. Mme Guibert répond que/qu'…
3. Jérôme veut savoir si …
4. M. Guibert dit que …
5. Alex – dire
6. Jérôme – demander
7. M. Guibert – répondre
8. ?
9. ?

6 Médiation

*Du hast gerade eine Reportage über den Mont Saint-Michel gesehen.
Du möchtest mit deinen Eltern dort den Urlaub verbringen.
Du sammelst deshalb im Internet Informationen über die Normandie und stellst ihnen die Region vor.*

quatre-vingt-sept 87

6 Découvertes

Unité 6
Notre journal

Mehr dazu
ky58xj

87

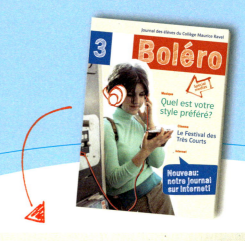

Le coin internet
Internet: Un peu, beaucoup, toujours …?

Le coin musique
Quel est votre style préféré?

Le coin BD
Vous avez dit BD?

Le coin ci
Trois minutes, s'il vous plaît: Le Festival des Très Courts

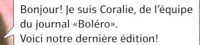

Bonjour! Je suis Coralie, de l'équipe du journal «Boléro».
Voici notre dernière édition!

Quel sujet vous intéresse? Pourquoi?
Expliquez à un ami allemand de quoi on parle dans ce journal.

PORTFOLIO

In dieser Unité gestaltet ihr eine Schülerzeitung auf Französisch.

88   quatre-vingt-huit

Découvertes 6

Lire **1** Réalisez votre journal scolaire

> De: Coralie@mauricebolero.fr
> A: smv@Europagym.de
> Objet: Une idée pour vous!
>
> Bonjour!
> Voici la dernière édition du journal de notre collège! Bonne lecture!
> Nous sommes curieux de savoir comment les jeunes dans d'autres pays utilisent les médias.
> Est-ce que vous avez envie de faire un journal à ce sujet? Bon courage!
>
> Cordialement
> Coralie, rédactrice du journal «Boléro»
>
> PS: Si vous avez des questions, écrivez-nous.

Qu'est-ce qu'il faut pour faire un journal?
Faites un filet à mots.

- écrire des articles
- travailler en équipe
- des rédacteurs
- chercher des informations
- …

Stratégie **2** Gemeinsam arbeiten

75, 1

A *In den folgenden vier Stationen könnt ihr Beiträge für eure Zeitung erarbeiten.*

Bildet zunächst Gruppen. Jede Gruppe erarbeitet für ihre Zeitung einen Artikel pro Station. Station 4 ist freiwillig. Wichtig ist, dass ihr gut zusammenarbeitet.

Am Ende stellt jede Gruppe ihre Artikel zusammen (→ S. 98).

Aufgabe: Wir gestalten eine Zeitung.

- Wie gehen wir vor? Stratégies
- Wir brauchen Ideen, Bilder und Informationen.
- Wir brauchen Wortschatz und Grammatik.
- Wir überprüfen alles.

Artikel Artikel
Artikel Artikel

Ergebnis: Unsere Zeitung

> Beim Schreiben hilft euch die Stratégie von Seite 83.

STRATEGIE

1. Worum geht es? Jeder denkt zuerst alleine nach und verschafft sich einen Überblick über das Thema.
2. Was ist zu tun? Tauscht euch aus. Plant gemeinsam die Schritte, die zu erledigen sind.
3. Wer macht was? Teilt die Arbeitsschritte unter euch auf. Wer sucht z. B. Informationen, wer zeichnet oder fotografiert, wer schreibt …? Besprecht, wo eure Fähigkeiten und Vorlieben liegen. Helft euch gegenseitig.
4. Führt eure Arbeiten zusammen. Seid ihr zufrieden mit dem Ergebnis? Stimmt alles?

quatre-vingt-neuf 89

6 Pratique — Station

Station 1

TÂCHE: ECRIVEZ UN ARTICLE SUR LE RÔLE D'INTERNET CHEZ LES JEUNES

1 Lire

Avant la lecture
Qu'est-ce que vous faites sur Internet?
Notez 3 activités.

Pendant la lecture
- Trouvez dans les réponses de Camille et Arthur (à droite) les expressions qui décrivent leurs activités sur Internet et notez-les.
- Imaginez les questions que les journalistes ont posées à Camille et Arthur.

Après la lecture
- Préparez d'autres questions que vous allez poser pendant votre interview. Vous trouvez des expressions qui vont vous aider sur la page suivante.
- Montrez le questionnaire à votre professeur et demandez-lui de le corriger.
- Notez sur une feuille les mots-clés que vous allez utiliser pendant l'interview, p. ex.:

Nom et âge:	Stella, 14 ans
Activités:	chatter, lire
Quand et combien de temps par jour:	1 heure
Site préféré:	http://blog.okapi.fr

Boléro

Le coin Internet

Internet: Un peu, beaucoup, toujours …?

Aujourd'hui, notre sujet, c'est les jeunes et Internet: nous avons demandé aux jeunes de notre collège comment ils utilisent «le net». Voici les avis de Camille et d'Arthur.

2 Ecrire un article sur Internet

Faites des interviews avec deux élèves d'autres groupes (ou bien, si possible, d'autres classes). Prenez des notes. Pour écrire l'article, utilisez les notes que vous avez prises pendant vos interviews.

Tipp: Eure Interviews könnt ihr auch aufnehmen.

STRATEGIE

Wie kommt ihr an Informationen?
- Bereitet Fragen vor.
- Macht Interviews in eurer Gruppe.
- Macht Notizen zu den Antworten.

Wie schreibt ihr euren Artikel?
- Findet einen ersten Satz, der das Thema vorstellt.
- Formuliert Sätze anhand eurer Notizen.
- Findet passende Überleitungen.
- Fasst die Aussagen am Ende in ein oder zwei Sätzen zusammen.

Bonjour! Je m'appelle Camille, j'ai 13 ans et je suis en 4e. J'adore surfer sur Internet et chatter avec mes amis. J'ai mon blog à moi où je raconte ma vie. J'aime aussi lire les pages de mes copains, regarder des photos et des vidéos et écouter de la musique. Avec Internet, je peux rester en contact avec mes copains! Mais mes parents trouvent que je passe trop de temps sur mon portable. Et je n'ai pas le droit d'être sur Internet après 21 h …

Salut, moi, c'est Arthur. J'ai 12 ans. Sur Internet, j'écris des courriels à des amis et parfois, je cherche des informations. J'ai souvent des invitations pour le chat, mais je ne participe pas parce que ça ne me dit rien. Pour moi, il est important de sortir et de discuter avec mes copains en réalité. J'ai des copains qui passent la nuit à chatter sur Internet. C'est pourquoi ils sont toujours fatigués le matin! Mais moi, je préfère dormir. Bon, je pars, j'ai sport, maintenant! Salut!

On peut voir que pour Camille et Arthur, il est surtout important d'entrer en contact avec les amis, par courriel ou par le chat. Mais on voit aussi qu'Internet, ça prend du temps – qu'on n'a plus pour faire autre chose.

Pour vos interviews, vous pouvez utiliser les mots suivants:

- dormir
- sites Internet
- avoir le droit de faire qc
- sortir
- copains

- préféré(e)
- utiliser qc
- parents
- surfer
- important

ON DIT

Comment est-ce que … ?
A quelle heure est-ce que … ?
Combien de temps est-ce que … ?
Quand est-ce que …?
Quels / Quelles sont tes … ?
Que disent … ?
…

77, 3 *Lernt die Konjugationsformen von **dormir**, **sortir** und **partir**. Übungen dazu findet ihr auf Seite 138.*

quatre-vingt-onze 91

6 Pratique Station 2

Station 2

TÂCHE: ECRIVEZ UN ARTICLE SUR UN CHANTEUR.

Lire **1** Lire

Avant la lecture
Ecoutez les chansons de Guito'B et de Zaz.
Quelle chanson est-ce que vous préférez?
Pourquoi?

Pendant la lecture
De quoi parlent les chansons?
Quels sont les thèmes?

Après la lecture
Quand vous écoutez des chansons, qu'est-ce qui est surtout important pour vous?
Le chanteur / la chanteuse, la mélodie, les textes?

Boléro

Le coin musique

Quel est votre style préféré?

Une vie sans musique, c'est difficile à imaginer! C'est pourquoi dans notre coin musique, nous présentons toujours des nouveaux groupes ou des chanteurs et chanteuses intéressants. Aujourd'hui, Vanessa dit pourquoi elle aime le chanteur Guito'B, et Gérald nous présente la chanteuse Zaz: des styles très différents.

Guito'B et le groupe Presteej

Parler, Ecrire **2** Présenter un chanteur

Mehr dazu 75gy8k

Dans chaque groupe, présentez un ou deux autres chanteurs français que vous aimez.

Faites des fiches[1] avec les informations importantes sur ces chanteurs. Ajoutez le texte de la chanson et dites pourquoi vous l'aimez.

STRATEGIE

Wie kommt ihr an Informationen?
- Sucht nach Informationen zu den Sängern, die ihr vorstellen möchtet. Im Internet könnt ihr für französische Musiker den Suchbegriff *chanson française nouveautés*[2] eingeben.

Wie schreibt ihr den Beitrag?
- Gliedert die Informationen auf dem „Steckbrief" nach Name, Geburtsdatum usw.
- Verwendet die Wörter aus dem Text und aus *On dit*.

1 une fiche *(hier)* ein Steckbrief – **2 une nouveauté** eine Neuheit, *(hier)* eine Neuerscheinung

92 quatre-vingt-douze

91 Mon chanteur préféré, c'est Guito'B. C'est un chanteur haïtien qui a grandi à Paris. A 18 ans, il quitte sa famille. Son rêve: pouvoir vivre de sa musique. C'est pourquoi il joue d'abord dans les couloirs du métro à Paris. Je trouve qu'il joue très bien de la guitare. Ma chanson préférée est «Le bohémien». Dans cette chanson, Guito'B dit qu'il ne faut jamais abandonner et qu'il faut vivre ses rêves.
Vanessa

92 J'adore Zaz! Sa voix est très belle et très cool. J'aime beaucoup les rythmes et aussi les textes de ses chansons. Dans «Je veux …» elle dit par exemple que ce n'est pas important pour elle de gagner beaucoup d'argent: elle préfère avoir de l'amour et de la joie. Ça me plaît! Elle a aussi chanté des vieilles chansons connues, d'Edith Piaf, par exemple.
Gérald

Pour parler d'un chanteur / d'une chanteuse, vous pouvez utiliser les mots suivants.

79, 3 *Bei den Adjektiven **beau**, **nouveau** und **vieux** müsst ihr genau auf die Formen achten. Macht die Übungen auf Seite 139.*

ON DIT

Il est né / elle est née en …
Il / elle a une **belle** voix.
Il / elle sait **jouer du** saxophone / **de la** guitare …
Il / elle a du succès / beaucoup de succès.
Il / elle a fait un **nouvel** album / une **nouvelle** chanson.

J'aime ce style de musique.
C'est du rock / de la musique pop / de la techno …
J'aime le rythme / les textes / la mélodie …
La chanson parle de …

6 Pratique Station 3

Station 3

TÂCHE: FAITES UNE BD.

1 Lire

Avant la lecture
Regardez les BD sur la page de droite. Quelles sont les BD que vous avez envie de lire? Pourquoi? Ecrivez deux phrases.

Pendant la lecture
- Trouvez dans l'article la phrase qui résume[1] l'histoire de la BD «Le facteur Vincent».
- Quelles phrases dans cette BD montrent que le facteur n'a pas peur?

Après la lecture
Quelle est la surprise dans la BD «Le facteur Vincent»?

Pour bien comprendre cet article, faites l'exercice 1 à la page 140.

Pour bien savoir utiliser les verbes **devoir** et **recevoir**, faites l'exercice 2 à la page 140.

2 Faire une BD

Choisissez une des BD dans votre Cahier d'activités ou sur Internet. Ce sont des BD sans textes! Ecrivez-les.

> **STRATEGIE**
> 1. Findet heraus, was geschieht.
> 2. Denkt euch Inhalte für die Sprechblasen aus. Schreibt sie zuerst auf ein Blatt Papier. Schätzt ab, ob der Inhalt in die Sprechblasen passt. Müsst ihr vielleicht kürzen?
> 3. Seht die Texte durch und korrigiert Fehler.
> 4. Füllt die Sprechblasen und findet einen Titel für eure BD.

Vous pouvez aussi dessiner une BD à la maison et écrire les textes avec vos camarades.

[1] **résumer** zusammenfassen

Boléro

Le coin BD

Vous avez dit BD?

Dans chaque édition de ce journal, l'un de nous présente les BD qu'il aime. Aujourd'hui, c'est mon tour. Comme vous le voyez à droite, j'aime des styles très différents! Mais je ne vais pas vous parler de ces BD, car je voudrais vous présenter notre projet: un jour, nous avons eu envie de raconter nous aussi des histoires. Et nous avons fait un atelier BD qui a maintenant beaucoup de succès!
Et voici la dernière BD de cet atelier.
L'idée est simple: c'est l'histoire d'un facteur qui doit apporter une lettre et qui a des problèmes avec un chien.
Moi, j'aime cette BD parce qu'au début, tout est normal mais à la fin, il y a une grande surprise. C'est une histoire très courte mais très drôle.
Est-ce que l'une de nos BD va recevoir un jour un prix au Festival d'Angoulême, le grand festival français de la BD? Qui sait?
Nathan

94 quatre-vingt-quatorze

Pratique — Station 1 – 2 – 3 – 4 — Bilan — 6

Une BD belge: un monde fantastique mais qui ressemble à la réalité.

Une autre BD de Belgique: Les Schtroumpfs, un grand «classique» qui est toujours à la mode.

Un manga français: En France, les mangas ont beaucoup de succès.

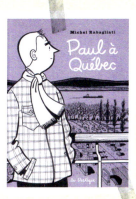

Paul: une BD moderne en noir et blanc qui vient du Canada.

Et voici un résultat de notre atelier BD

quatre-vingt-quinze 95

6 Pratique Station 4

Station 4

TÂCHE: PRÉSENTEZ UN FILM.

Lire 1 Lire

Avant la lecture:
Quels films vous intéressent?

Pendant la lecture:
Quelles sont les informations qu'on apprend sur le film «Le sourire»?

Après la lecture:
Qu'est-ce qui vous donne envie de regarder un film? C'est plutôt les acteurs, l'histoire, les affiches, l'avis de vos amis …?
Pour bien comprendre l'article et pour bien comprendre le film, faites l'exercice 1 à la page 141.

Ecrire 2 Présenter un film

Mehr dazu as4m5i

*Regardez les films des Très-Courts sur le DVD. Choisissez un film.
Ecrivez quelques lignes sur ce film pour donner envie aux lecteurs[1] de le regarder.
Vous pouvez aussi écrire un article sur un autre film que vous avez envie de présenter.*

STRATEGIE

- Nennt den Titel und den Autor des Films.
- Schreibt auf, um welche Art Film es sich handelt.
- Berichtet, worum es in dem Film geht.
- Schreibt auf, was das Besondere an dem Film ist und warum er euch gefällt oder nicht gefällt.

ON DIT

C'est une série télévisée.
         un dessin animé. / une comédie.
         un film d'horreur. / un film policier.
Ce film passe cette semaine au cinéma.
J'ai vu ce film à la télé sur TV 5 / au cinéma.
Le sujet du film, c'est …
L'histoire se passe dans …
Ce film raconte l'histoire de …
C'est un film original / drôle / triste …
Dans ce film, il y a beaucoup de suspense.

1 un lecteur / une lectrice ein Leser / eine Leserin

Boléro

Le coin cinéma

Trois minutes, s'il vous plaît!

Vous connaissez le Festival des Très Courts? C'est un festival de films très courts (au maximum 3 minutes). Ce festival a lieu dans 80 villes de France et dans 15 autres pays.

On peut aussi regarder ces films sur Internet. Voici par exemple quelques images du film «Le sourire», de Lionel Girard.

C'est l'histoire d'un homme qui entre dans un métro où tout le monde est triste et fatigué. L'homme demande de l'argent … ou un sourire. Les gens préfèrent sourire, mais lui ne sourit pas.

Et voilà mon avis sur le film: c'est un film original et drôle qui parle de la vie quotidienne avec humour.
Célia

96   quatre-vingt-seize

quatre-vingt-dix-sept   97

6 Bilan

Bilan

TÂCHE: FAITES LE JOURNAL.

Maintenant, corrigez vos textes.
Vous pouvez travailler comme ça:

1. *Vous envoyez deux élèves avec vos articles dans un autre groupe.*
2. *Le groupe lit les articles et propose des corrections (regardez la stratégie).*
3. *Les deux élèves reviennent dans votre groupe et vous faites les dernières corrections ensemble.*
4. *Après, vous montrez vos articles à votre professeur.*
5. *Maintenant, trouvez un nom pour votre journal, faites une page de couverture et mettez vos articles ensemble.*

Félicitations! Vous avez bien travaillé!

Einen Text überprüfen

STRATEGIE

1. Ist der Text **interessant** geschrieben? Liest man ihn gerne?
2. Erfährt man in der Überschrift und im ersten Satz, **worum es geht**?
3. Sind die Aussagen und Inhalte in dem Artikel **gut zu verstehen**?
4. Gibt es Stellen, die nicht zum **Thema** gehören und besser gestrichen werden?
5. Gibt es unnötige **Wiederholungen**?
6. Gibt es **Fehler**?

- Stimmen Verben und Subjekte überein?
  falsch: *Ils utilise Internet pour …*
  richtig: *Ils utilisent Internet pour …*

- Stimmen Adjektive und Nomen überein?
  falsch: *Son nouveau album …*
  richtig: *Son nouvel album …*

- Hast du an die Pluralendungen gedacht?
  falsch: *les dessin_*
  richtig: *les dessins*

- Stimmen die Mengenangaben mit *de*?
  falsch: *Beaucoup des gens aiment …*
  richtig: *Beaucoup de gens aiment …*

- … und der Teilungsartikel?
  falsch: *Il a eu _ succès.*
  richtig: *Il a eu du succès.*

- Stimmt die Rechtschreibung?
  falsch: *Au debut, le homme …*
  richtig: *Au début, l'homme …*

Découvertes

7

Unité 7
On peut toujours rêver!

Vis-à-vis

Bei der *Fête du sport* kann man verschiedene Sportarten ausprobieren. Sehr beliebt in Frankreich sind Fußball, Tennis, Reiten, Judo und Rugby. Auch die *arts du cirque* („Zirkuskünste" wie z. B. Jonglieren) stehen hoch im Kurs.

le parachutisme

le saut à l'élastique pour les enfants

A *Avant l'écoute*
Regardez les photos.
De quoi est-ce que Mehdi et Sacha parlent?

B *Pendant l'écoute*
De quoi est-ce que les deux garçons rêvent?
Que propose Sacha à Mehdi?

C *Après l'écoute*
Et toi, de quoi est-ce que tu rêves? Qu'est-ce que tu aimerais faire?

PORTFOLIO

Am Ende dieser Unité kannst du über deine Wünsche und Vorlieben sprechen.

quatre-vingt-dix-neuf 99

7 Atelier A B

Atelier A

1 C'est simple!

99–102

1. A Vincennes, la Fête du sport a ouvert ses portes.

L'animateur: Alors, vous choisissez les activités que vous voulez essayer. Toi, tu choisis par exemple le trampoline … et toi le rugby. On finit quand on veut. On peut aussi faire un parkour. Les jeunes qui réussissent
⁵ à le faire reçoivent un prix. Vous avez des questions?

86, 1

2. Au stand des arts du cirque, Sacha attend Léo pour préparer un atelier avec lui. Sacha regarde sa montre pour la dixième fois. Il sort du stand, regarde d'un côté, de l'autre, puis rentre. Mais qu'est-ce qu'il y a? A ce moment-là, il voit arriver Mehdi, Marie et Alex.

¹⁰ *Sacha:* Salut! Vous avez vu Léo?
Mehdi: Non, pourquoi?
Sacha: Je dois faire un atelier avec lui. Il doit apporter une corde molle, mais il est en retard!
Marie: Ecoute, il va arriver! Mais à propos, qu'est-ce
¹⁵ qu'on fait avec une corde molle?
Sacha: Ben, on marche dessus en équilibre et on fait des figures … Enfin … quand on a une corde!

3. Tout à coup, le portable de Sacha sonne …

Sacha: Allô, Léo? … Quoi? … Ce n'est pas sérieux!
²⁰ Et notre atelier? Mais ce n'est pas possible!
Ecoute, il nous faut une corde.
Il faut trouver une solution! … Alors, ciao. Zut!
Léo ne peut pas apporter la corde: il a perdu la clé
de notre club! Il a peur, oui, je suis plus fort que Léo!
²⁵ *Mehdi:* Quel vantard!

4. Pour Sacha, c'est la catastrophe: son atelier va tomber à l'eau. Ses amis réfléchissent. Mais Mehdi a une idée!

Mehdi: Tu as des balles?
Sacha: Oui, j'en ai trois, mais pour quoi faire?
³⁰ Sans répondre, Mehdi lance 3, puis 5 balles en l'air … et commence à jongler.
Alex: Ouaouh! Tu sais jongler! Tu es aussi fort que moi! Où est-ce que tu as appris ça?
Mehdi: Attends … voilà, j'ai fini! Ben, j'ai appris
³⁵ tout seul. C'est facile. Si tu veux, les enfants peuvent apprendre avec moi. C'est moins difficile que la corde.
Sacha: Merci, Mehdi, c'est super!
Mehdi: De rien. Tu vois, c'est simple!

100 cent

Atelier — A — B — Pratique — Bilan — **7**

Ecrire **2** **A propos du texte**

A *Lisez les expressions, puis faites des phrases qui correspondent à l'histoire.*
1. devoir apporter la corde
2. ouvrir ses portes
3. pouvoir choisir des activités
4. perdre la clé
5. pouvoir apprendre à jongler
6. préparer un atelier de corde molle
7. avoir une idée
8. ne pas avoir de corde

 B *Mettez les phrases dans l'ordre correct et faites un petit résumé du texte. Utilisez dans votre résumé les mots **mais**, **alors** et **puis**.*

En forme **3** **Bienvenue à la Fête du sport** (G 26) → En plus 143, 3

 ***Réfléchir, réussir, finir** ou **choisir**?*
Trouvez le bon verbe et la bonne forme

88, 6

1. La Fête du sport commence à 11 heures et elle **?** à 18 h.
2. Marie et Alex font un tour, puis elles **?** le parkour avec plusieurs activités.
3. Après, elles reçoivent un cadeau parce qu'elles ont **?** le parkour.
4. *Mehdi:* Pas mal, les filles! Et qu'est-ce que vous **?** maintenant?
5. *Alex:* Nous ne savons pas, nous **?** encore. Et toi?
6. *Mehdi:* Moi, je **?** d'abord mon atelier et après, je fais du saut à l'élastique.
7. *Marie:* C'est sérieux? Si tu **?** à faire ça je te paie une glace.
8. *Mehdi:* Je vais **?**, tu vas voir. C'est simple comme bonjour.

Parler **4** **On va trouver une solution.**

Lisez encore une fois les lignes 19 à 25 du texte, puis jouez la scène du téléphone avec Sacha et Léo.
Qu'est-ce que Léo peut dire?
Qu'est-ce qu'il peut proposer?
Trouvez des idées et prenez des notes pour préparer le dialogue.

> **ON DIT**
>
> **Ratlosigkeit ausdrücken**
> Je ne sais vraiment pas quoi faire.
> Je suis désolé(e) mais je ne peux rien faire.
>
> **jemanden ermutigen**
> Ne t'en fais pas.
> Ce n'est pas grave.
> On va trouver une solution.
>
> **Eine Lösung vorschlagen**
> Je peux essayer de … / Je propose de …
> Il faut … (aller, chercher, appeler …)

En forme **5** **Plus grand et plus fort** (G 27)

Comparez les élèves et les profs.

1. Nathan, Yanis (+ grand)
2. Léo, Mehdi (– courageux)
3. Raphaël, Lucas (– sympa)
4. Zoé, Sarah (= triste)
5. Claire, Isabelle (+ cool)
6. Loïc, Gabriel (= fatigué)
7. Mme Martin, M. Simon (– sévère)
8. Lola, Emma (+ petit)
9. Pascal, Thierry (= beau)
10. Anne, Patricia (+ jeune)

7 Atelier A B

Ecouter

6 Allô? C'est Léo.
→ En plus 142, 2

A *Lisez d'abord la stratégie, puis écoutez le texte plusieurs fois. Prenez des notes.*

STRATEGIE	Exemples:
Vor dem Hören: Was weißt du schon über das Thema? Worum geht es, welche Wörter zum Thema kennst du schon?	La Fête du sport, l'atelier, …
Während des Hörens: **1. Hören:** Konzentriere dich auf den **Gesamtzusammenhang.** Wer spricht, in welcher Situation, warum?	qui? Léo, … situation: au téléphone pourquoi: problème …
2. Hören: Achte auf den **Tonfall** der Sprecher. Wie klingt es? Gleichgültig, begeistert, traurig, …?	Léo: triste …
Notiere die **Schlüsselwörter**, die du verstehst. Versuche dann, den Rest der Aussage zu erschließen. Worum geht es im Einzelnen?	mots-clés: corde molle, clé …
Nach dem Hören: Formuliere die Hauptaussage.	Voilà la solution du problème: …

B *Vrai ou faux? Si c'est faux, corrigez.*
1. Léo appelle le prof de géo.
2. Il raconte l'histoire de la clé.
3. Le prof trouve une solution.
4. Le prof va venir chez Léo.
5. Léo va chercher la clé au gymnase.
6. L'atelier de corde molle tombe à l'eau.

Ecrire

7 Une invitation: La Fête du sport
→ En plus 143, 3

Votre ville organise une Fête du sport. Comme c'est la première fois, il y a une grande annonce dans le journal. Vous êtes le rédacteur / la rédactrice. N'oubliez pas de mettre la date, le lieu, les activités proposées etc.

102 cent-deux

Atelier B

Approche

1 Des activités qui bougent

1. Léo est enfin là avec la corde. Sacha et son ami veulent **expliquer à Julien** comment faire de l'équilibre.

Tiens, c'est Julien. La corde molle l'intéresse. On **lui** explique comment on fait?

2. Marie veut **demander à des filles** de jouer au volley avec elle.

Ça a l'air facile. Je vais **leur** demander si je peux essayer.

3. Mehdi veut **montrer à Marie** qu'il n'a pas peur.

Où est Marie? Ah, je la vois. Voilà, je vais lui montrer que je n'ai pas peur de sauter!

4. Alex et Marie **racontent aux garçons** qu'elles ont reçu un cadeau.

Voilà Mehdi et Sacha. Viens, on leur raconte qu'on a reçu un cadeau.

- Für welche Art Ergänzungen stehen **lui** und **leur**?
- An welcher Stelle stehen sie im Satz?

Vergleicht mit *me, te, nous, vous* (Seite 76).

Ecouter

2 Sacha téléphone à sa cousine. (G 30)

→ En plus 144, 7

A *Lisez et écoutez.*

> *Sacha:* Allô Anne, ça va? Vous <u>étiez</u> où, hier? Ici, <u>c'était</u> à la Fête du sport. Moi, <u>j'attendais</u> Léo au stand des arts du cirque. Il <u>devait</u> préparer un atelier avec moi. Mais il <u>n'était</u> pas là!
> *Anne:* Alors, tu <u>étais</u> seul?
> *Sacha:* Non, Marie, Mehdi et Alex <u>étaient</u> avec moi. Ils <u>voulaient</u> préparer des activités.
> *Anne:* Ah? Nous, nous <u>étions</u> à la maison car il <u>pleuvait</u>.

B *Tu as compris le texte? Les verbes sont à l'imparfait. C'est un temps du passé. Cherche l'infinitif des verbes à l'imparfait.*

je … tu … il (elle) …
nous … vous … ils (elles) …

cent-trois 103

3 Des rêves plein la tête

1. Les derniers sportifs rangent leurs affaires, les stands ferment. Léo est content de sa journée. Il quitte la fête avec ses parents. Sacha et Mehdi retrouvent Alex et Marie à la buvette. Puis, ils prennent place sur l'herbe.
Alex: Nous avons fait tout le parkour et nous avons eu des prix toutes les deux! Regardez! Et vous, est-ce que vous êtes restés au stand toute la journée?
Mehdi: Ben moi, j'ai montré à tous les enfants qui me regardaient comment on jongle. Ça leur a plu, je pense. Après, Léo est venu et j'ai pu faire du saut à l'élastique! C'était presque comme du parachutisme!
Sacha: Moi, je n'ai pas pu monter dans une voiture de sport. Il y avait trop de monde. Alors, j'ai fait de l'escrime. J'aimerais bien continuer!

2. *Alex:* Vous n'avez pas oublié le tirage au sort, j'espère! C'est dans quelques minutes! A propos, qu'est-ce qu'on peut gagner?
Marie: Je ne sais pas, mais mon rêve, c'est d'avoir un jour un cheval et de vivre avec tous les animaux de la ferme à la campagne et être biologiste.
Alex: Un cheval seulement? Moi, mon rêve, c'est d'avoir un élevage de chiens.
Mehdi: Ben moi, mon rêve, c'est plutôt …
Tous: … de faire du parachutisme!
Mehdi: C'est ça. Mais pour ça, il me faut plus d'argent de poche!
Léo: C'est comme Julien, Julien Aldon. Ses parents ne peuvent pas lui donner beaucoup d'argent de poche. Alors il aide ses voisins. Par exemple, il leur propose de faire les courses. Mais écoutez! Chut! …

4 A propos du texte

Corrigez le résumé.

La Fête du sport ouvre ses portes.
Les amis racontent leur journée: Alex et Marie ont fait tout le parkour et elles ont eu un cadeau. Mehdi a fait du parachutisme. L'atelier d'escrime de Sacha a eu beaucoup de succès. Après le tirage au sort, les amis parlent de leurs rêves. Alex raconte qu'elle déteste la campagne et que plus tard, elle veut être actrice. Marie dit qu'elle veut avoir un élevage de chats. Mehdi veut faire du parachutisme. Pour gagner de l'argent de poche, il peut aider Léo. Au tirage au sort, Sacha gagne un tour en bateau.

| Atelier | A B | Pratique | Bilan | **7** |

En forme **5 Alors, qu'est-ce que tu fais?** (G 28)

A *Lis les phrases. Qu'est-ce que tu fais dans ces situations?*

Exemple: **1.** Tu attends **ton ami** qui ne vient pas. → Je **lui** envoie un SMS.

1. Tu attends **ton ami** qui ne vient pas.
2. **Tes copains** veulent apprendre à jongler.
3. **Les enfants** cherchent la buvette.
4. **Tes amis** n'ont pas pu venir à la fête.
5. **Tes parents** viennent à la fête.
6. Tu rencontres **une amie**.
7. **Ton amie** a perdu ses clés.

faire une bise **à qn**
envoyer un SMS **à qn**
expliquer **à qn** comment on fait
montrer **à qn** où elle est
proposer **à qn** de l'aider à les chercher
présenter tes copains **à qn**
raconter la journée **à qn**

B *Ton correspondant français et son frère sont chez toi. Ils ont très envie de connaître un peu ta vie. Qu'est-ce que tu fais avec tes invités?*

Faites des phrases avec les expressions.

Exemples:
Je **leur** montre ma ville.
Je **les** reçois bien.

bien recevoir **qn**
montrer ma ville **à qn**
présenter **qn** à mes amis
donner des informations sur … **à qn**
inviter **qn** au cinéma
parler **à qn** de mes activités
aider **qn** à comprendre mon pays
préparer des repas allemands **à qn**
faire la bise **à qn**

En forme **6 Rêves de vacances** (G 29)

	m.	f.
Sg.	**tout le**	**toute la**
Pl.	**tous les**	**toutes les**

Qu'est-ce que vous pouvez faire pendant les vacances?
Faites au moins 5 phrases.

Exemple:
Pendant les vacances, je peux **faire du vélo** tous les jours, …
Continuez.

faire du vélo
aller à la plage
voir mes cousins
faire de la musique
rêver
…

rester au lit
lire des livres
bien dormir
aller voir mes grands-parents
aller au cinéma
…

tou … les jours
tou … le temps
tou … la journée
tou … les samedis
tou … les soirs
tou … les nuits
tou … la semaine
tou … les matins

En forme **7 Quand papy était un enfant …** (G 30)

Faites des phrases à l'imparfait.

1. il	écouter la radio	française.
2. il	préparer ses devoirs	tous les samedis.
3. son père	travailler	tous les soirs.
4. ses copains	jouer au foot	10 heures par jour.
5. la radio	jouer des chansons	tous les matins.
6. on ne	communiquer	pas par SMS!

cent-cinq 105

7 Atelier A B

Parler

8 Trouvez des arguments!

A *Imaginez quelque chose que vous voulez faire ou avoir. Pensez aux activités, aux vacances, à la musique …*
Trouvez des arguments pour et contre et notez-les.

Exemples:

Tu veux …   les arguments

	pour	contre
faire de l'escrime	bouger, copains, pas loin …	encore une activité, cher, …
avoir un chien	être toujours là, ami, faire attention …	partir en vacances, voisins …
avoir plus d'argent de poche	les prix, sortir, les amis …	déjà beaucoup, avoir tout ce que tu veux …

B *Vous discutez avec vos parents. Faites un dialogue.*
Les expressions suivantes peuvent vous aider.

ON DIT

Je voudrais / J'aimerais avoir …	Tu es sûr(e)?
Il me faut plus de … / Je n'ai pas assez de …	Est-ce que c'est important pour toi?
Je vais te dire pourquoi …	Et pourquoi est-ce que …?
La raison, c'est que …	
Ce n'est pas un problème. Je peux …	Ah, bon? Tu as bien réfléchi?
Ce n'est pas cher / dangereux / difficile …	Mais tu dois aussi penser à …
Je peux …	Et comment est-ce que …?
D'abord, je … Et puis, …	A mon avis, tu (n') as (pas) raison.
C'est pourquoi il me faut / je voudrais …	Je (ne) suis (pas) de ton avis.

Médiation

9 Une annonce → En plus 144, 6

Auf der Internetseite des Deutsch-Französischen Jugendwerks findest du folgende Anzeige. Sie könnte deine französischen Freunde interessieren. Du erzählst ihnen, worum es in der Anzeige geht.

Suche französische Gastfamilie   O F A J   D F J W

Guten Tag, ich heiße Nora Enke. Ich bin 16 Jahre alt und möchte Französisch lernen. Ich mag Lesen, Schwimmen und fast alle Tiere. Ich suche eine französische Gastfamilie, möglichst in einer Stadt am Meer. Später möchte ich Meeresbiologin werden. Ich freue mich auf Ihre Antwort.
nora.enke@yahoo.de

Atelier – A-B   Pratique   Bilan   **7**

Pratique

Lire / Parler

1 Mon rêve à moi

A *Quel rêve est-ce que vous trouvez intéressant?*

Qu'est-ce que cet enfant peut dire à ses parents? Prenez des notes, puis présentez les arguments.

> Moi, j'habite à la campagne, mais je n'aime pas ça. Il n'y a rien, à la campagne. Je voudrais habiter en ville pour faire tout ce que j'aime. La ville, ça bouge, il y a du monde. La ville, c'est la vie! **Malik**

> Moi, je voudrais jouer de la guitare[1] dans un groupe de rock. Je voudrais voyager avec mon groupe dans tous les pays du monde et rencontrer beaucoup de gens. Je joue souvent de la guitare, mais mes parents disent que je dois travailler plus pour le collège. **Eugène**

> Moi, je rêve d'être actrice et d'aller à Hollywood. Je voudrais jouer dans beaucoup de films, surtout des films drôles. Je voudrais commencer tout de suite à apprendre tout ça. Mais mes parents ne veulent pas que je quitte le collège. **Aïnhoa**

> Je voudrais bien m'acheter un petit télescope pour regarder la lune[2] et les étoiles. Pour le moment, j'ai seulement 20 euros et le télescope que je voudrais coûte 69 euros. Alors je veux demander à mes parents un peu d'argent de poche pour ça. **Laurie**

> J'en ai marre d'être dans la même chambre que mon frère. Mon rêve, c'est d'avoir une chambre pour moi tout seul. Mais notre appartement est petit. **Romain**

1 jouer de la guitare Gitarre spielen
2 la lune der Mond

Sätze — Stichwörter

STRATEGIE

Rechts siehst du, wie du einen „Spickzettel" *(une antisèche)* für deine Präsentation erstellen kannst. Sieh beim Vortragen nur die Stichwörter an. Falls du ins Stocken kommst, klappe das Blatt kurz auf und lies in deinen Sätzen nach.

PORTFOLIO

B Ecris 5 ou 6 phrases pour expliquer ton rêve personnel. Tu peux ajouter un dessin ou faire un collage.

Mon dico personnel

Lerne die Wörter für deine Wünsche und Träume.

partir en Australie	savoir jongler
nager avec les dauphins	habiter avec …
avoir un bateau	faire le tour du monde	…

cent-sept   **107**

7 Bilan

Bilan

1 Parler

Du kannst schon …

Mehr dazu
c4224i

1. … sagen, wovon du träumst (jonglieren können).	… jongler.
2. … sagen, was du brauchst (Bälle).	Il me …
3. … sagen, dass du ratlos bist.	… quoi faire.
4. … sagen, dass man eine Lösung finden wird.	On va …!
5. … sagen, dass du nicht genug von etwas hast (Geld).	Je n'ai pas …
6. … sagen, dass du anderer Meinung bist als dein Gesprächspartner.	Je ne suis pas …
7. … auf Dank reagieren. (Keine Ursache.)	De …!

Überprüfe, was du kannst! Vergleiche deine Lösungen mit den Lösungen auf Seite 222.

2 En forme (G 26)

*Complète avec **finir**, **réussir** ou **choisir**.*

1. Les vacances commencent le 30 juin et **?** le 4 septembre.
2. Nous **?** un prix pour les jeunes qui gagnent les épreuves.
3. Je **?** mes devoirs et je viens jouer avec vous.
4. Si tu **?** l'épreuve, tu gagnes un prix.
5. Vous **?** toujours à tomber sans vous faire mal?
6. Elle **?** un exercice de karaté difficile pour son épreuve.

3 En forme (G 29)

*Complétez les phrases par **tout**, **toute**, **tous** ou **toutes**.*

1. Je fais de l'escrime **?** les jeudis.
2. J'ai fait des beaux rêves **?** la nuit.
3. Il a **?** le temps faim.
4. Elle a invité **?** ses amies.
5. J'ai pensé à toi **?** les jours.
6. J'aime **?** tes cadeaux.
7. Il lui a donné **?** son argent de poche.
8. **?** leurs idées sont intéressantes.

4 Ecouter

107

Lisez les questions, puis écoutez le document deux fois. Répondez à la question 1 et dites si les phrases 2 à 6 sont correctes.

1. Qui n'aime pas trop le sport: Martin, Yanis ou Violetta?
2. Martin aime seulement les sports qui ne font pas peur.
3. La copine de Yanis n'est pas bonne au volley.
4. Yanis aime féliciter sa copine.
5. Violetta est à la fête surtout pour apprendre à jongler.
6. Violetta va essayer de faire du karaté.

5 En forme (G 28)

*Remplacez les mots en gras par **lui** ou **leur**.*

Exemple: **1** Il va **leur** expliquer le parkour.

1. Il va expliquer le parkour **aux enfants**.
2. Elle montre un stand **à sa fille**.
3. Il dit «bonne chance» **à son copain**.
4. Elle propose une boisson **à une copine**.
5. Il va montrer Vincennes **à ses amies**.
6. Il donne des sandwichs **à ses enfants**.

6 En forme (G 30)

Mets le texte à l'imparfait.

1. Tu sais, mes vacances à Vienne, c'*(être)* la catastrophe. **2.** Tous les jours, je *(chercher)* mes affaires pendant une heure! **3.** De son côté, ma mère *(rester)* deux heures dans la salle de bains. **4.** Elle *(adorer)* le château de Schönbrunn et le gâteau «Sacher». **5.** Moi, je *(rêver)* d'une piscine. **6.** Alors, tous les soirs je *(teléphoner)* à Marie. **7.** Elle et sa mère *(passer)* leurs vacances à Nice. **8.** Alors, pour elles, c'*(être)* tous les jours soleil et cocktails au programme. **9.** Ma mère et moi, on *(avoir)* des discussions tous les soirs.

7 En forme (G 27)

Complétez les dialogues avec le comparatif des adjectifs entre parenthèses.

1. Quel livre est-ce que vous voulez lire, les enfants?
   – «Harry Potter», c'est **?** «Lucas et son dragon». (+ intéressant)
2. Quelle robe est-ce que tu préfères? Moi, je trouve que la jaune est **?** la rouge (– belle). Et toi?
3. Tu as vu, maman? Je suis **?** les autres! (+ fort)
4. Je ne vais pas inviter Julien. Il n'est pas **?** mes autres copains (= sympa)
5. Ecoute, Sarah, je suis **?** toi (= triste), mais là, on ne peut rien faire.
6. Mon père est **?** le père d'Alex (– sévère).

8 La langue dans son contexte

Cherche les mots qui manquent et écris-les dans ton cahier.

Hier, c'était la Fête du sport. Il **?** beau et ma copine Sarah et moi, nous **?** à notre stand. Tout à coup, Sarah a vu Robin, Marc et Laura. «Salut, venez, nous avons **?** atelier d'arts du cirque.» Marc a tout de suite essayé de jongler **?** trois balles.
«Zut, c'est trop **?** pour moi.» «Attends, j'essaie aussi» a dit Laura. «Génial, Laura, bravo!» Puis, Robin a **?**: «On se retrouve au café?» Sarah et **?**, on était d'accord: «Oui, on range le stand à cinq heures et demie et on vient **?** de suite après. D'acc?»
«Très bien, on vous **?**. Bonne journée et à plus!»

Plateau 3

Plaisir de lire

Avant la lecture: Dans l'histoire, l'auteur (der Autor) raconte une situation embarrassante (eine peinliche Situation) dans une colonie de vacances.
Dans quelles situations est-ce qu'on peut être «rouge et en pleine confusion»?

1 La colonie de vacances

«Tu vas voir! Respirer l'air de la montagne une quinzaine de jours va te faire le plus grand bien!» Sur ces mots, je quittais pour la première fois ma famille et le village avec une petite valise verte en carton. […]

Dans ces nouveaux décors, forêts, torrents et montagnes, je n'avais pas le temps de m'ennuyer. Jeux, visites, pique-niques le jour, histoires, contes et diapositives le soir. Je m'endormais rapidement sans trop penser à la famille, aux copains et au village. […]

Pour le premier jeu aquatique, j'allais faire sensation: je portais un maillot de bain à bretelles! Blanc avec des petits points bleus et deux magnifiques rangées de dentelles sur la poitrine. Une partie du groupe riait: «Mais c'est un maillot de fille!» Rouge et en pleine confusion, j'en voulais à ma mère de ne pas m'avoir donné un maillot de bain plus discret! Idée de génie ou pas, je roulais le maillot de bain jusqu'au nombril, et là, j'avais enfin un maillot de bain comme tout le monde avec, en plus, une bouée incorporée! Mon strip-tease prenait fin dans l'hilarité générale et le premier jeu pouvait enfin commencer. […]

---

embarrassant(e) peinlich – **respirer** (ein)atmen – **quitter** verlassen – un **torrent** ein Gebirgsbach – une **valise** ein Koffer – un **conte** ein Märchen – une **diapositive** ein Dia – un **maillot de bain** ein Badeanzug – **à bretelles** mit Trägern – une **rangée de dentelles** eine Reihe mit Spitzenverzierung – la **poitrine** die Brust – **j'en voulais à ma mère** ich war meiner Mutter böse – le **nombril** der Bauchnabel – une **bouée incorporée** ein eingebauter Schwimmring – l'**hilarité** (f.) – das Lachen / Gelächter

Plateau 3

A *Présentez les activités que le garçon fait pendant son séjour.*

B *Quelle est la situation embarrassante que vit le garçon?*

C *Quand est-ce que l'histoire se passe?
Cherche les détails de cette époque.*

Puis l'auteur raconte une situation dramatique à l'école: la punition (die Strafe).

2 La punition à l'école

[…] Puis, après les vacances, les choses sérieuses revenaient sur le tapis: écriture, récitation, leçon de choses, géographie, étoffées par des punitions de plus en plus sévères. Je me les rappelle très bien; elles ne
5 tombaient pratiquement que sur les garçons. Etions-nous plus polissons et plus cancres que les filles? Polissons, peut-être!
Mais plus cancres! L'institutrice devait penser que oui! Pour une punition supérieure aux coups de règles, elle me disait: «Au piquet et à genoux! Tu n'es qu'un âne!» Et avant de me mettre à genoux au coin, dos à la classe, le cahier ouvert posé sur la tête, elle me prêtait sa règle: gentille, l'institutrice! Mais c'était pour y poser les genoux dessus. […]

revenir sur le tapis wiederkehren – la **leçon de choses** = Biologie – **étoffé(e) par …** begleitet von … – **sévère** streng – **tomber sur …** betreffen – **polisson(ne)** unartig – un **cancre** ein schlechter Schüler – une **institutrice** eine Grundschullehrerin – un **coup de règle** ein Schlag mit dem Lineal – **au piquet** in die Ecke – un **genou/des genoux** ein Knie/Kniee – un **âne** ein Esel – **prêter** ausleihen

A *Qu'est-ce que vous pensez de la punition en France dans les années 60?*

B *Est-ce que vous avez déjà eu une punition à l'école? Racontez.*

D'après: *Entre polenta, battages et vespérales*, de Francis Passaga, © 2010 Ernst Klett Verlag (Texte abrégé et modifié)

cent-onze

Plateau 3

Lösungen zu den Révisions-Übungen findest du auf Seite 222.

Révisions

Ecouter

1 Où est-ce qu'on va travailler?

112

A *Relisez la stratégie page 102, puis écoutez le texte une première fois. Il y a combien de personnes? Quelle est la situation?*

B *Ecoutez le texte une deuxième fois, prenez des notes.*

C *Complétez les phrases.*

1. Les jeunes veulent préparer …
2. Ils doivent trouver …
3. Oriane, la fille, ne veut pas aller … parce que …
4. Elle déteste … parce que …
5. Un garçon a une idée: dire à Léa que …
6. Oriane n'est pas …
7. A la fin, les jeunes vont …
8. Les garçons lui ont fait une blague parce qu'elle est …

En forme

2 A la fête du sport de Vincennes G 21, 28

*Remplacez les mots en italique (kursiv) par un pronom direct (**le, la, l', les**) ou indirect (**lui, leur**). Attention à l'ordre des mots dans la phrase.*

Exemple: Les filles ont reçu des cadeaux.
Elles montrent *ces cadeaux* aux autres.
→ Elles **les** montrent aux autres.

1. Marie a reçu un t-shirt.
   Elle trouve *ce t-shirt* très joli.
2. Les parents d'Alex arrivent.
   Alex montre sa casquette *à sa copine*.
3. Sacha est sympa. On fait un beau cadeau *à Sacha*?
4. Mehdi parle de parachutisme.
   Ses copains écoutent *Mehdi*.
5. Léo pense à sa journée.
   Il va raconter *cette journée* à ses parents.

Jeu de mots et écrire

3 Les mots en cascade[1]

A *Choisissez deux mots. Pour chaque lettre de ces mots, essayez de trouver d'autres mots sur le même thème. La liste des mots à la fin de votre livre peut vous aider.*

REVES   VACANCES   MUSIQUE   LIVRES   ARGENT
SPORT   ECOLE   ACTIVITES   ESPERER   CHANSON

Exemple:
R éalité
E ssayer
V oyages
E spérer
S able

B *Pour l'un des mots que vous avez choisis dans la partie **a**, écrivez un texte (50–70 mots) avec les mots que vous avez trouvés.*

---
1 une cascade ein Wasserfall

112 cent-douze

Plateau 3

On prépare le DELF

1 Compréhension de l'oral

 Lisez les phrases, puis écoutez le texte deux fois. Pour chaque phrase, trouvez la bonne solution.

1. Ce sont des informations sur
   - a le temps qu'il fait
   - b les autoroutes
   - c des endroits pour les vacances.

2. Sur l'A 62, il y a un bouchon
   - a à un péage
   - b à 6 km
   - c à Roquefort.

3. Il y a un cheval sur l'autoroute
   - a à côté de Bordeaux
   - b au bord de l'eau
   - c à Bordeaux.

4. Sur l'A 10
   - a il y a beaucoup de vent
   - b il n'y a pas de vent
   - c il ne fait pas beau.

2 Compréhension des écrits

Canyoning dans les Hautes-Alpes
Bienvenue au club *Escalade et Canyoning* de L'Argentière-la-Bessée!
Nous proposons des vacances sportives pour les jeunes et les adultes qui veulent découvrir l'escalade et le canyoning et profiter de la nature. Vous aimez le grand air de la montagne? Alors faites-vous plaisir! Sans réelle difficulté, la vallée du Fournel propose un canyon d'initiation parfait: des petits sauts de 3 à 5 m et des toboggans pour amuser toute la famille. Nos parcours sont ouverts aussi aux enfants sportifs à partir de 10 ans qui savent nager. Durée de la descente: entre 1 h 30 et 2 h 00 + marche d'approche de 40 min. Tarif: 39 € / personne. Activité pour 5 personnes minimum, 8 maximum. Contactez-nous au 06 07 56 87 00.

Vrai ou faux?
1. Pour faire cette activité, il faut avoir au moins 12 ans.
2. C'est un sport très difficile.
3. Il ne faut pas avoir peur de l'eau.
4. L'activité prend entre 2 heures et 2 heures et demie.

3 Production écrite

Tu te présentes sur un forum Internet pour jeunes. Tu parles de tes activités, de tes films, musiques et livres préférés. Tu racontes ce que tu aimes faire, ce qui t'intéresse et pourquoi. Ecris un texte de 80 mots environ.

4 Production orale

Vous avez 10 minutes pour préparer le sujet 1 et votre rôle dans l'exercice 2.

1 Mes vacances de rêve (monologue)
Raconte quelles sont tes vacances de rêve. Dis où est-ce que tu rêves d'aller et ce que tu voudrais faire. Explique pourquoi.

Parle une minute.

2 La journée du sport (exercice en interaction)
Au collège de ton correspondant, il y a une journée sportive. Vous voulez participer à cette journée. Prenez rendez-vous (jour / heure / lieu) et discutez du sport que vous voulez faire. Vous n'êtes pas d'accord tout de suite.

Jouez la scène à deux (2 – 3 minutes).

cent-treize 113

Unité 8
C'était chouette!

Ça y est, la semaine banalisée[1] est finie. Les cours normaux recommencent! Pendant l'heure de vie de classe[2], les élèves parlent de leurs activités. Tout le monde est content. Enfin, presque tout le monde …

Moi, j'ai fait l'atelier hip hop. C'était le pied! Mais à la fin de la journée j'étais mort! Il faut être sportif pour bien danser le hip hop …

A l'atelier photos, le matin, on allait en ville et on prenait des photos. L'après-midi, on les retvaillait sur l'ordi avec Photoshop …

Et vous? Est-ce que, dans votre école, il y a une semaine banalisée? Si oui, racontez ce que vous avez fait. Si non, imaginez un atelier.

[1] **une semaine banalisée** eine Projektwoche – [2] **une heure de vie de classe** eine Stunde für Debatten

Découvertes 8

 Ecoutez les élèves, qui parlent des ateliers qu'ils ont suivis, et répondez aux questions.

1. A votre avis, est-ce que Bachir est sportif? Justifiez votre réponse.
2. Qu'est-ce que c'est la culture Hip Hop, pour Bachir?
3. Présentez l'atelier de Manon.
4. Est-ce que Sacha était content de son atelier? Pourquoi?
5. Quel livre a lu Lucie?

 Vis-à-vis

Avant les vacances d'été, beaucoup de collèges offrent aux élèves une semaine appelée «banalisée». Garçons et filles participent à différents projets ou ateliers: photos, karaté, hip hop, astronomie, etc.

Moi, j'ai fait l'atelier karaté. C'était chouette. On faisait des combats de 10 heures à midi, puis on mangeait ensemble et l'après-midi, on reprenait les combats, ça, jusqu'à 4 heures. Le soir, j'avais mal partout. Alors, le dernier jour, j'ai abandonné.

Moi, j'ai fait l'atelier astronomie. On a appris le nom des étoiles et le dernier soir, il faisait très beau, la lune brillait dans le ciel, alors on est allés dans le parc avec un groupe du collège Verlaine et on a lu des livres d'horreur.

PORTFOLIO

Am Ende dieser Unité kannst du einem Freund ein Buch empfehlen und deine Meinung über ein Buch äußern.

cent-quinze 115

Atelier A

1 Sacha n'a pas la pêche.

Sacha commence à déprimer. Alors, ses amis Lucie, Manon et Bachir discutent …

Lucie: Vous avez vu Sacha? Depuis qu'il est revenu de sa semaine banalisée, il ne va pas bien. Il est zarbi et je crois qu'il kiffe une fille. Vendredi soir, il faisait beau et je l'ai rencontré au parc. Il était avec une fille.
Bachir: Lui? Un chagrin d'amour? Pas possible!
Manon: Je ne crois pas, mais on va sortir avec lui. Ça va lui donner la pêche!
Bachir: A mon avis, il faut attendre. Il ne faut rien faire du tout.
Lucie: Je suis d'accord, il ne veut voir personne. Il n'a pas du tout envie de sortir. Vous croyez qu'il a envie de rire ou de danser?
Manon: Tu dis ça parce que tu es jalouse.
Lucie: Pas du tout! Mais il faut l'aider à retrouver le calme.
Bachir: On va lui offrir un bon livre, un livre pour rêver. Je propose de le laisser seul.
Manon: Sympas, les copains! Il est malheureux et on le laisse tomber! Je pense qu'il faut plutôt faire des trucs sympas avec lui. Pas n'importe quoi! Aller au cinéma, par exemple.
Bachir: Alors, là, bravo! Tu rêves d'aller voir un film d'amour avec lui, c'est ça? «Roméo et Juliette», par exemple?
Manon: Très drôle! Allez, riez!
Lucie: A propos de chagrin d'amour, vous connaissez la chanson de Camélia Jordana?
Bachir: «Non Non Non!»? Génial!
Manon: Quelqu'un peut m'expliquer?
Lucie: «Non Non Non!», c'est le titre. Une copine m'a offert le CD et j'adore le refrain, on l'écoute?
Bachir: Elle va peut-être nous donner des idées pour aider notre Roméo … euh … Sacha.
Lucie: Et vous croyez que Juliette va aimer la chanson?

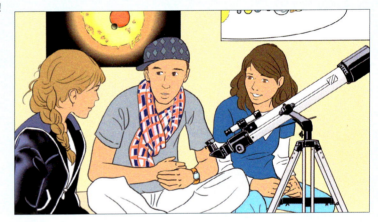

2 A propos du texte

A *Vrai ou faux? Si c'est faux, corrigez.*

1. Les amis sont du même avis.
2. Les amis veulent aider leur copain Sacha.
3. Bachir pense d'abord qu'il faut attendre.
4. Bachir aime les livres.
5. Manon veut aller voir un film d'amour avec Sacha.
6. Les amis trouvent une solution.

B *Racontez la discussion du texte. Utilisez les mots donnés.*

Il / Elle dit que … Il / Elle demande si …
Il / Elle propose de …

Atelier — A — B — Pratique — Bilan — **8**

Lire et écrire

3 Qu'est-ce qu'il faut pour être heureux?

A Lisez les réponses des jeunes à la question du magazine «Okapi».
Avec quels jeunes est-ce que vous êtes d'accord? Pourquoi? Notez des mots-clés.

«Moi, je ne peux pas être heureuse sans musique. Je vais bien quand j'écoute mes chansons préférées et je vais encore mieux quand je joue de la guitare et chante moi-même!»
Nadja, 14 ans

«Je pense que pour être heureux, il faut juste réussir, avoir du succès et de l'argent, c'est tout.»
Max, 12 ans

«Lire! Quand il y a trop de stress, je lis un roman, j'entre dans un autre monde et je vais mieux. A mon avis, il faut savoir rêver pour être heureux.»
Victor, 13 ans

«A mon avis, il faut écouter les autres et apprendre à communiquer. Quand il y a des problèmes, ce n'est pas bon d'attendre, il faut en parler.»
Aurore, 16 ans

«Pour moi, il faut surtout bouger. J'imagine mal une vie sans sport. J'aime tous les sports: le volley, le foot, le rugby, le vélo, le karaté. Ça me donne de l'énergie.»
Cora, 13 ans

«Je crois que l'important, c'est la famille et les amis, le sentiment d'être accepté! Se retrouver et pouvoir parler de tout.»
Karim, 16 ans

B Relisez les textes. Relevez des mots et des expressions qu'on peut utiliser pour donner son avis.

STRATEGIE

Lire et écrire
Wenn ihr eigene Texte schreibt, könnt ihr Wendungen und Ausdrücke wieder verwenden, die ihr in französischen Texten gelesen habt. Es lohnt sich, Texte gezielt nach solchen Wörtern und Ausdrücken zu durchsuchen und diese in euer Heft zu schreiben.

Exemple:

Je lis dans le texte:
Je crois que l'important c'est … (Karim)
J'imagine mal une vie sans sport (Cora)
ce n'est pas bien d'attendre … (Aurore)

Je note:
Je crois que …
J'imagine mal un / une (+ *nom*)
Ce n'est pas bon de (+ *infinitif*)

Trouve et note 4 autres exemples.

cent-dix-sept 117

8 Atelier A B

Jeu de mots

4 Comment retrouver sa bonne humeur?

Réfléchissez: Que veut dire le préfixe re-?

A *Dis en allemand.*

On aime **re**voir ses amis, **re**jouer à ses jeux préférés, **re**commencer à sortir, **re**partir en vacances.
Il ne faut jamais **re**faire les mêmes erreurs.

Quand je veux voir un ami, je <u>descends</u> l'escalier, je sors de chez moi, je <u>ferme</u> la porte, je <u>traverse</u> la rue, je <u>sonne</u> chez mon copain, je <u>demande</u> à sa mère s'il est là, mais il n'est pas là. Alors, je <u>retourne</u> chez moi.
Et deux heures après, je recommence.

B *Lis le petit texte. Continue.*

Je redescends l'escalier, je …
Et deux heures après, je re-recommence …

Jeu de sons

5 Répétez, s'il vous plaît.

*Dans certains (bestimmte) mots, la syllabe **re** [ʀə] prend la forme: **ré** [ʀe].*

116 **A** *Ecoutez les phrases. Quand vous entendez **re** [ʀə], levez la main.*

117 **B** *Ecoutez et répétez.*
Attention à la prononciation.

relisez – répétez – révisez – recommencez – réécoutez – répondez – regardez – retrouvez

En forme

6 Il faisait beau! (G 30, 31)

→ En plus 145, 1

100, 5

Sacha le romantique raconte. Mettez les verbes à l'imparfait ou au passé composé.
Recopiez le texte dans votre cahier et justifiez vos choix.

C' **?** *(être)* le dernier jour de l'atelier. On **?** *(être)* tous un peu tristes. Il **?** *(faire)* beau, nous **?** *(regarder)* la lune et les étoiles dans le parc. La lune **?** *(être)* belle et grise. <u>Tout à coup</u>, j' **?** *(voir)* Béa sur un banc. Elle **?** *(être)* toute seule et elle **?** *(regarder)* les étoiles aussi. <u>Tout à coup</u>, elle m' **?** *(appeler)* et elle m' **?** *(dire)* de venir à côté d'elle. Elle **?** *(avoir)* froid. Elle **?** *(porter)* un t-shirt bleu avec des étoiles. <u>Alors</u> j' **?** *(mettre)* ma casquette sur sa tête et nous **?** *(rêver)*. <u>A 10 heures</u>, nous **?** *(rentrer)*, elle m' **?** *(redonner)* ma casquette. Et je lui **?** *(dire)* «au revoir». Voilà c'est tout, c'est fini et je suis malheureux.

En forme

7 Tu crois que c'est pour rire? (G 32)

→ En plus 146, 3

99, 4

A *Mettez les verbes à la bonne forme.*

1. Pourquoi est-ce que tu *(rire)*?
2. Il *(rire)* jaune.
3. J'ai beaucoup *(rire)*.
4. Ne *(rire)* pas, les filles.
5. C'est pour *(rire)*!
6. Elles *(rire)* pour un oui ou pour un non.
7. Qu'est-ce que tu *(croire)*?
8. Est-ce qu'ils *(croire)* au père Noël?
9. On *(croire)* rêver!
10. Je l'ai *(croire)*.
11. Vous *(croire)*?
12. Je ne *(croire)* pas.

B *Relisez les expressions de **a** et trouvez les expressions en français pour:*

1. Das ist nur Spaß!
2. Glauben sie an den Weihnachtsmann?
3. Was glaubst du?
4. Ich glaube, ich träume.
5. Sie lachen bei jeder Gelegenheit.
6. Er lacht verlegen.

118 cent-dix-huit

Atelier B

L'air ne fait pas la chanson!

Voici le texte de la chanson que Lucie a proposée.

Avant la lecture:
Ecoutez la chanson. Comment est-ce que vous la trouvez?

Pendant la lecture:
A votre avis, est-ce que la jeune femme de la chanson est avec des amis ou plutôt seule? Justifiez votre réponse.

La chanteuse: Camélia Jordana

1 Non! Non! Non!

Combien de fois faut-il
Vous le dire avec style
Je ne veux pas sortir au Baron.

Refrain:
5 Non, non, non, non
Je ne veux pas prendre l'air
Non, non, non, non
Je ne veux pas boire un verre
Non, non, non, non
10 Je ne veux pas l'oublier
Non, non, non, non
Je ne veux pas m'en passer
Je veux juste aller mal
Et y'a pas de mal à ça
15 Traîner, manger que dalle
Ecouter Barbara
Peut-être il reviendra

Non, je ne veux pas faire un tour
A quoi ça sert de faire un tour

Non, je ne veux pas me défaire
De ce si bel enfer
Qui commence à me plaire
Je ne veux pas quitter mon salon.
(Refrain)

Non, je ne veux pas aller mieux
A quoi ça sert d'aller mieux
Non, je ne veux pas m'habiller
Non plus me maquiller
Laissez-moi m'ennuyer
Arrêtez avec vos questions
(Refrain)

M.: Edouard Ficat, T.: Lescarret
© 19 Entertainment France / Strictly Confidential France / Wagram Publishing

Le Baron *nom d'une discothèque* – **prendre l'air** an die frische Luft gehen – **m'en passer** *ici*: ihn vermissen – **aller mal** schlecht gehen – **Y'a pas de mal à ça.** Es ist nichts Böses dabei – **traîner** rumhängen – **que dalle** *(fam.)* gar nichts – **Barbara** *chanteuse française (1930 – 1997)* – **il reviendra** il va revenir – **A quoi ça sert?** Was nützt das? – **me défaire de** *ici*: quitter – **l'enfer** die Hölle – **aller mieux** besser gehen – **non plus** auch nicht **m'habiller, me maquiller, m'ennuyer** mich anziehen, mich schminken, mich langweilen

2 A propos du texte

A *Trouvez la bonne solution.*

1. La jeune femme
a a un chagrin d'amour.
b veut quitter son ami.
c cherche un ami.

2. Elle
a a envie de parler.
b a envie de rester chez elle.
c a envie de plaire à ses amis.

3. Elle
a n'espère plus rien.
b aime bien être triste.
c est un peu timide.

B *Quelle autre chanson de cette chanteuse vous plaît? Pourquoi?*

8 Atelier A–B

En forme 3 Non, c'est non! (G 33)   → En plus 146, 3

encore ≠ ne … plus
quelque chose ≠ ne … rien
quelqu'un ≠ ne … personne

*Sacha et Béa sont dans le parc. Ecrivez le dialogue.
Utilisez ne … pas, ne … personne, ne … plus, ne … rien.
Puis jouez les dialogues à deux.*

1. Tu as encore froid?
2. Tu as faim?
3. Tu as vu les copains, hier?
4. Tu as écouté le CD de Camélia?
5. Tu as acheté quelque chose en ville?
6. Tu as fait quelque chose hier soir?
7. On peut aller au cinéma?
8. Tu m'aimes encore?

– Non, je **n'**ai **plus** froid.
– Non, je ? son CD.
– Non, je ? en ville.
– Non, je ? d'intéressant.
– Non, je ? faim.
– Non, je ? !!!
– Non, je ?, hier.
– Non, je ? d'argent!

Parler 4 Nos amis et nous

1. Théos Computer ist kaputt und er langweilt sich unendlich.
2. Chloés Freund zieht in eine andere Stadt.
3. Toms Eltern erlauben nicht, dass er zu deiner Party kommt.

A *Arbeite allein. Wähle eine Situation aus. Wie könntest du der Person helfen? Was könntest du sagen oder vorschlagen? Notiere Stichworte.*

B *Bildet Dreiergruppen aus Schülern, die die gleiche Situation ausgewählt haben. Diskutiert auf Französisch darüber, wie ihr helfen könnt.*

ON DIT

seine Meinung äußern
A mon avis …
Je pense que …

etwas vorschlagen
Je propose …
On peut …

etwas ablehnen
Mais on risque …
Ça ne sert à rien de + infinitif …

etwas begründen
C'est pourquoi …

sagen, was man besser findet
J'aimerais mieux + infinitif …

zustimmen
Exactement / évidemment!

Quelles autres expressions est-ce que vous connaissez? Regardez la stratégie à la page 117 et utilisez vos notes.

C *Arbeite allein. Schreibe eine E-Mail an die Person, über die ihr gesprochen habt.*

| Atelier A **B** | Pratique | Bilan | **8** |

En forme

5 Quelques idées pour rester «zen» (G 34) → En plus 146, 5

A *Mettez les mots à droite en français et complétez les phrases.*

Ne fais … n'importe quoi.	nicht
Ne fais … des bonnes choses.	nur
Ne déteste …	niemand
Ne parle …	nicht zu viel
Ne fais … sans réfléchir.	nichts
N'oublie … tes amis.	nie
N'oublie … ta famille.	auch nicht
Ce n'est … facile, mais tu peux essayer.	überhaupt nicht

 B *Répondez. Ecrivez les phrases dans votre cahier.*

1. Qu'est-ce que tu n'aimes pas du tout? (3 choses)
2. Qu'est-ce que tu n'as jamais fait? (3 choses)

Exemple:
Je n'ai jamais fait de skimboard.

En forme

6 Préparer une fête (Wdh. G 9, 10, 25)

*Lukas part bientôt dans une autre ville. Avec vos amis, vous organisez une fête pour lui. Qu'est-ce que vous dites? Utilisez les verbes **savoir, pouvoir, devoir** et **vouloir**.*

1. On cherche quelqu'un pour jouer de la guitare.	Qui … ?
2. On doit d'abord parler aux voisins.	Nous …
3. On cherche quelqu'un pour apporter des verres et des couverts.	Qui … ?
4. Tu demandes qui a envie de préparer des salades.	Qui … ?
5. Vous avez envie d'offrir un livre à votre ami.	Nous …
6. Tu demandes à un copain de t'aider.	Est-ce que tu … ?
7. Christophe vient aussi? Ce n'est pas sûr.	Nous ne … si …
8. Quel travail est-ce qu'il y a à faire pour toi?	Qu'est-ce que je …
9. Ali ne peut pas encore dire s'il peut venir.	Je … si je …
10. Vos amis sont d'accord pour apporter les boissons?	Vous … bien … ?

Médiation

7 Ischliebedisch!

 Durch Zufall bist du im Internet auf ein französisches Chatforum gestoßen und liest dort den folgenden Beitrag. Dein Freund / deine Freundin, der / die kein Französisch spricht, möchte wissen, worum es geht. Du fasst ihr / ihm den Inhalt kurz zusammen und ihr überlegt euch gemeinsam, was man dem Mädchen raten könnte. Anschließend formulierst du deine französische Antwort an Aline schriftlich.

> Coucou, les copains. Je suis amoureuse de Romain, le garçon qui est devant moi en cours d'allemand. Je l'aime! Est-ce qu'il m'aime? Ça, je ne sais pas. Mais pendant les cours, il tourne la tête vers moi et me regarde. A la récré, l'autre jour, on est restés dans la classe et il a dessiné des cœurs dans mon cahier. Est-ce que ça veut dire quelque chose? Ça ne veut rien dire du tout peut-être. Moi, j'aimerais bien lui dire que je l'aime mais j'ai peur qu'il rigole et toute la classe avec lui! Quand il est avec ses copains, par exemple, il ne me voit plus du tout. Aidez-moi! Romain, ischliebedisch!
>
> Aline in love

cent-vingt-et-un 121

8 Pratique

Pratique

Lire / Ecrire

Mehr dazu
5v3it5

1 Lire, c'est …

A Ton ami français te raconte qu'il va participer au prix Tam-Tam. Tu cherches des informations et tu visites le site Internet de ce prix.

> **Vis-à-vis**
>
> Le prix Tam-Tam est un prix pour un très bon roman pour les jeunes. Un jury propose six titres pour le concours. Les jeunes qui participent choisissent leur roman préféré.

B Voici trois des livres que le jury a proposés pour le concours. Travaillez seul. Lisez les textes.

A l'école, ses camarades n'aiment pas Nejma. Elle est nulle, méchante, moche et mal habillée. Mais on ne lui dit jamais rien parce que tout le monde sait qu'il ne faut pas pousser à bout une personne qui n'a rien à perdre.
Le jour où Jonathan Suyckerbuck, grand amateur de catch, est retrouvé inconscient derrière la porte de la cantine, c'est Nejma qu'on accuse. Elle essaie de se défendre, mais on ne la croit pas. Elle fait une coupable idéale.

méchant,e bösartig – **moche** hässlich – **habillé,e** – angezogen – **pousser qn à bout** jdn zum Äußersten treiben – **un amateur** *hier:* ein Fan – **inconscient,e** – bewusstlos – **accuser qn** jdn beschuldigen – **un,e coupable** eine Schuldige

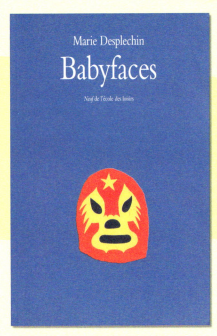

Babyface. De Manon Desplechin, Editions L'école des loisirs

Le bébé tombé du train. De Jo Hoestlandt, illustré par Andrée Prigent, Editions Oskar Jeunesse

Anatole, 60 ans, vit seul et n'aime pas être dérangé. Derrière le mur de son jardin, il y a la voie ferrée et chaque jour, le train passe …
Alors qu'il est occupé à biner, Anatole aperçoit quelque chose bouger dans l'herbe: un bébé. Cette rencontre bouleversante va changer la vie du vieil homme …

vit lebt – **déranger qn** jdn stören – **la voie ferrée** die Eisenbahnlinie – **biner** harken – **être occupé à faire qc** damit beschäftigt sein etwas zu tun – **l' herbe** Gras – **bouleversant,e** überwältigend

122 cent-vingt-deux

Atelier – A - B   Pratique   Bilan   **8**

Dans un village nordique vit Odd, un garçon que la chance a oublié. Son père est mort dans une expédition Viking, et sa mère est inconsolable. Un arbre tombe et écrase le pied d'Odd, le rendant boiteux pour toujours. Mais un jour, Odd délivre un ours pris au piège. Une quête fantastique commence pour lui. Un voyage vers un pays de glaces, de géants et de dieux.

inconsolable untröstlich – **écraser** zerquetschen – **boiteux** hinkend – **délivrer** befreien – **un ours** ein Bär – **être pris au piège** in der Falle sitzen – **une quête** hier: eine Suche – **un géant** ein Riese – **un dieu** ein Gott

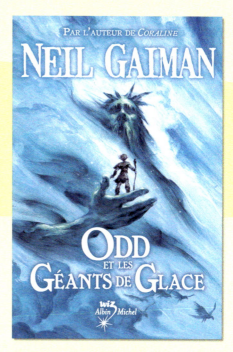

Odd et les Géants de Glace, de Neil Gaiman, illustré par Brett Helquist, traduit de l'anglais par Valérie Le Plouhinec, éditions Albin Michel Jeunesse

 C Médiation: Travaillez à 3. Chaque élève choisit un de ces 3 livres. Résumez ces livres en allemand à vos voisins. Dites pourquoi ils vous intéressent ou pourquoi ils ne vous intéressent pas. Quel livre est-ce que vous avez envie de lire un jour? Préparez une petite présentation.

Nous avons choisi le livre …
C'est un livre de …
Le livre parle de…
Ce sujet nous intéresse parce que …
Nous croyons …

D Formez des groupes de 4 – 5 élèves qui ont lu le même livre. Préparez ensemble une petite présentation de ce livre devant la classe.

E Vous écrivez à votre ami français. Vous lui parlez d'un livre que vous avez lu et que vous aimez beaucoup.

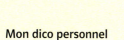 **STRATEGIE**

Bevor ihr zu schreiben beginnt, notiert euch Stichworte auf Französisch. Folgende Fragen können euch helfen:

– Quel est le titre de ce livre?
– Quel est l'auteur de ce livre?
– Qu'est-ce que vous savez de lui?
– Quel est le sujet de ce livre?
– Pourquoi est-ce que vous l'aimez?

Mon dico personnel

un roman — fantastique / policier / d'aventures / de science-fiction

un livre — captivant / ennuyeux / sur la vie de … / sur l'amitié entre … / qui raconte l'histoire de … / sur les voitures de sport

8 Bilan

Bilan

1 Parler

> Überprüfe, was du kannst! Vergleiche deine Lösungen mit den Lösungen auf Seite 222.

Mehr dazu wx33gq

Du kannst schon …

1. … sagen: Geschafft! / Es ist so weit.	Ça … !
2. … sagen, dass es jemandem besser geht.	Il va …
3. … sagen, dass jemand gute Laune hat.	Il est …
4. … sagen, dass du ganz unterschiedliche Sportarten magst.	J'aime … de sports.
5. … sagen, dass man Gefahr läuft, etwas zu tun *(Zeit zu verlieren)*.	On … perdre du temps.
6. … sagen, dass es nichts nützt *(zu warten)*.	Il ne … attendre.
7. … sagen, dass es nur Spaß ist.	C'est pour …
8. … sagen, dass man noch einmal darüber spricht.	On en …

2 Jeu de mots

Complétez les expressions à droite pour exprimer le contraire.

Exemple: Nous aimons bien écrire. ⟷ Nous **en avons marre** d'écrire.

1. Je suis en *bonne* forme
2. Il veut voir *beaucoup de gens*.
3. Elle adore cette chanson.
4. Il va *bien*.
5. *Commence à* jouer de la guitare.
6. Elle *est revenu*e.

Je suis en … forme.
Il … voir …
Elle n'aime … cette chanson.
Il va …
… jouer de la guitare.
Elle … .

3 Lire

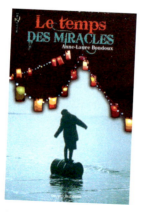

Je m'appelle Lauriane et j'ai 14 ans. Je n'ai jamais été une grande lectrice mais cette année, toute ma classe s'est inscrite au «prix ados». J'ai d'abord lu les résumés de tous les livres présentés et j'ai ensuite choisi votre roman «Le temps des miracles». Ce n'est pas un livre court, mais je l'ai lu en 5 jours seulement! Une chose est sûre: ce livre m'a appris beaucoup de choses et il m'a aussi en quelque sorte «retournée». J'ai réfléchi à des choses auxquelles je n'avais jamais pensé avant. Pour moi, cette lecture a été une invitation au monde des livres. Merci!

Vrai ou faux?

1. C'est un message à la rédaction d'un journal.
2. Lauriane a aimé ce livre.
3. Elle a lu ce livre très vite.
4. Après sa lecture, tout a changé pour elle.
5. Elle ne va plus jamais ouvrir un livre.

4 Ecrire

Retrouvez l'ordre des phrases. Complétez et écrivez le texte.

a Il **?** déjà **?** huit romans dans la série «Artemis Fowl».
b Mon livre préféré **?** «Artemis Fowl».
c Le roman **?** l'histoire d'un garçon génial qui entre en contact avec le monde des fées.
d C'est un **?** fantastique de Eoin Colfer.
e J'aime beaucoup ce livre **?** il est très original et même un peu fou.
f Cet **?** a été professeur. Puis il a commencé à écrire des livres.

1. titre
2. auteur
3. sujet
4. ton avis

5 Ecrire

119

Azouz Begag, un écrivain français, nous parle de son enfance à Lyon. Raconte au passé. Utilise l'imparfait ou le passé composé. Recopie l'histoire dans ton cahier. Ensuite, écoute le CD.

Tous les dimanches, j' **?** *(accompagner)* mon père au marché aux puces. […]

Dehors, il **?** *(faire)* froid mais dedans j' **?** *(avoir)* chaud. Un dimanche, mon père **?**
5 *(rencontrer)* un cousin […], Monsieur Ali.

Monsieur Ali **?** *(demander)* à mon père: «C'est le combien de tes enfants, çui-là*?» Mon père **?** *(dire)* un numéro mais il **?** *(réfléchir)* avant de dire mon prénom. […].

10 Monsieur Ali **?** *(me – embrasser)* et **?** *(me – donner)* des coups sur les joues. […] Puis je **?** *(aller)* vers les livres.

J' **?** *(être)* petit mais je **?** *(voir)* les pages de couverture […] Les titres **?** *(me – emporter)*
15 avec eux dans la jungle, en Amazonie, dans le désert, au-delà de la réalité.

Ici […] je **?** *(pouvoir)* rêver. C' **?** *(être)* pas interdit. C' **?** *(être)* gratuit.

© D'après *La leçon di francisse* d'Azouz Begag, Ernst Klett Verlag. 2005. Nr. 591859

*çui-là: dieser da

En plus – différenciation

△ Einfachere Zusatzübung
△ Schwierigere Zusatzübung
ohne Dreieck: Ergänzende Zusatzübung

Unité 1

Jeu de mots

1 Au collège zu 1 Déc

Trouvez les mots du collège. Faites un filet à mots dans votre cahier.

1. C'est après les grandes vacances, quand les cours commencent.
2. C'est une liste des cours et des heures de cours pour la semaine.
3. C'est entre les cours, quand on ne travaille pas.
4. C'est l'endroit où les élèves jouent ou parlent.
5. C'est un endroit où on va quand on ne va pas bien.
6. C'est un endroit où on peut chercher des informations.
7. C'est un endroit où on peut manger.

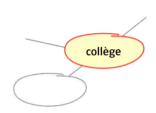

En forme

2 Le nouveau au collège (G 1, 2) zu 1 A 3

△ **A** *Mettez les formes du verbe* **connaître**.

Le nouveau ne **?** pas les professeurs.
– Je ne **?** pas les profs. Est-ce que tu
  ? Mme Barette?
– Oui, nous **?** bien notre prof d'allemand.
– Vous **?** aussi M. Racine?
– Oui, tout le monde **?** le prof de français!

B *Mettez les formes du verbe* **savoir**.

Le nouveau ne **?** pas où est Mme Barette.
– Bonjour. Vous **?** où est Mme Barette?
– Non, nous ne **?** pas où elle est.
– Et toi, est-ce que tu **?** où est Mme Barette?
– Non, je ne **?** pas. Demande aux filles,
  là-bas. Elles **?** où elle est.

Ecrire

3 La journée d'hier nach 1 A 4

*Imaginez: vous écrivez un courriel à un copain / une copine.
Mettez les verbes à la forme correcte et complétez.*

1. Hier, je (rencontrer) …
2. Il / Elle (raconter) ses vacances.
3. Nous (passer) … et nous (oublier) …
4. Alors je (téléphoner à)…

5. Le soir, mes parents (inviter) …
6. Et toi, qu'est-ce que tu (faire), hier?
7. Est-ce que ta famille et toi, vous
   (faire un tour) à …?

En forme

4 Tu es dans quelle classe? (G 3) zu 1 A 5 B

△ **A** *Quel, quels, quelle ou quelles? Complétez.*

1. Tu habites **?** rue?
2. Tu lis **?** livre?
3. **?** couleurs est-ce que tu aimes?
4. **?** sports est-ce que tu aimes?

5. **?** BD est-ce que tu aimes?
6. Tu as **?** jeux chez toi?
7. Ton anniversaire, c'est **?** jour?
8. **?** chansons est-ce que tu écoutes?

126 cent-vingt-six

En plus – différenciation

Ecouter Parler

5 Ça va ou ça ne va pas? zu 1 A 6

A *Ecoutez Ines, Corentin et Alma. Qui est triste, qui est en colère et qui est content?*

B *Ecoutez encore une fois. Pour chacun, notez deux expressions qui montrent qu'il ou elle est triste, content(e) ou en colère.*

C *Qu'est-ce qu'ils peuvent dire encore? Pour chacun, notez une phrase.*

Médiation

6 C'est quelqu'un qui … c'est quelque chose que … (G 4) zu 1 B 6

Vous expliquez des mots à un Français.

Exemple: Un „Klassensprecher", c'est un élève qui parle avec les profs des problèmes de la classe.

Klassensprecher	Tafel
Streitschlichter	Referat
Aula	Schullandheim
Klassenbuch	Doppelstunde

En forme

7 Devant le collège (G 5) zu 1 B 9

A *Complétez dans vos cahiers par ces ou ses.*

1. Qui sont **?** personnes, là-bas?
2. Ce sont Mme Ducharme et **?** élèves de 3ᵉ.
3. Et **?** enfants, est-ce que ce sont **?** élèves aussi?
4. Non, ce sont **?** enfants à elle.

B *Ecoutez. Pour chaque phrase, notez «c'est», «ces» ou «ses».*

En forme

8 Un tour en ville avec le nouveau nach 1 B 9

*Complétez par **quel, quelle, quels, quelles** (**Q**) et **ce, cet, cette, ces** (**C**)*

1. On y va! **Q** heure est-il?
2. On prend **C** sacs, **C** casquettes et **Q** autres affaires?
3. **Q** monuments est-ce qu'on va visiter?
4. **Q** moyen de transport est-ce qu'on prend: **C** bus ou le métro?
5. On va à **Q** station de métro?
6. Tu connais **C** endroit? Moi, j'aime bien **C** rue et **C** quartier! **Q** autres quartiers est-ce que tu veux visiter?
7. **Q** cartes postales est-ce qu'on prend: **C** jolies cartes ou d'autres?
8. **Q** film est-ce que tu veux voir: **C** film drôle ou **C** autre film allemand?

En plus – différenciation

Ecouter

9 Ils sont nés quand? (Vocabulaire, p. 144 et 159) zu 1 B 7

125
Mehr dazu
i8u9jk

A *Ecoutez les textes et trouvez les bonnes réponses. Ces personnes sont nées en quelle année?*

1. Louis XIV est né en   a 1628   b 1638   c 1648
2. Marie-Antoinette est née en   a 1755   b 1715   c 1445
3. Gustave Eiffel est né en   a 1842   b 1832   c 1632
4. Morgane Ribout est née en   a 1998   b 1978   c 1988
5. Moustique est né en   a 2011   b 2001   c 1991

B *Quand est-ce qu'ils sont nés? Lisez à haute voix.*

1. Napoléon est né en 1769.
2. Charles de Gaulle est né en 1890.
3. Marie Curie est née en 1867.
4. Moi, je suis né(e) en …

Unité 2

En forme

1 L'après-midi d'Alex (G 7) zu 2 A 5

*Un soir, Alex raconte son après-midi. Qu'est-ce qu'elle dit?
Utilisez les mots donnés.
Commencez comme ça: Cet après-midi, j'ai …*

être au cinéma
voir un film de vampires
avoir peur
prendre le bras de son frère
acheter un manga
discuter avec qn
faire ses devoirs
ne pas comprendre les exercices
manger du gâteau
aimer ce gâteau

128   cent-vingt-huit

En plus – différenciation

Ecouter
Médiation

2 Le fantôme de l'Opéra[1]

zu 2 A 6

A *Ecoutez le texte. Vrai ou faux?*

1. Un professeur parle à ses élèves.
2. «Le fantôme de l'Opéra» est un film de Gaston Leroux.
3. Le fantôme habite dans les souterrains de l'Opéra.
4. Le guide a rencontré une jeune actrice.
5. A l'Opéra, il y a une place réservée au fantôme.
6. C'est une bonne idée de prendre cette place.

B *Ecrivez une carte postale à un copain français ou une copine française.
Racontez l'histoire du fantôme de l'Opéra de Paris.*

En forme

3 Rue des Dames, il y a …

zu 2 B 1

A *Quel mot décrit quelle personne? Lisez et complétez. Attention à la forme des adjectifs.*

1. Madame Samu n'a pas peur de travailler beaucoup. Elle est …
2. Monsieur Fouine a envie de tout savoir sur les gens de sa rue. Il est …
3. Sa copine a quitté M. Snif. Depuis ce jour, il est très …
4. Les Goubet ont trouvé beaucoup de copains ici. Ils sont très …
5. On sait peu de choses sur M. Alucard. Où est-ce qu'il va la nuit? Il est …
6. Mme Miro ne voit pas bien. Quand elle est sur son vélo, c'est un peu …

B *Pour chacun des mots suivants, trouvez un mot de la même famille. Puis expliquez les expressions en français.*

Exemple: 1. oublieux ⟶ oublier
          Un homme oublieux, c'est un homme qui oublie souvent des choses.

1. un homme **oublieux**
2. un livre **coûteux**
3. une femme **chanceuse**
4. un temps **neigeux**
5. un garçon **coléreux**
6. une fille **peureuse**

---

[1] l'**opéra** (m) die Oper

cent-vingt-neuf 129

En plus – différenciation

En forme

4 M. Marignan n'est pas content! (G 8) zu 2 B 4

A *Complétez avec* **attendre (a)**, **descendre (d)**, **entendre (e)**, **perdre (p)**
et **répondre (r)** *au présent. Attention, un verbe est à l'impératif!*

M. Marignan: On **d** l'escalier dans cinq minutes!
 Julien, tu ne **p** plus le groupe. Tu **e** ?
Julien: Oui, Monsieur! J' **e** !
M. Marignan: Bon, Julien, les autres profs et moi,
 nous **a** ton histoire! Alors?

 Pourquoi est-ce que tu ne **r** rien?
Julien: Monsieur, **a** , je vais tout expliquer.
M. Marignan: Bon, raconte! Nous **p** un
 peu de temps, mais enfin, … les autres
 élèves **a** encore cinq minutes.

B *Julien raconte. Utilisez le passé composé.*

1. Quand je vois les crânes, j'ai des idées noires.
2. J'attends un petit moment.
3. Puis je rencontre un dessinateur de BD.
4. Nous parlons.
5. Il répond à mes questions.
6. Nous regardons ses dessins.
7. Après, j'entends les autres de loin.
8. Enfin, je prends un escalier et je retrouve la sortie.

Jeu de mots

5 Trouvez les contraires. zu 2 B 9

Remplacez les mots en **gras** *par les contraires.*
Les mots à droite peuvent vous aider.

Malabar: Je **descends** un escalier. J'arrive à la **sortie**
 d'un couloir. Léo est **loin de** moi. Il fait **froid**.
 La porte du couloir est **fermée**. Je suis **malheureux**.
 Un après-midi **sans** Léo, ce **n'**est **pas drôle**.

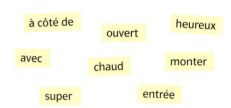

Jeu de mots

6 Racontez l'histoire d'Enzo. zu 2 B 10

Regardez les dessins. Utilisez les mots donnés
pour raconter l'histoire au présent.

le soir   à ce moment-là
tout à coup   alors

Enzo – visiter –
égouts – sombre

garçon – bras –
peur – crier

tomber – eau –
désolé

belle casquette –
content

130 cent-trente

En plus – différenciation

Unité 3

1 Que peut faire Sacha? (G 1, 10)   nach 3 A 4

A *Pouvoir* ou *savoir*? *Regardez les exemples, puis complétez les phrases.*

Le petit Sébastien a 3 ans. Il ne **sait** pas écrire.

Sacha a mal au bras. Il ne **peut** pas écrire.

1. Pour avoir la moyenne, Sacha **?** travailler avec ses copains.
2. Marie et Mehdi **?** comment faire un exposé. Ils **?** aider Sacha.
3. Sacha **?** bien travailler à l'ordinateur, alors il **?** chercher des idées sur Internet.
4. Son père dit: «Moi, je ne **?** pas bien l'anglais. Mais je **?** parler à ton professeur.»
5. Le prof d'anglais **?** bien expliquer. Alors Sacha **?** poser des questions.

B *Travaillez à deux. Posez des questions avec les verbes **pouvoir** et **savoir** et les expressions données, puis inventez une réponse.*

faire les devoirs avec moi
jouer au rugby
être chez moi à 16 heures
regarder l'heure
faire du judo
fermer la porte
répéter la question, s'il te plaît

Exemple:
– Est-ce que tu peux faire les devoirs avec moi?
– Je ne peux pas. Je vais à mon cours de judo.

2 Notre collège, le rêve?   zu 3 A 5 B

Travaillez à deux. Parlez de votre collège. Dites ce que vous (n') aimez (pas). Expliquez pourquoi. Les mots donnés peuvent vous aider.

Exemple: J'aime la cantine parce que les repas sont bons.

les devoirs	le français / la géographie / …	super	nul	long
le / la prof de …	les cours dans l'après-midi	il y a des …	drôle	bon
les professeurs	les récréations	il n'y a pas de …	bête	sympa
la cour	les salles de cours	curieux	moderne	fermé
la cantine	la bibliothèque	grand	intéressant	ouvert
le gymnase	l'emploi du temps	pratique	joli	…
les camarades	…			

cent-trente-et-un 131

En plus – différenciation

Ecouter

3 Très bien, Sacha! zu 3 B 6

Pour chaque phrase, trouvez la ou les bonnes fins de phrase.

1. Depuis la course,
   a les autres sont sympas avec lui.   b peu de choses ont changé.   c Sacha travaille beaucoup.

2. Maintenant, il a d'assez bons résultats
   a en géographie.   b en mathématiques.   c dans son bulletin.

3. Il a eu
   a un 4 en géographie.   b un 14 en mathématiques.   c un 14 en géographie.

4. Pour fêter la bonne note, Sacha et ses parents
   a vont au cinéma.   b vont voir un match de rugby.   c vont au Parc des Princes.

Ecrire

4 Une lettre, mais de qui? zu 3 B 8

Lisez les mots en bas, puis écrivez le texte.
*Utilisez des petits mots comme **mais, à ce moment-là, puis, alors, et**.*

ce matin – Sacha – descendre de sa chambre
entrer dans le salon – trouver une lettre
prendre la lettre – commencer à lire – Quelle surprise!
mettre la lettre – sac – quitter la maison
Mehdi et Marie – arriver – aller au collège ensemble
Sacha – ne pas parler – Marie demander: «Ça va?»
Mehdi – voir la lettre – vouloir prendre la lettre
Marie – crier: Non! – Sacha dire merci à Marie

Cher Sacha,
Tu as été super et
tu es super sympa!!
A+
♥ ♥ ♥

Jeu de mots

5 Comment est-ce qu'on dit …? zu 3 B 12

A *Trouvez les paires qui vont ensemble et notez les lettres dans l'ordre pour trouver le mot-solution.*

1. J'ai la moyenne.   Sie geht an die Tafel.   E
2. Elle arrive en retard.   Antwortest du auf meine Frage? N
3. On se retrouve à 17 heures?   Das sagt mir nicht zu.   M
4. Ça ne me dit rien.   Ich habe den Notendurchschnitt erreicht. P
5. Si tu veux.   Ich hätte lieber …   N
6. J'aimerais mieux …   Los geht's!   E
7. Vas-y!   Nächstes Jahr …   C
8. Tu réponds à ma question?   Sie kommt zu spät.   E
9. L'année prochaine, …   Treffen wir nous um 17 Uhr?   R
10. Elle va au tableau.   Wenn du willst.   A

132   cent-trente-deux

En plus – différenciation

B *Trouvez les expressions qui vont ensemble.*

Marie ne prend pas le bus. Elle dit: …
Sacha est d'accord pour travailler. Il dit: …
Léo n'a pas envie de participer. Il dit: …
Jérôme est en colère. Il dit: …
Alex trouve que c'est bête. Elle dit: …
Julien a des idées noires. Il dit: …
Anne n'est pas en forme. Elle dit: …

– Ça ne me dit rien.
– C'est dommage!
– Je pique une crise.
– J'ai mal à la tête.
– Je veux bien!
– Je suis triste.
– Je vais au collège à pied.

Unité 4

En forme **1 Où sont les verbes?** (G 17)   zu 4 A 5

Complétez avec les formes correctes des verbes donnés.

Au café (boire)
– Qu'est-ce que tu **?**, chez toi?
– En France, je **?** toujours des diabolos menthe.
– Nous aussi, nous en **?** souvent et chez vous, qu'est-ce que vous **?**?
– En Allemagne, on **?** souvent du jus de pomme avec de l'eau minérale. Les gens **?** aussi souvent de l'eau minérale seule. Tu en as déjà **?**?
– Du «Sprudel», oui, mais je n'aime pas trop ça. Cette eau est trop gazeuse[1] pour moi!

Au marché (acheter)
– Mes bons œufs! **?** mes bons œufs!
– On en **?**?
– Si tu veux. J'en **?** six.
– Les gens là-bas **?** du saucisson. Il a l'air bon! Tu en **?** aussi? Nous n'en **?** pas souvent! Et tu as déjà **?** du bon pain pour manger avec!
– D'accord. On invite des copains?

On prépare une fête (payer)
– Alors qui **?** quoi pour cette fête?
– Moi, je **?** le jus d'orange, toi, tu **?** le jus de pomme, Leila et Tom, vous **?** les gâteaux et Nina et Adam **?** les quiches.
– Et nous, qu'est-ce que nous **?**?
– Vous, vous avez déjà **?** la dernière fois, non?

1 gazeux, gazeuse mit Kohlensäure

cent-trente-trois 133

En plus – différenciation

En forme

2 Qu'est-ce qu'ils ont acheté? (G 13–16) nach 4 A 5

Regardez l'image.

A Ils ont acheté de l'eau.
…
Continuez.

B Ils ont acheté deux bouteilles d'eau.
…
Continuez.

Ecouter

3 Des surprises nach 4 A 5

128

A Ecoutez le texte une première fois et notez d'abord les choses qu'il faut acheter.

B Ecoutez le texte une deuxième fois et notez combien il faut en acheter.

C Pourquoi est-ce que le texte s'appelle «Des surprises»?

Ecrire

4 Vous êtes sûre, Mme Pirou? zu 4 B 2

Imaginez la fin du repas. Les images et les mots donnés peuvent vous aider.

arriver – saucisson au chocolat – surprise

invités – très bon – Tayfun – aimer – saucisson

Parler

5 Avec ou sans? zu 4 B 6

Faites des dialogues.

Exemple:
– Vous prenez votre café **avec du** sucre ou **sans** sucre?
– Sans sucre, s'il vous plaît.

café – sucre
pain – beurre
salade – citron
quiche – salade

jus de fruit – eau
viande – pain
frites – ketchup[1]

___
1 le ketchup [lətkɛtʃœp] der / das Ketchup

134   cent-trente-quatre

En plus – différenciation

6 Dialogues nach 4 B 7

Répondez aux questions.
Utilisez les verbes donnés.

Exemple:
1. Non, merci. Je bois de l'eau.

1. Tu prends du jus d'orange? – Non, merci. Je …
2. Vous prenez un café? – Non, merci. Je …
3. Tu achètes ce fromage au marché? – Non, …
4. Vous achetez les œufs au supermarché? – Non, nous …
5. Vous payez avec ou sans carte? – Je …
6. Est-ce qu'il va faire mauvais, demain? – …
7. Madame, vous préférez ce pull vert ou le rouge? – Je …

espérer
préférer
acheter
payer
boire

7 Pas mauvaise, cette cantine! zu 4 B 4

Du bist in einer Schule in Frankreich und telefonierst abends mit deinen Eltern. Sage ihnen auf Deutsch, was es heute in der Kantine gegeben hat und was es morgen gibt.

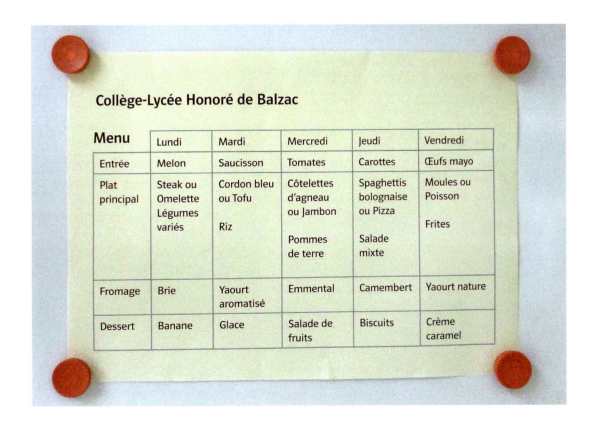

En plus – différenciation

Unité 5

En forme

1 Tu m'aides, Alex? (G 18)

zu 5 A 2

A *Complétez le texte avec les pronoms corrects.*

me   nous   te   vous

1. *Alex:* Attends, Jérôme, je **?** aide à porter le sac.
2. *M. Guibert:* Mais qu'est-ce qu'il y a dans vos sacs? Je ne **?** comprends pas.
3. *Jérôme:* Des vêtements, des jeux, et puis Alex **?** a donné cinq de ses livres.
4. *M. Guibert:* Comment? … ouf, c'est fait. Allons manger. Maman **?** attend.

B *Ecrivez six phrases avec ces pronoms. Utilisez par exemple les verbes* **chercher, écouter, énerver, expliquer, appeler, inviter.**

En forme

2 On va à Bordeaux? (G 19)

zu 5 A 9

Complétez les phrases par les formes du verbe **dire**.

M. Guibert: Jérôme, Alex, qu'est-ce que vous en **?** ?
Alex: Moi, je **?** non.
Jérôme: Toi, tu **?** non, moi je **?** oui.
Mme Guibert: Nos enfants ne sont jamais d'accord.
Alex: Vous voulez des enfants qui **?** toujours oui?
M. Guibert: Non, mais cette fois, on ne va pas jouer à pile ou face. Nous **?** qu'on peut peut-être visiter cette ville ensemble. C'est bien, j'en suis sûr.

En forme

3 Essayez! (Vocabulaire p. 161)

nach 5 B 2

Faites des phrases.

Exemple: Alex envoie un SMS à Marie.

Moi, je			
Tu	payer	carte	skimboard
Alex	envoyer	baladeur mp3	cinéma
Nous	essayer	gîte	bateau
Vous		ballon	combinaison néoprène
Les Guibert		SMS	glace
		l'entrée du musée	…

Jeu de mots

4 Devinettes (G 21)

zu 5 B 3

Qu'est-ce que c'est?

1. On peut **la** prendre en voyage pour mettre ses affaires.
2. On **les** voit sur la mer quand il y a du vent.
3. Jérôme **le** prend pour écouter de la musique.
4. Je **l'**ouvre pour faire entrer l'air dans la pièce.

136 cent-trente-six

En plus – différenciation

En forme **5 Dans le gîte** (G 21) zu 5 B 3

Dans le gîte des Guibert, tout le monde cherche ses affaires.
Mettez les verbes au passé composé. Attention à l'accord du participe passé.

Exemple: → 1. Je l'ai vu sur une chaise.

1. – Où est mon baladeur? – Je (le voir) sur une chaise.
2. – Quelqu'un a vu mon ballon? – Je (le mettre) derrière la porte.
3. – Je cherche les sandwichs! – Je (les poser) sur la table de la cuisine.
4. – Je ne trouve plus ma veste! – Maman (la mettre) dans la valise.
5. – Qui a vu mes baskets? – Papa (les ranger) dans ta chambre.
6. – Où sont les cartes postales? – On (les envoyer) hier.
7. – J'ai perdu mes mangas! – Mais non! Je (les porter) dans la voiture.

En forme **6 Vous aimez les huîtres?** (G 18, 21) nach 5 B 3

Alex et Marc: Jérôme, nous allons à la plage.
Tu **?** retrouves là-bas?
Jérôme: J'arrive tout de suite. Vous **?** attendez une minute? …
Alex, tu as vu ma casquette? Je **?** cherche depuis
10 minutes. …
Alex: Je **?** ai vue sur ton lit!
Les enfants vont à la plage.
Marc: Voilà un stand d'huîtres. Tu aimes les huîtres, Alex?
Alex: Oui, mais je ne sais pas comment **?** ouvrir.
Marc: Je vais **?** montrer comment on fait. Attendez, je vais en
acheter pour nous trois. Je **?** invite. … Tiens, voilà une huître.
Regarde, tu **?** prends comme ça. Puis tu mets le couteau
comme ça. Tu **?** tournes et hop, elle est ouverte!
Jérôme: Ça a l'air facile. Je peux essayer, moi aussi?

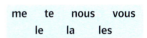

Ecouter Parler **7 A Arcachon quand il pleut.** zu 5 B 6C

A *Ecoutez le texte, puis trouvez les réponses possibles
aux questions de l'homme.*

1. a Pour passer des vacances.   b Pour quinze jours.   c Il fait beau.
2. a La mer et la dune du Pilat. b Le rock et le foot.   c Le salon.
3. a Ce ne sont pas nos affaires. b Il va faire mauvais.   c On va aller au cinéma.
4. a Merci, c'est sympa.   b Non, nous n'avons pas peur.   c Il est 11h10.
5. a Si, j'ai compris.   b Il est onze heures dix.   c Ce n'est pas possible.
6. a D'accord.   b Ça va bien, merci.   c Non, ce n'est pas là.

B *Jouez le dialogue.*

cent-trente-sept   **137**

En plus

Unité 6 Station 1

Lire

1 A propos du texte

A *Dans le texte «Le coin Internet», il y a des mots que vous n'avez pas encore appris, mais que vous comprenez.*

Auf Seite 220 – 221 könnt ihr nachsehen, ob eure Lösungen zu diesen Übungen stimmen.

Exemples: **surfer**   **une invitation**
            anglais: to surf   français: inviter qn
            allemand: surfen   anglais: an invitation

Trouvez dans le texte 5 autres mots faciles à comprendre.

B *Faites le portrait de Camille ou d'Arthur. Quelle expression va avec quelle personne? Utilisez les bonnes expressions et des petits mots comme **mais, aussi, souvent, parce que** ou **c'est pourquoi**.*

passer beaucoup de temps sur le portable
faire du sport
avoir son blog
ne pas avoir le droit d'utiliser Internet tard dans la nuit
ne pas participer aux chats
aimer discuter avec ses amis sur Internet
écouter de la musique
préférer sortir avec ses amis
utiliser Internet pour trouver des informations
ne pas aimer passer la nuit devant l'ordinateur
être toujours en contact avec ses copains
envoyer des courriels

En forme

2 On part, on sort ou on dort? (G 22)

A *Travaillez seuls. Mettez les verbes à la bonne forme.*

1. Ce soir, nous (sortir).
2. Et toi, tu (sortir) avec nous?
3. Le dernier bus (partir) à 11 heures.
4. Les filles (dormir) chez Lara.
5. Moi, je (dormir) chez moi.
6. Et toi, tu (dormir) ici ou tu (partir)?

B *Avoir ou être? Inventez des phrases au passé composé. Utilisez toutes les personnes. Comparez vos résultats.*

Hier,   je / tu / il/elle/on / nous / vous / ils/elles   partir / dormir / sortir   en vacances / de chez moi / en cours / avec des amis / à 9 heures. / …

138 cent-trente-huit

En plus

Unité 6   Station 2

Lire

1   A propos du texte

A *Dans le texte «Le coin musique», il y a des mots que vous n'avez pas encore appris, mais que vous comprenez.*

Exemples:
- **c'est pourquoi**
  français: pourquoi
  anglais: that's why
- **un prénom**
  français: un nom
  contexte: prénom: Christophe

Trouvez dans le texte 5 autres mots faciles à comprendre.

B *Vrai ou pas vrai? Corrigez les portraits dans votre cahier.*

Guito B joue du saxophone. Il est né à Tahiti en 1977 et il a grandi à Paris.

«Zaz» joue de la batterie et du piano. Son 3ᵉ album s'appelle «ZUT». Dans sa chanson «J'écris», elle dit qu'elle veut avoir beaucoup d'argent et que l'amour et la joie ne sont pas trop importants. Elle chante des vieilles chansons, mais aussi des nouvelles..

Ecouter

2   Quand est-ce qu'ils sont nés? (Vocabulaire, p. 173 et 186)

 Ecoutez et notez les années de naissance en chiffres¹. Comparez vos résultats.

*Tristan Aldon: 2000
...*

En forme

3   Tout nouveau, tout beau! (G 23)

Faites des phrases à tour de rôle.

Exemple: Je n'aime plus mes vieux crayons. Je voudrais des nouveaux crayons.

Je n'aime plus …	mon / ma / mes	vieux	pulls ordinateur anorak
Je voudrais …	un / une / des	nouveau	albums crayons DVD radio
		beau	instrument jean

Parler

4   Tu aimes jouer?

Faites des dialogues.

jouer à

– A quoi est-ce que tu aimes jouer?
– J'aime jouer aux cartes, … et toi?
– Moi, j'aime jouer à …

jouer de

– Tu joues d'un instrument?
– Non, je ne joue pas d'un instrument.
 / Oui, je joue du piano. Et toi? …

---
1 en chiffres in Zahlen

cent-trente-neuf   **139**

Unité 6 Station 3

Lire

1 A propos du texte

A Dans le texte «Le coin BD», il y a des mots que vous n'avez pas encore appris, mais que vous comprenez.

Exemples:

apporter
français: porter
allemand: apportieren
         (Hund)

une lettre
anglais: a letter

Trouvez dans le texte 5 autres mots faciles à comprendre.

B Vrai ou faux? Si c'est faux, corrigez.

1. Nathan aime plusieurs styles de BD.
2. Il dit pourquoi il aime ces BD.
3. L'atelier BD est un projet du festival d'Angoulême.
4. «Le facteur Vincent» est une BD de l'atelier BD.
5. L'auteur dit pourquoi il trouve cette BD bien.
6. Cette BD a reçu un prix.

En forme

2 Qu'est-ce qu'on doit faire pour recevoir un prix? (G 24, 25)

A Regardez les mots en bas. Qu'est-ce qu'on peut **recevoir**, qu'est-ce qu'on ne peut pas recevoir?
Faites 8 phrases avec le verbe recevoir. Faites 4 phrases au présent et 4 phrases au passé composé.

Exemple:
Hier, j'ai reçu un SMS de Luc.

un SMS   une erreur   un bulletin   une information   un rêve   une réponse
un gymnase   le vent   un prix   une rue   une lettre   un départ   un courriel
l'âge   un combat   un message   un résultat

B Vous visitez un atelier de BD. Imaginez des phases que vous pouvez entendre.

Exemple: Dans une bonne BD, on doit avoir une ou plusieurs surprises.

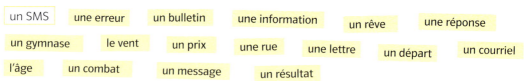

A l'atelier de BD, les élèves   écrire des textes très courts.
Dans une bonne BD, on   travailler ensemble.
Moi, je   avoir une ou plusieurs surprises.
Si tu veux faire des BD, tu   trouver son style.
Pour faire une bonne BD, on   **devoir** savoir très bien dessiner.
Pour faire des BD intéressantes, nous   avoir beaucoup d'idées.
Pour avoir un prix à Angoulême, vous   en lire beaucoup.

En plus

3 Miam, miam, c'est bon!

Dans les BD, il y a souvent des onomatopées[1].
Quelle bulle[2] va avec quelle phrase?

C'est quelqu'un qui veut entrer.
C'est quelqu'un qui n'aime pas quelque chose.
C'est quelqu'un qui est triste.
Ce sont des applaudissements.
C'est quelqu'un qui a froid.
C'est quelqu'un qui est en colère.
C'est quelqu'un qui est content.
C'est quelqu'un qui a mal.
C'est quelqu'un qui boit.

Unité 6   Station 4

1 A propos du texte

A *Dans le texte «Le coin BD», il y a des mots que vous n'avez pas encore appris, mais que vous comprenez.*

Exemples: **au maximum**
allemand: maximal, Maximum

une image
anglais: an image

Trouvez dans le texte et dans «On dit» 5 autres mots faciles à comprendre.

B *Lisez le texte, puis complétez les phrases.*

1. Le festival des «Très Courts» est …
2. On peut voir ce festival …
3. On peut voir les films aussi …
4. Célia trouve que ce film …

---
1 une onomatopée ein lautmalendes Wort – **2 une bulle** eine Blase, *(hier)* eine Sprechblase

cent-quarante-et-un   141

En plus – différenciation

Regarder Ecouter

2 A propos du film

A *Mettez les phrases dans l'ordre et complétez-les dans vos cahiers.*

Le film que nous avons regardé s'appelle …
Ils ne donnent pas d'argent, ils préfèrent …
D'abord, les gens dans le métro sont très …
L'histoire de ce film se passe …
Un homme entre dans … et …
Tout à coup, un monsieur commence à …
A la fin, l'homme descend, il n'est pas content parce qu' …
Enfin, tous les gens …
C'est un film de …

B *Dites pourquoi vous trouvez le film drôle (ou pas). Commencez comme ça: Je (ne) trouve (pas) le film drôle, parce que …*

Unité 7

Jeu de mots

1 Trouvez les mots.

nach 7 A 4

1. Quand il y a un problème, il faut trouver une ?
2. Quand on a eu deux invitations le même jour, il faut ?
3. Quand on ne veut pas faire de blagues, on est très ?
4. Quand on entend le téléphone, c'est parce qu'il ?
5. Quand on veut faire du sport, on a envie de ?
6. Sur une corde molle, on fait ?
7. Pour apprendre à jongler, il faut des ?
8. Quand on a visité beaucoup de pays, on connaît le ?

Ecouter

2 Que va faire Léo?

zu 7 A 6

Lisez les phrases, puis écoutez le texte.
Pour chaque phrase, trouvez la bonne solution.

131

1. M. Brémond est	**a** un professeur du collège.	**b** une personne du club de sport.	**c** une personne de la Fête du sport.
2. Léo dit pourquoi	**a** il ne retrouve pas Sacha.	**b** il fait un atelier de corde molle.	**c** il ne peut pas aller chercher la corde.
3. Hier, M. Brémond	**a** lui a donné la clé.	**b** lui a donné un pantalon rouge.	**c** lui a donné la corde molle.
4. A la fin, Léo sait	**a** où il doit sonner.	**b** où il doit entrer.	**c** où il doit chercher.

142   cent-quarante-deux

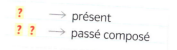

En plus – différenciation

En forme **3** **Essayez le saut à l'élastique!** (G 22, 26)   zu 7 A 5

Mettez les verbes à la forme correcte.

? → présent
? ? → passé composé

1. Vous ? (réfléchir) encore à l'activité qui vous intéresse?
2. Dans mon atelier, vous ? (partir) dans les airs!
3. Messieurs dames, aujourd'hui, vous ? ? (sortir) pour bouger. Alors venez.
4. Ce n'est pas dangereux. Les sauts de notre atelier ? (finir) bien!
5. Regardez ce jeune homme, il ? ? (réussir) à faire le saut à l'élastique.
6. Mademoiselle, vous ? déjà ? (partir) dans les airs? Non? Vous avez peur de sauter?
7. Venez, ici on ne ? (dormir) pas, on bouge.

En forme **4** **Tu lui téléphones?** (G 28)   zu 7 A 6

A *Répondez. Utilisez **lui** et **leur**.*

Exemple: – Tu téléphones à Jérôme? – Oui, je lui téléphone.
 – Tu vas téléphoner à tes amis? – Oui, je vais leur téléphoner.

1. Tu envoies un SMS à tes parents?
2. Tu proposes cet atelier à Julien?
3. Tu donnes les balles aux enfants?
4. Tu vas demander la clé à M. Brémond?
5. Tu vas apporter la corde à Sacha?
6. Tu vas répondre aux journalistes?

B *Répondez. Utilisez **lui** et **leur**.*

Exemple: – Tu as téléphoné à Jérôme? – Oui, je lui ai téléphoné.

1. Tu as parlé à M. Brémond?
2. Tu as donné la corde à Sacha?
3. Tu as montré ton cadeau à tes amis?
4. Tu as tout raconté à tes amis?

En forme **5** **Le marché aux puces** (G 27)   zu 7 A 3

Comparez et complétez les phrases.

1. Le garçon est ? (petit) que la fille.
2. Les vêtements de la fille sont ? (cher) que les vêtements du garçon.
3. Le garçon est ? (jeune) que la fille.
4. La fille porte des vêtements ? (moderne) que le garçon.
5. La radio est ? (chère) que la chaussure (Schuh)

cent-quarante-trois   143

En plus – différenciation

Médiation

6 Les informations importantes
zu 7 B 9

Beschränke dich auf die wichtigsten Punkte. Drücke sie möglichst einfach aus.

Suche französische Gastfamilie
Guten Tag, ich heiße Nora Enke. Ich bin ==16 Jahre== alt und möchte ==Französisch lernen==. Ich mag ==Lesen== und fast alle ==Tiere==. Außerdem ==schwimme== ich für mein Leben gern. Ich ==suche== eine nette französische Gast==familie==, möglichst in einer ==Stadt am Meer==. Später möchte ich Meeres==biologin== werden. Ich freue mich auf Ihre Antwort.
nora.enke@yahoo.de

Qui?	C'est une fille qui …
Quoi?	Elle veut …
	Elle aime …
	Elle cherche …
	… l'intéresse.
Pourquoi?	… parce que …

En forme

7 Quand j'étais jeune … (G 30)
zu 7 B 7

A Le grand-père de Sacha raconte son enfance (seine Kindheit). Lisez le texte.

Quand j'**étais** jeune, je n'**allais** pas à l'école le jeudi, mais le samedi. Nous **avions** 3 mois de vacances en été. On ne **regardait** pas la télé le soir, mais on **écoutait** la radio. Mes amis m'**écrivaient** souvent des lettres car il n'y **avait** pas Facebook. Mais toi, Sacha, tu **étais** comme moi quand tu **étais** petit. J'**aimais** quand vous **veniez** passer les vacances à la maison avec tes parents. Maintenant, je suis seul.

B Les verbes sont à l'imparfait. Quelles sont les terminaisons (die Endungen) de l'imparfait?

je → -ais, tu → **?**, il/elle → **?**,   nous → **?**, vous → **?**, ils/elles → **?**

En former

8 Que va faire Léo? (G 30)
zu 7 B 7

A Racontez à l'imparfait.

1. Tu sais, quand je **?** (être) enfant, tous les dimanches, nous **?** (aller) à la campagne chez mes grands-parents. **2.** Le matin, mon grand-père **?** (lire) le journal. **3.** Ma grand-mère **?** (travailler) dans la cuisine. **4.** Mon oncle Gilles **?** (regarder) la télévision. **5.** Ma tante Brigitte **?** (ranger) la maison. **6.** Et mes cousins et moi, nous **?** (jouer) au football. **7.** Ce ne **?** (être) pas génial, mais je **?** (être) content. **8.** Après le repas, papi nous **?** (raconter) des histoires de son enfance. **9.** Bien sûr, nous les **?** (connaître) déjà, mais nous **?** (écouter) quand même. **10.** Puis, il **?** (dormir) un peu et nous, nous **?** (aller) dans le jardin.

Et un jour, elle était là …

B Trouvez la fin de l'histoire. Ecrivez 2 – 4 phrases.

En plus – différenciation

Unité 8

1 ### Une histoire d'amour (G 31)

zu 8 A 7

*Complète le texte avec la bonne forme du verbe à l'**imparfait** (**I**) ou au **passé composé** (**PC**).*

1. Quand mamie (rencontrer – **PC**) papi, elle (avoir – **I**) 14 ans.
2. Ils (aller – **I**) ensemble au collège Saint-Exupéry, dans la même ville, mais papi ne (parler – **I**) jamais à mamie.
3. Il la (trouver – **I**) très belle, mais il (être – **I**) très timide.
4. Un jour, il l'(attendre – **PC**) à la sortie de l'école et il l'(inviter) au cinéma. **5.** Il lui (dire – **PC**): «Rendez-vous à 17 heures, d'accord?» **6.** Mamie (rire – **PC**) et elle (dire – **PC**) «oui».
7. Hier, ils (fêter – **PC**) leur anniversaire de mariage. Ils sont ensemble depuis 50 ans!

2 ### Le rêve de Manon en 13 phrases (G 31)

zu 8 A 7

Manon raconte un rêve qu'elle a fait. Mets les verbes entre parenthèses à l'imparfait ou au passé composé. Recopie le texte dans ton cahier.

Cette nuit, j'**?** (faire) un rêve bizarre:

1. J'**?** (être) sur la plage avec les copains.
2. Il y **?** (avoir) Mehdi, Léo, Lucie et même mon chien, Virgule.
3. Le temps **?** (être) super beau.
4. On **?** (prendre) le soleil.
5. Léo et Lucie **?** (parler).
6. Mehdi et Virgule **?** (dormir).
7. Et moi, je **?** (lire) un livre.
8. Personne ne **?** (regarder) la mer.
9. Tout à coup, Virgule **?** (devenir) fou.
10. Il **?** (commencer) à courir autour de nous.
11. Mehdi **?** (crier): «Vite, on s'en va!»
12. Je **?** (fermer) mon livre, j'**?** (prendre) mes affaires et je **?** (partir).
13. A ce moment-là, mon réveil **?** (sonner). Il **?** (être) 6 h du matin.

cent-quarante-cinq 145

En plus – différenciation

En forme

3 Rire jaune (G 32)

zu 7 A 6

Dites si les phrases sont au passé, au présent ou au futur. Cherchez les indices.

1. On rit «jaune» quand on est tout rouge. **a** passé **b** présent **c** futur
2. On a beaucoup ri hier, avec les copains! **a** passé **b** présent **c** futur
3. Attends, tu vas rire! **a** passé **b** présent **c** futur
4. Rions un peu! **a** passé **b** présent **c** futur
5. Pourquoi ne pas avoir ri? **a** passé **b** présent **c** futur
6. Riez! Vous allez voir! **a** passé **b** présent **c** futur
7. Pourquoi vous riez? **a** passé **b** présent **c** futur
8. Vous riiez, je vous ai vus! **a** passé **b** présent **c** futur

Médiation

4 Croire au Père Noël (G 33)

zu 7 A 6

A *Lisez le poème.*

B *Vous voulez expliquer ce poème en allemand à votre petit frère/petite sœur qui ne comprend pas le français.*

C *Est-ce que vous aimez ce poème? Dites pourquoi vous l'aimez/vous ne l'aimez pas.'*

> **Croire au Père Noël**
>
> Quand j'avais 7 ans, je croyais au Père Noël.
> Mes parents croyaient que j'étais un ange.
> Quand j'ai eu 17 ans ans, j'ai cru à l'amour.
> Ma copine croyait au bonheur.
>
> Aujourd'hui, je ne crois plus beaucoup.
> Mes parents croient en Bouddha.
> Ma copine croit en l'argent.
> Et vous croyez que ça change le monde?
>
> Nous croyons tous au Père Noël!
>
> *Nicolas*

En forme

5 Chagrin d'amour (G 34)

zu 8 B 3

Liebeskummer kann einen Menschen ziemlich verändern: Plötzlich mag man Dinge nicht mehr, die einem vorher sehr gefielen, von guten Freunden möchte man am liebsten nichts mehr wissen. So ergeht es Sacha, nachdem er sich in der Projektwoche in Béa verliebt hat.

Décris le «nouveau» Sacha dans ton cahier. Utilise la négation «ne … pas, ne … plus, ne … personne» ou «ne…rien».

> Sacha est un garçon heureux. Il rit toujours. Il sort souvent avec ses copains. Il aime le sport, surtout le foot. Il parle à tout le monde. Il aime écouter de la musique. Il aime faire la fête. Il invite ses amis et sa famille. Il adore les repas en famille et il mange beaucoup. Sacha aime aussi aller au cinéma.

Commencez comme ça: Sacha n'est pas/plus un garçon heureux. Il …

Grammaire

zu Unité 1

G 1 Je ne sais pas: Das Verb **savoir** (wissen)

Singular		Plural	
je	sais	nous	savons
tu	sais	vous	savez
il / elle / on	sait	ils / elles	savent

G 2 Tu connais …? Das Verb **connaître** (kennen)

Singular		Plural	
je	connais	nous	connaissons
tu	connais	vous	connaissez
il / elle / on	connaît	ils / elles	connaissent

⚠ – bei il / elle / on: **accent circonflexe**
– im Plural: doppeltes **-s-**!

G 3 Quel garçon? Der Fragebegleiter **quel**

Singular	Plural
quel garçon	**quels** garçon**s**
quelle fille	**quelles** fille**s**

der Fragebegleiter: **l'adjectif interrogatif**

cent-quarante-sept 147

Grammaire

G4 Une fille qui est jolie: Die Relativpronomen **qui**, **que** und **où**

C'est un garçon
    qui s'appelle Julien et   der / die / das
    que Léo trouve timide.   den / die / das

C'est la salle
    où les élèves ont cours.   wo / in dem / in der …

qui	Subjekt	des Relativsatzes
que	direktes Objekt	des Relativsatzes
où	Ortsbestimmung	im Relativsatz

das Relativpronomen: **le pronom relatif**
der Relativsatz: **la proposition relative**

G5 Ce garçon, cette fille: Der Demonstrativbegleiter **ce**

Singular   Plural

ce garçon   **ces** garçon**s**
cet élève   **ces** élève**s**
cette fille   **ces** fille**s**

! Vor **Vokal** und stummem **h**: ce → cet.

der Demonstrativbegleiter: **l'adjectif démonstratif**

Grammaire

zu Unité 2

G 6 Je vois, tu vois … Das Verb **voir** (sehen)

Singular		Plural	
je	**vois**	nous	**voyons**
tu	**vois**	vous	**voyez**
il / elle / on	**voit**	ils / elles	**voient**

Imperativ: Vois …
Voyons …
Voyez …

Passé composé: j'ai **vu**

G 7 Tu as eu peur? Das Participe passé unregelmäßiger Verben

être (sein)	j'ai **été**
avoir (haben)	j'ai **eu**
savoir (wissen / können)	j'ai **su**
voir (sehen)	j'ai **vu**
pleuvoir (regnen)	il a **plu**
lire (lesen)	j'ai **lu**
connaître (kennen)	j'ai **connu**
écrire (schreiben)	j'ai **écrit**
faire (machen)	j'ai **fait**
mettre (stellen / legen)	j'ai **mis**
prendre (nehmen)	j'ai **pris**
comprendre (verstehen)	j'ai **compris**
ouvrir (öffnen)	j'ai **ouvert**

G 8 répondre, attendre: Verben auf **-dre**

Singular		Plural	
je	**réponds**	nous	**répondons**
tu	**réponds**	vous	**répondez**
il / elle / on	**répond**	ils / elles	**répondent**

Imperativ: Réponds. Répondons. Répondez.

Passé composé: j'ai répond**u**

cent-quarante-neuf 149

Grammaire

zu Unité 3

G 9 **je veux, tu veux …:** Das Verb **vouloir** (wollen)

Singular		Plural	
je	veux	nous	voulons
tu	veux	vous	voulez
il / elle / on	veut	ils / elles	veulent

Passé composé: j'ai **voulu**

G 10 **je peux, tu peux …:** Das Verb **pouvoir** (können)

Singular		Plural	
je	peux	nous	pouvons
tu	peux	vous	pouvez
il / elle / on	peut	ils / elles	peuvent

Passé composé: j'ai **pu**

G 11 **je viens, tu viens …:** Das Verb **venir** (kommen)

Singular		Plural	
je	viens	nous	venons
tu	viens	vous	venez
il / elle / on	vient	ils / elles	viennent

Imperativ: Viens. Venons. Venez.

Passé composé: je suis ven**u(e)**

Grammaire

G 12 Elle est rentrée à la maison: Das Passé composé mit **être**

Folgende Verben bilden das Passé composé mit *être*:

aller	Sacha: je suis allé
arriver	Marie: je suis arrivée
descendre	tu es descendu(e)
entrer	il est entré
monter	elle est montée
rentrer	on est rentré
rester	nous sommes resté(e)s
retourner	vous êtes retourné(e)s
venir	ils sont venus
tomber	elles sont tombées

zu Unité 4

G 13 On prend aussi de la limonade? Der Teilungsartikel

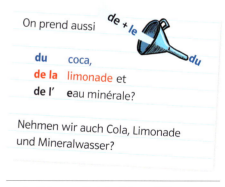

On prend aussi

du coca,
de la limonade et
de l' eau minérale?

de + le → du

Nehmen wir auch Cola, Limonade und Mineralwasser?

der Teilungsartikel: **l'article partitif**

G 14 il faut

Je voudrais faire un diabolo menthe pour Ayla. Et pour ça, **il faut** de la limonade et du sirop de menthe.

Il faut de la limonade.
Il faut prendre de la limonade.
Il ne faut pas oublier le sirop de menthe.

Wir brauchen Limonade.
Wir müssen Limonade mitnehmen.
Wir dürfen den Pfefferminzsirup nicht vergessen.

Grammaire

G15 trois bouteilles de limonade: Mengenangaben mit **de**

On prend

trois **bouteilles de** limonade, **beaucoup d'**eau minérale, mais pas **de** coca.

Wir nehmen drei Flaschen Limonade, viel Mineralwasser, aber keine Cola.

G16 Du sirop, on en prend aussi? Das Pronomen **en**

– On prend **du sirop**?

– Oui, on **en** prend.
– On **en** prend **combien**?
– On **en** prend **une bouteille**.
– Et du coca, on **en** prend aussi?
– Non, on **n'en prend pas**.

(wörtlich:) – Nehmen wir Sirup?
– Ja, wir nehmen davon.

G17 je bois, tu bois ... : Das Verb **boire** (trinken)

Singular		Plural	
je	**bois**	nous	**buvons**
tu	**bois**	vous	**buvez**
il		ils	
elle	boit	elles	boivent
on			

Imperativ: Bois. Buvons. Buvez.

Passé composé: j'ai **bu**

152 cent-cinquante-deux

Grammaire

zu Unité 5

G 18 Je t'aime bien: Die Objektpronomen **me, te, nous, vous**

Tu	me	vois?
Ça	te	plaît?
Tu	nous	vois?
Ça	vous	plaît?

❗ Vor Vokal: **me / te** → **m' / t'**
Je **t'**aime.

Stellung:
Je ne **te vois** pas.
Je **veux te voir**.
Je **ne veux pas te voir**.

das Objektpronomen: **le pronom objet**

G 19 je dis, tu dis … : Das Verb **dire** (sagen)

Singular		Plural	
je	dis	nous	disons
tu	dis	vous	dites
il / elle / on	dit	ils / elles	disent

Imperativ: Dis … Disons … **Dites** …

Passé composé: j'ai **dit**

G 20 je dis que …, je demande si … : Die indirekte Rede / Frage

Il dit **que** Paris est super.

Il demande **si** on reste longtemps.

❗ Vor Vokal: **que** → **qu'**
Jérôme **dit qu'Alex** a de la chance.

Nur vor **il / ils**: **si** → **s'**
Il demande **s'il** fait chaud.

die indirekte Rede: **le discours indirect**
die indirekte Frage: **l'interrogation indirecte**

cent-cinquante-trois   153

Grammaire

G 21 Tu les cherches? Die direkten Objektpronomen le, la, les

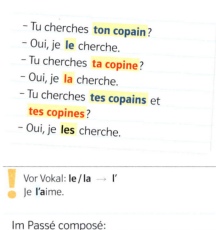

– Tu cherches **ton copain**?
– Oui, je **le** cherche.
– Tu cherches **ta copine**?
– Oui, je **la** cherche.
– Tu cherches **tes copains** et **tes copines**?
– Oui, je **les** cherche.

! Vor Vokal: **le / la** → **l'**
Je **l'a**ime.

Im Passé composé:

Léo, je **l'**ai v**u**.
Marie, je **l'**ai vu**e**.
Léo et Mehdi, je **les** ai vu**s**.
Marie et Lilou, je **les** ai vu**es**.

das direkte Objektpronomen: **le pronom objet direct**

zu Unité 6

G 22 je dors, nous partons, ils sortent: Verben auf -ir (dormir, partir, sortir)

Le chat Malou **dort** sur son balcon.

Infinitiv: **dormir** (schlafen)

Singular		Plural	
je	dors	nous	dormons
tu	dors	vous	dormez
il / elle / on	dort	ils / elles	dorment

! Passé composé: j'**ai** dormi
je **suis** parti(**e**)
je **suis** sorti(**e**) (→ G12)

Imperativ: Dors …
Dormons …
Dormez …

Ebenso:
partir (abfahren), **sortir** (hinausgehen)

Grammaire

G 23 Quelle belle voix! Die Adjektive **beau**, **nouveau** und **vieux**

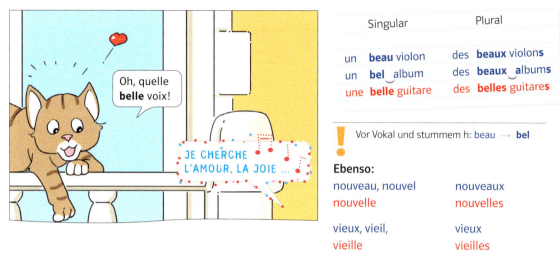

Singular	Plural
un **beau** violon	des **beaux** violons
un **bel** album	des **beaux** albums
une **belle** guitare	des **belles** guitares

! Vor Vokal und stummem h: beau → bel

Ebenso:

nouveau, nouvel   nouveaux
nouvelle   nouvelles

vieux, vieil,   vieux
vieille   vieilles

G 24 je reçois, tu reçois … : Das Verb **recevoir** (erhalten, empfangen)

Singular	Plural
je reçois	nous recevons
tu reçois	vous recevez
il / elle / on reçoit	ils / elles reçoivent

Imperativ:
Reçois …   Recevons …   Recevez …

Passé composé: j'ai **reçu**

G 25 je dois, tu dois … : Das Verb **devoir** faire qc (etw. tun müssen)

Singular	Plural
je dois	nous devons
tu dois	vous devez
il / elle / on doit	ils / elles doivent

! Passé composé: j'ai **dû**

cent-cinquante-cinq   155

Grammaire

zu Unité 7

G 26 je choisis, nous choisissons, ils choisissent: Verben auf -ir (Gruppe „choisir")

Choisissez vos activités.

Infinitiv:	**choisir** (wählen)	
Singular		Plural
je choisi**s**		nous choisi**ss**ons
tu choisi**s**		vous choisi**ss**ez
il ⎫		ils ⎫
elle ⎬ choisi**t**		elles ⎬ choisi**ss**ent
on ⎭		

Imperativ: Choisis …
Choisi**ss**ons …
Choisi**ss**ez …

Passé composé: j'ai **choisi**

Ebenso:
finir (beenden / aufhören),
réfléchir (überlegen), **réussir** (gelingen)

G 27 C'est plus fort que le roquefort! Die Steigerung der Adjektive

Der Komparativ

1. Tarzan est **plus fort que** Léo et Jérôme.
2. Léo est **moins fort que** Jérome et Tarzan.
3. Tarzan est **aussi fort que** Léo, Jérome et M. Pirou ensemble.

Léo　　　Jérome　　　Tarzan

Grammaire

G28 Qu'est-ce que tu leur montres? Die indirekten Objektpronomen **lui** und **leur**

– Tu écris **à ton copain**?
– Oui, je **lui** écris.
– Tu écris **à ta copine**?
– Oui, je **lui** écris.
– Tu écris **à tes copains**?
– Oui, je **leur** écris.
– Tu écris **à tes copines**?
– Oui, je **leur** écris.

Stellung:
Je ne **lui parle** pas.
Je **veux lui parler**.
Je **ne veux pas lui parler**.
Je **lui ai parlé**.
Je **ne lui ai pas parlé**.

das indirekte Objektpronomen:
le pronom objet indirect

G29 toute la journée: Der Begleiter **tout**

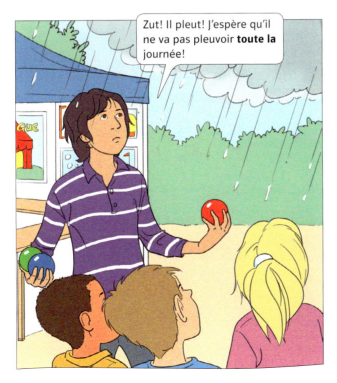

Singular	Plural
tout le matin	**tous** les jours
toute la journée	**toutes** les nuits
(ganz)	(alle)

! Es gibt immer einen zweiten Begleiter!

tout **le** travail   die ganze Arbeit
tout **mon** travail   meine ganze Arbeit
tout **ce** travail   diese ganze Arbeit

cent-cinquante-sept 157

Grammaire

G 30 Il faisait très beau! La formation de l'imparfait

Hier erfährst du zunächst am Beispiel *faire*, wie das **Imparfait gebildet** wird.

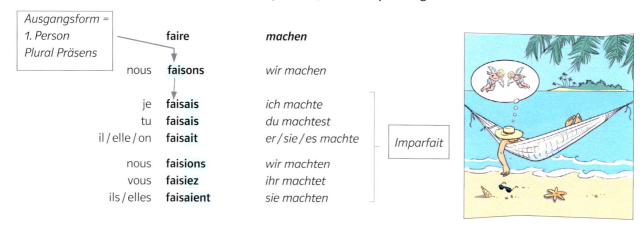

Ausgangsform = 1. Person Plural Präsens		faire	machen	
	nous	**faisons**	wir machen	
	je	**faisais**	ich machte	
	tu	**faisais**	du machtest	
	il/elle/on	**faisait**	er/sie/es machte	Imparfait
	nous	**faisions**	wir machten	
	vous	**faisiez**	ihr machtet	
	ils/elles	**faisaient**	sie machten	

zu Unité 8

G 31 Qu'est-ce que tu faisais? / Qu'est-ce que tu as fait? L'imparfait et le passé composé

Ecoute, maman, c'**était** hier, au cours de musique. Tout le monde **pensait** déjà à la récré quand, *tout à coup*, le prof **a crié** …

C'est pas vrai!

C'**était** hier, au cours de musique.
Tout le monde **pensait** déjà à la récré
quand, *tout à coup*, le prof **a crié**:
«C'est pas vrai!
Qui **a volé** les partitions?»
Puis, la cloche **a sonné** …

Es war gestern in der Musikstunde.
Alle dachten schon an die Pause,
als plötzlich der Lehrer anfing zu schreien:
„Das darf doch nicht wahr sein!
Wer hat die Notenblätter gestohlen?"
Dann hat es geläutet.

Grammaire

Imparfait:		*Passé composé:*	
comme toujours	*immer*	**d'abord**	*zuerst*
souvent	*oft*	**puis**	*dann*
tous les matins / soirs	*jeden Morgen /*	**ensuite**	*danach*
chaque matin / soir	*Abend*	**enfin**	*schließlich*
pendant que *(+ verbe)*	*während*	**alors**	*da*
chaque fois que *(+ verbe)*	*jedesmal*	**tout à coup**	*plötzlich*

G 32 je ris, tu ris, … : Das Verb **rire** (lachen)

Singular		Plural	
je	ris	nous	rions
tu	ris	vous	riez
il		ils	
elle	rit	elles	rient
on			

Imperativ: Ris.
            Rions.
            Riez.

Passé composé: j'ai **ri**

G 33 je crois, tu crois, … : Das Verb **croire** (glauben)

Singular		Plural	
je	crois	nous	croyons
tu	crois	vous	croyez
il		ils	
elle	croit	elles	croient
on			

Imperativ: Crois …
            Croyons…
            Croyez …

Passé composé: j'ai **cru**

cent-cinquante-neuf

Grammaire

G 34 **Je ne vois personne. Je ne dis rien:** Die Verneinung mit **ne … rien** und **ne … personne**

Je **ne** vois	rien.	
Je **n'** ai	rien	vu.
Je **ne** veux	rien	voir.

Je **ne** vois	personne.
Je **n'** ai vu	personne.
Je **ne** veux voir	personne.

ne … rien umklammert nur das konjugierte Verb (genauso wie **ne … pas**).

ne … personne umklammert die ganze Verbgruppe.

Stratégies

Selbstständig arbeiten

■ Mit dem Buch arbeiten

Benutze dein Buch, um **nachzuschlagen**. Im Inhaltsverzeichnis vorn im Buch steht, wo du Wörter, Lernstrategien und Grammatik findest.

Zu einigen Übungen gibt es **Lösungen** im Anhang des Buches.
Sie helfen dir dabei, dich selbst zu kontrollieren. So gehst du damit um:

1. Bearbeite die Übung selbstständig. Lies den Arbeitsauftrag genau.
2. Lies deine Lösung durch und verbessere die Fehler, die du entdeckst.
3. Schlage erst dann die Lösungsseite auf und vergleiche deine Lösung.
4. Welche Fehler hast du entdeckt? Schreibe sie in dein Fehlerprotokoll.

Vor einigen Lösungen, steht „z. B.". Das heißt, dass der Inhalt deiner Lösung auch anders lauten kann. Lies die Musterlösung trotzdem aufmerksam durch. Was könntest du in deiner Lösung besser machen?

■ Mit dem Portfolio arbeiten

Mehr dazu 43sw6b

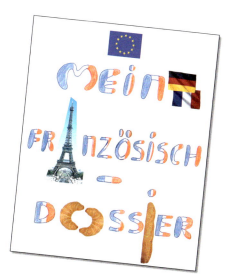

Das Portfolio ist ein **Ordner**, in dem du deinen eigenen Lernfortschritt verfolgen kannst. Nimm einen Ordner und trenne ihn mit Deckblättern in 2 Bereiche.
Im Bereich **„Mein Französisch-Dossier"** kannst du gelungene Arbeiten aus dem Französischunterricht aufbewahren, z. B. deinen „Steckbrief", Geschichten oder Plakate. **Dossier** bedeutet „Sammlung von Dokumenten".
Im Bereich **„Meine Sprachen-Biographie"** kannst du die Bögen für die Selbsteinschätzung sammeln, die du im **Cahier d'activités** ausfüllst.

■ Gemeinsam arbeiten

1. **Worum geht es?** Jeder denkt zuerst alleine über die Aufgabe nach und verschafft sich einen Überblick über das Thema.
2. **Was ist zu tun?** Sprecht miteinander. Beantwortet die Fragen im Kasten rechts. Plant die Schritte, die zu erledigen sind.
3. **Wer macht was?** Teilt die Arbeitsschritte unter euch auf.
4. Bearbeitet **euren Teil** der Aufgabe.
5. Führt eure Arbeiten **zusammen** und verbessert euch gegenseitig.
   (→ Fehler-Checkliste S. 166).

— Haben wir so etwas Ähnliches schon einmal gemacht?

— Was hat uns dabei geholfen?

— Haben wir Heftaufschriebe, auf die wir zurückgreifen können?

— Welche Strategien aus dem Buch können wir nutzen?

— Welchen Wortschatz und welche Grammatik brauchen wir?

Stratégies

Vokabeln lernen

■ Mit dem Buch

Im **Vocabulaire** ab Seite 169 stehen die Lernwörter in der Reihenfolge, in der sie in den Texten vorkommen. So kannst du damit lernen:
Decke die deutsche Spalte mit einem Blatt zu. Lies die französischen Wörter und schreibe die deutsche Bedeutung auf dein Blatt. Am Ende vergleichst du deinen Aufschrieb mit der deutschen Übersetzung im Buch. Beachte auch die **Beispielsätze** in der blauen Spalte. Sie zeigen dir, wie die Wörter verwendet werden. Damit kannst du dich gut auf **Vokabeltests** vorbereiten.
Lerne die neuen Wörter in **kleinen Portionen**. Regelmäßig 10 Minuten Vokabeln lernen ist besser als nur selten und dann eine halbe Stunde.

■ Mit dem Internet

Die Lernwörter kannst du im Internet anhören und nachsprechen.
Gib einfach auf *www.klett.de* den Découvertes-Code ein.
Du kannst sie auch auf deinen MP3-Player laden.

■ Mit Klebezetteln

Schreibe Wörter, die du dir überhaupt nicht einprägen kannst, auf Klebezettel. Klebe die Zettel an Stellen, an denen du sie oft siehst, z. B. neben die Tür.

■ Vokabeln sammeln und ordnen

Sammle Wörter, die zu einem bestimmten **Sachgebiet** gehören. Du kannst dafür ein Ringbuch benutzen. Ordne die Wörter in Vokabelnetzen an. Nimm pro Sachgebiet eine ganze Seite und lasse ausreichend Platz, sodass du das Vokabelnetz später ergänzen kannst. Trage in deine Vokabelnetze auch solche Wörter ein, die für dich persönlich wichtig sind. Eine Auswahl von Wörtern zu verschiedenen Themen findest du in der Rubrik „**Mon dico personnel**".

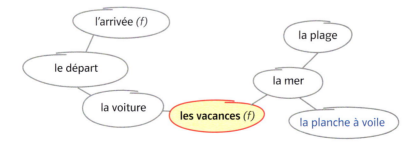

Stratégies

Ecouter

Wenn du eine Aufgabe zum Hörverstehen bearbeitest, kannst du so vorgehen:

Vor dem Hören: **Worum könnte es gehen?** Stelle erste Vermutungen an. Gibt es eine Überschrift oder eine Situationbeschreibung, die Informationen enthält? Was weißt du über den Zusammenhang? Welche Wörter zum Thema kennst du?	*Beispiele (aus Unité 5, Seite 83)* **Überschrift:** „A Arcachon quand il pleut" Vermutung: es geht um Ferien und um schlechtes Wetter **Situation:** *„un homme vous parle"* Vermutung: jemand fragt mich etwas **Zusammenhang:** *mer, activités* **Wörter:** *dune, phare, plage …*
Während des Hörens: 1. Hören: **Was für ein Text ist es?** Ein Radiobericht, eine Durchsage …? Wer spricht, in welcher Situation? **Worum geht es?** Achte auch auf Geräusche. Stimmen deine Vermutungen?	Textsorte: Gespräch Wer: ein Mann Thema: Ferienaktivitäten
2. Hören: Achte auf den **Tonfall** der Sprecher. Klingt es ärgerlich, begeistert, traurig …?	Tonfall: freundlich, fragend
Notiere die **Schlüsselwörter**, die du verstehst. Versuche dann, den Rest der Aussage zu erschließen. Worum geht es im Einzelnen?	mots-clés: région, visiter, aider, intéresser, idée
Nach dem Hören: Formuliere die Hauptaussage.	„L'homme veut … "

Lire

■ Die Hauptaussage verstehen

1. Vor dem Lesen: Was hat der Text für eine Form?
Ist es eine Erzählung, ein Werbeprospekt, eine E-Mail …?
Betrachte die Überschrift und die Bilder.
Stelle erste Vermutungen an. **Worum könnte es gehen?**

2. Während des Lesens: Lies den Text einmal ganz durch.
Wenn du ein Wort nicht verstehst, lies trotzdem weiter.
Worum geht es? Stimmen deine Vermutungen?
Lies den Text ein weiteres Mal und mache dabei **Notizen**.
Suche nach Schlüsselwörtern (*mots-clés*). Sie können dir helfen, die Hauptaussage zu verstehen.

3. Nach dem Lesen: Formuliere die Hauptaussage.

Qui? _____
Quoi? _____
Quand? _____
Où? _____
Pourquoi? _____

Stratégies

■ Längere Sätze verstehen

Nimm zum Beispiel diesen Satz von Seite 50:

> «Des membres de l'*Action contre la Faim* viennent dans votre collège pour sensibiliser les élèves au problème de la faim dans le monde et leur présenter le projet de la course contre la faim.»

Um dir einen Überblick über den Satz zu verschaffen, gehe so vor:

1. Suche nach dem **Subjekt** des Satzes, denn es sagt aus, **wer** oder was etwas tut.	des **membres** de l'action
2. Suche nach den **Verben**, denn sie sagen aus, **was geschieht**.	**viennent** … pour … sensibiliser présenter
3. Finde heraus, welche Wörter zusammen gehören und eine **Wortgruppe** bilden. Frage dich z. B. nicht: „Was heißt denn *sensibiliser*?" Frage dich eher: „Was bedeutet *„sensibiliser les élèves?"*	

■ Einzelne Wörter erschließen

Französisch	anderes französisches Wort	Deutsch oder andere Sprache	Zusammenhang/Kontext
membre		engl. *member* (Mitglied)	des **membres** de l'Action … **viennent** dans … **collège** … → es geht um Personen, die in die Schule kommen.
monde	*tout le monde* (alle, jeder → die ganze Welt)		la faim dans le monde

Parler

■ Die richtige **Aussprache** der Wörter und Sätze kannst du auf der Découvertes-CD und natürlich von deinem Französischlehrer oder deiner Französischlehrerin hören. Wenn du nicht weißt, wie man ein neues Wort ausspricht, überlege, welches bekannte Wort ähnliche Buchstabenfolgen enthält, z. B. neu: un pl**at** → bekannt: un ch**at**.

■ Das **Vorlesen** kann dir helfen, **flüssig sprechen** zu lernen. So kannst du mit einem Partner üben: Nimm dein Buch und setze dich deinem Partner gegenüber. Lies nun einen Satz leise, bis du ihn auswendig kannst. Blicke dann deinem Partner in die Augen. Sprich den Satz laut, aber ohne dabei ins Buch zu sehen. Wechselt euch ab, bis der ganze Text gelesen ist.

164 cent-soixante-quatre

Stratégies

■ Nützliche **Redewendungen für den Alltag** findest du in den gelben **On dit-Kästen**. Auf S. 51 steht zum Beispiel, wie du einen Vorschlag machen kannst. Weitere Redewendungen findest du im Vokabelteil. Präge dir diese Wendungen ein und übe sie zusammen mit einem Partner.

■ Wie könnt ihr zu zweit einen **Dialog vorbereiten?** So könnt ihr vorgehen:

Beispiel:

> C'est le premier jour à ton cours de judo. Le professeur n'est pas encore là, alors tu parles à un/une élève.

1. Überlegt euch, worüber man sprechen kann, wenn man sich noch nicht kennt. Zum Beispiel darüber:	2. Sucht in den On dit-Kästen und im Vokabelteil die Wörter und die Redewendungen, die ihr braucht und notiert sie. Zum Beispiel:
– Woher kommt der oder die andere?	Tu es d'où?
– Wie heißt er/sie?	Tu t'appelles comment?
– Was mag er/sie gerne?	Tu aimes le hip-hop?

3. Sammelt weitere Themen und Wörter und schreibt sie auf.
4. Überlegt euch Antworten auf die Fragen und schreibt sie auf.
5. Spielt euren Dialog. Lest nicht ab. Benutzt eure Notizen nur, wenn ihr nicht weiterwisst.

■ Wie kannst du **Notizen für eine Präsentation** machen?
Knicke ein Blatt links ein Drittel zur Mitte (an der gestrichelten Linie). Schreibe links ganze Sätze auf, rechts nur **Stichwörter**. Klappe das Blatt zu. Sieh beim Vortragen nur auf die Stichwörter. Falls du ins Stocken kommst, kannst du das Blatt kurz aufklappen und in deinen Sätzen nachlesen.

Sätze	Stichwörter
Arcachon est dans le **Sud-Ouest** de la France, dans la région **Aquitaine**. En été, pendant les **vacances**, il y a beaucoup de **touristes** dans cette région parce qu'il y a la **mer** et des jolies **plages**. Il y a aussi des **villes** intéressantes qu'on peut **visiter**, comme par exemple **Bordeaux**. …	Sud-Ouest région Aquitaine pendant vacances touristes mer, plages visiter des villes p. ex. Bordeaux

cent-soixante-cinq 165

Stratégies

Ecrire

■ Vorbereiten

1. Welche Art von Text wirst du schreiben? Eine Postkarte, eine Erzählung, …? Was ist für diese **Textsorte** wichtig? Auf einer Postkarte muss es z. B. eine Adresse, eine Anrede und am Ende einen Gruß geben. Eine Erzählung braucht eine Überschrift und eine Einleitung, in der man erfährt, worum es geht.

2. Sammle deine Ideen auf einem **Stichwortzettel**. Wenn du eine spannende Geschichte schreibst, kann dein Stichwortzettel z. B. so wie in dem gelben Kasten rechts aussehen.

3. Überlege vor dem Schreiben, wie du deinen Text **gliedern** kannst. Was steht am Anfang? Wie geht es dann weiter? Wie beendest du deinen Text?

Quand?	vendredi, à minuit…
Qui?	homme, vampire …
Où?	souterrains, escalier …
Quoi?	visiter, venir, tomber, perdre

■ Schreiben

Verbinde deine Sätze mit „kleinen Wörtern" wie *et, mais, parce que, d'abord, puis* … Benutze dein Buch, um Wörter und Grammatik nachzuschlagen.

> Ihr könnt eure Texte auch austauschen, um euch gegenseitig zu helfen.

■ Überprüfen mit der Checkliste

Mache nach dem Schreiben eine kurze Pause. Lies deinen Text dann genau durch.
- Ist alles enthalten, was für diese **Textsorte** wichtig ist?
- Erfährt man im ersten Satz, **worum es geht**?
- Sind die Sätze **gut zu verstehen**?
- Gibt es Stellen, die nicht zum **Thema** gehören und besser weggelassen werden?
- Gibt es unnötige **Wiederholungen**?

Gibt es **Fehler**? Achte auf folgende Fehlerquellen:

– Stimmen Subjekte und Verben überein?	**falsch:** richtig:	*Elles descende l'escalier.* *Elles descendent l'escalier.*
– Stimmen Nomen und Adjektive überein?	**falsch:** richtig:	*La porte est fermé.* *La porte est fermée.*
– Hast du an die Pluralendungen gedacht?	**falsch:** richtig:	*Elles voient des crâne_.* *Elles voient des crânes.*
– Stimmen die Mengenangaben?	**falsch:** richtig:	*Il y a beaucoup _ souris.* *Il y a beaucoup de souris.*
– … und der Teilungsartikel?	**falsch:** richtig:	*Les filles ont _ chance.* *Les filles ont a de la chance.*
– Stimmen Apostrophe und Akzente?	**falsch:** richtig:	*Le argent est dans les egouts.* *L'argent est dans les égouts.*

Stratégies

■ **Aus Fehlern lernen**

Dabei kann dir ein **Fehlerprotokoll** in Form einer Tabelle helfen. Sieh deine Klassenarbeiten und Tests genau durch. Welche Fehler hast du gemacht? Schreibe deine Fehler in die entsprechende Spalte deines Fehlerprotokolls, markiere die Fehlerstelle und schreibe die richtige Form daneben. Lege die Tabelle auf einer DIN-A4-Seite im Querformat an.

Datum	Rechtschreibung		Wort/Ausdruck		männlich/weiblich		Verbform	
	falsch	richtig	falsch	richtig	falsch	richtig	falsch	richtig
16.11.	a cote de	à côté de			une groupe	un groupe	j'entend	j'entends
…	…	…	…	…	…	…	…	…

Sieh dein Fehlerprotokoll vor Klassenarbeiten genau durch. Nimm dir vor, diese Fehler nie wieder zu machen!

Médiation

Bei der *Médiation* geht es darum, jemandem zu helfen, der die Sprache – Französisch oder Deutsch – nicht so gut kennt wie du.
Am besten kannst du helfen, wenn du dich in den anderen hineinversetzt und dir klarmachst, **welche Information** wirklich **wichtig** für ihn ist. Du musst also nicht jedes einzelne Wort wiedergeben. Unwichtiges kannst du weglassen.

Wenn du ein wichtiges Wort nicht weißt, kannst du versuchen es zu **umschreiben**.

1. Mit einem **Oberbegriff**	ein Esstisch?	→	C'est la **table** où on mange.
2. Mit einer **Erklärung**	schneiden? Hausmeister?	→	On fait ça avec un couteau. C'est **quelqu'un qui** travaille au collège **et qui** a les clés pour toutes les portes.
3. Mit einem **Vergleich**	Quark	→	On fait ça avec du lait. C'est un peu **comme** du yaourt.
4. Mit dem **Gegenteil**	„Du isst langsam!"	→	Tu **ne** manges **pas vite**!
5. Mit **Beispielen**.	ein Tier	→	C'est **par exemple** un chien, une souris ou un moustique.

cent-soixante-sept 167

Vocabulaire

Lautzeichen

Vokale (Selbstlaute)

[a]	m**a**d**a**me	wie in B**a**n**a**ne	[o]	**au**ssi	wie in R**o**se
[e]	t**é**l**é**phon**er**	wie in t**e**l**e**fonieren	[ɔ]	c**o**mment	wie in L**o**ch
[ə]	j**e** m'appelle	wie in Tass**e**	[ø]	mons**ieu**r	wie in b**ö**se
[ɛ]	je m'app**e**lle	wie in b**e**llen	[œ]	t-sh**i**rt	wie in St**ö**cke
[i]	**i**l, b**i**zarre	wie in Br**i**lle, L**ie**be	[u]	bonj**ou**r	wie in T**u**be
			[y]	Sal**u**t!	wie in T**ü**r

Konsonanten (Mitlaute)

[ʒ]	bon**j**our	wie in **J**ournalist	[v]	**V**iens!	wie in **W**asser
[f]	**f**amille, **ph**oto	wie in **F**amilie, **F**oto	[ɲ]	Allema**gn**e	wie in Lasa**gn**e
[ʀ]	bonjou**r**	wie in **R**ad, hö**r**en	[ŋ]	camp**ing**	wie in Camp**ing**
[s]	Mou**s**tique	wie in Ma**ß**	[ʃ]	**ch**at	wie in **sch**ön
[z]	bi**z**arre	wie in **S**aal, Ro**s**e			

Nasalvokale

[ɔ̃]	b**on**jour	werden durch die Nase
[ã]	croiss**ant**	gesprochen und deshalb
[ɛ̃]	bi**en**	**Nasalvokale** genannt.

Halbkonsonanten

[j]	b**i**en	wie in **j**a
[w]	t**oi**	wie in **J**aguar
[ɥ]	je s**u**is	kurz gesprochenes [y], gehört zum folgenden Vokal.

Symbole und Abkürzungen

fam.	*familier* (= umgangssprachlich)
ugs.	umgangssprachlich
f.	*féminin* (= feminin, weiblich)
m.	*masculin* (= maskulin, männlich)
sg.	*singulier* (= Singular, Einzahl)
pl.	*pluriel* (= Plural, Mehrzahl)
Adv.	Adverb, frz. *adverbe*
inv.	*invariable* (= unveränderlich)

⌣	Aussprache beachten!
‿	Zwei Wörter werden wie ein Wort ausgesprochen, z. B. *les‿amis* [lezami]
✎	Schreibung beachten!
qc	*quelque chose* (= etwas)
qn	*quelqu'un* (= jemand)

Vocabulaire

Mehr dazu 9e72qv

Die Lernwörter kannst du im Internet anhören.

Au début   Souvenirs

le **courrier** [ləkuʀje]	die Post

le courrier des vacances
die Ferienpost, Post aus den Ferien

la **Bretagne** [labʀətaɲ]	die Bretagne

Nous voilà en Bretagne!
Nun sind wir in der Bretagne.
→ Frankreichkarte vorn im Buch

un **village** [ɛ̃vilaʒ]	ein Dorf
plaire à qn [plɛʀ]	jdm. gefallen

Le village nous plaît beaucoup.
Das Dorf gefällt uns gut / sehr.
plaire kommt meistens in der 3. Person vor und hat folgende Sonderformen: Ton idée me plaî**t**. / Tes idées me plai**s**ent.

plonger [plɔ̃ʒe]	tauchen

! **plonger** wird konjugiert wie **manger**: je plon**ge**, nous plon**ge**ons; j'ai plon**gé**

préférer qc [pʀefeʀe]	etw. vorziehen, lieber mögen

! **préférer**: je préf**è**re, tu préf**è**res, il / elle / on préf**è**re, nous préf**é**rons, vous préf**é**rez, ils / elles préf**è**rent; j'ai préf**é**ré

une **plage** [ynplaʒ]	ein Strand

Clara préfère rester sur la plage.
Clara bleibt lieber am Strand.
französisch: **sur** la plage, deutsch: **am** Strand

marcher sur qc [maʀʃe]	auf etw. treten
un **crabe** [ɛ̃kʀab]	eine Krabbe
un **aquarium** [ɛ̃nakwaʀjɔm]	ein Aquarium
Saint-Malo [sɛ̃malo]	*Stadt in der Bretagne*
un **voyage** [ɛ̃vwajaʒ]	eine Reise
la **mer** [lamɛʀ]	das Meer

un voyage sous la mer
eine Unterwasserreise

un **sous-marin** [ɛ̃sumaʀɛ̃]	Unterseeboot
Nautibus [notibys]	*Name eines Unterseeboots*
Amitiés. [amitje]	Viele Grüße.

Floskel am Ende von Karten, Briefen etc.

l'**Auvergne** (f.) [lovɛʀɲ]	die Auvergne *(frz. Region)*

→ Frankreichkarte vorn im Buch

une **colo(nie de vacances)** [ynkɔlɔnid(ə)vakɑ̃s]	ein Ferienlager
un **mono** / une **mono** [ɛ̃mɔno / ynmɔno]	ein Animateur, eine Animateurin

un / une mono ist die Abkürzung von **un moniteur / une monitrice**

Vulcania [vylkanja]	Vulcania *(Sehenswürdigkeit in der Auvergne)*
presque [pʀɛsk]	fast, beinahe
la **terre** [latɛʀ]	die Erde
apprendre qc [apʀɑ̃dʀ]	etw. lernen, etw. erfahren

! **apprendre** wird konjugiert wie **prendre**:
j'apprends, tu apprends, il / elle / on apprend, nous appre**n**ons, vous appre**n**ez, ils / elles appre**nn**ent

cent-soixante-neuf

Vocabulaire

la **vie** [lavi]	das Leben
un **volcan** [ɛ̃vɔlkɑ̃]	ein Vulkan

J'ai appris beaucoup de choses sur la vie des volcans et sur l'histoire de la terre.
Ich habe viel über das Leben der Vulkane und über die Geschichte der Erde erfahren.

une **montagne** [ynmɔ̃taɲ]	ein Berg, ein Gebirge
embrasser qn [ɑ̃bʀase]	jdn. küssen, jdn. umarmen
Coucou! [kuku]	Kuckuck! / Hallo!
Bruxelles [bʀysɛl]	Brüssel *(Hauptstadt von Belgien)*
une **ville** [ynvil]	eine Stadt
imaginer qn/qc [imaʒine]	sich jdn./etw. vorstellen
l'**Atomium** *(m.)* [latomjɔm]	das Atomium *(Sehenswürdigkeit)*

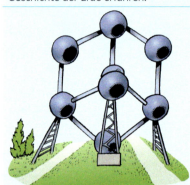

Tu l'imagines avec son grand chapeau rose devant l'Atomium!
Kannst du dir ihn mit seinem großen rosafarbenen Hut vor dem Atomium vorstellen?

le **Manneken Pis** [ləmanɛkənpis]	Manneken Pis *(Wahrzeichen von Brüssel)*
Knokke le Zoute [knɔkləzut]	Knokke am Meer *(Badeort in Belgien)*
au bord de qc [obɔʀdə]	am Ufer, am Rande von etw.
nager [naʒe]	schwimmen

Demain, nous allons à Knokke le Zoute au bord de la mer.
Morgen fahren wir nach Knokke ans Meer.
On va peut-être aller nager.
Wir werden vielleicht schwimmen gehen.

Lausanne [lozan]	Lausanne *(Stadt am Genfer See)*
le **Lac Léman** [ləlaklemɑ̃]	der Genfer See
la **vieille ville** [lavjɛjvil]	die Altstadt
le **Musée Olympique** [ləmyzeɔlɛ̃pik]	das Olympische Museum
Genève [ʒənɛv]	Genf *(Stadt am Genfer See)*

🇫🇷 Vis-à-vis

Genf ist eine Stadt der Kongresse, der Forschung und des Handels. Viele internationale Organisationen haben dort ihren Sitz.

un **voilier** [ɛ̃vwalje]	ein Segelboot

170 cent-soixante-dix

Vocabulaire — 1

Unité 1 Vive la rentrée!

TIPP

In der Randspalte siehst du immer sofort, in welchem Teil der *Unité* die französischen Wörter vorkommen:
Atelier, A1 bedeutet, dass das Wort das erste neue Wort in **Atelier A, Text 1** ist.
A7 weist auf das erste Wort in der **Übung 7**, im **Atelier A** hin.
Dasselbe gilt für **Atelier B1, B2** usw.

TU TE RAPPELLES?
Erinnerst du dich?

Aus dem ersten Band weißt du noch, dass du in den *Tu te rappelles?*-Kästen an solche Wörter erinnert wirst, die du schon gelernt hast und die in dieser *Unité* wieder vorkommen.

Zut!	Mist!, Verdammt!	C'est ça!	Stimmt!
Quoi?	Was?	Ah bon?	Ach ja?, Wirklich?
Bof!	Na ja., Ach.	Génial!	Super! Genial!
C'est nul!	Das ist blöd!	Dommage!	Schade!
Tiens!	Sieh mal!, Schau mal!	Ah bon?	Ach ja?

Vive …! [viv]	Es lebe …!	**Vive la rentrée!** Es lebe das neue Schuljahr! / Das neue Schuljahr fängt an!
la rentrée [laʀɑ̃tʀe]	der Schul(jahres)beginn	
un nom [ɛ̃nɔ̃]	ein Name	Der Vorname heißt im Französischen **le prénom**.
le professeur principal [ləpʀɔfesœʀpʀɛ̃sipal]	der Klassenlehrer	
Ducharme [dyʃaʀm]	*Familienname*	
en 4ᵉ [ɑ̃katʀijɛm]	in der vierten Klasse	
la sixième [lasizjɛm]	die Sechs, die sechste Klasse	**la sixième** = die Sechs / sechste Klasse (in Deutschland)
la 5ᵉ(A) / la cinquième (A) [lasɛ̃kjɛm]	die Fünfte, die 5 A	**la cinquième** = die Sieben / siebte Klasse (in Deutschland)
la quatrième [lakatʀijɛm]	die Vierte, die vierte Klasse	**la quatrième** = die Acht / achte Klasse (in Deutschland) **Maintenant, Léo et ses amis sont en 4ᵉ.** Léo und seine Freunde sind jetzt in der 8. Klasse.
la troisième [latʀwazjɛm]	die Dritte, die dritte Klasse	**la troisième** = die Neun / neunte Klasse (in Deutschland)

🇫🇷 **Vis-à-vis**

11 à 15 ans	6ᵉ 5ᵉ 4ᵉ 3ᵉ	Collège	11–15 Jahre	6. Klasse 7. Klasse 8. Klasse 9. Klasse	Sekundarstufe I

Atelier A1

quel / quelle / quels / quelles [kɛl/kɛl/kɛl/kɛl]	welcher / welche / welches (Fragebegleiter)	**On est dans quelle classe?** In welcher Klasse sind wir?
savoir [savwaʀ]	wissen	
! **savoir:** je sais, tu sais, il / elle / on sait, nous savons, vous savez, ils / elles savent		
Lebreton [ləbʀətɔ̃]	*Familienname*	
connaître qn / qc [kɔnɛtʀ]	jdn. / etw. kennen	
! **connaître:** je connais, tu connais, il / elle connaît, nous connai**ss**ons, vous connai**ss**ez, ils / elles connai**ss**ent		
Rousselet [ʀuslɛ]	*Familienname*	

cent-soixante et onze 171

1 Vocabulaire

l'**EPS** (Education physique et sportive) (f.) [epeɛs]	Sport *(als Schulfach)*	Man kann auch mit Punkten schreiben: l'**E.P.S.**
une **blague** [ynblag]	ein Scherz, ein Streich	
sévère / sévère [sevɛʀ]	streng	
avoir l'air [avwaʀlɛʀ]	aussehen	**Léo, tu as l'air triste.** Léo, du siehst traurig aus. **Et toi Alexandra, tu as l'air très contente aujourd'hui.** Und du Alexandra, du siehst heute sehr zufrieden aus.
la **colère** [lakɔlɛʀ]	der Zorn, die Wut	
être en colère [ɛtʀɑ̃kɔlɛʀ]	wütend sein	
tu veux dire [tyvødiʀ]	du willst sagen, du meinst	
drôle / drôle [dʀol]	lustig	**Medhi, tu n'es pas drôle, tu sais?** Mehdi, du bist nicht lustig, weißt du das?
rentrer [ʀɑ̃tʀe]	zurückkommen, nach Hause gehen	
à mi-temps [amitɑ̃]	halbtags	**travailler à mi-temps** halbtags arbeiten
la **chance** [laʃɑ̃s]	das Glück; die Chance	**Tu as de la chance!** Du hast Glück!
changer de qc [ʃɑ̃ʒe]	etw. wechseln	**Elle a changé d'école.** Sie hat die Schule gewechselt.
l'**espagnol** (m.) [ɛspaɲɔl]	Spanisch	
la **deuxième langue** [ladøzjɛmlɑ̃g]	die 2. Fremdsprache	**Elle aprend l'espagnol comme deuxième langue.** Sie lernt Spanisch als 2. Fremdsprache.
là-bas [laba]	dort(hin), da(hin)	≠ **ici** (hier)
à côté de qn / qc [akotedə]	neben jdm. / etw.	
un **nouveau** / une **nouvelle** [ɛ̃nuvo / ynnuvɛl]	ein Neuer, eine Neue	
la **tête** [latɛt]	der Kopf	**Je connais sa tête, mais je ne sais plus d'où.** Ich kenne sein Gesicht, aber ich weiß nicht mehr woher.
Aldon [aldɔ̃]	*Familienname*	
A3 **Allez-y!** [alezi]	Los! / Macht schon! / Auf geht's!	
la **forme** [lafɔʀm]	die Form	
A6 **possible / possible** [pɔsibl / pɔsibl]	möglich	französisch / englisch: **possible**
énerver qn [enɛʀve]	jdn. aufregen, jdn. nerven	
Ça m'énerve! [samenɛʀv]	Das regt mich auf!	
A7 **comprendre** qc [kɔ̃pʀɑ̃dʀ]	etw. verstehen	→ **prendre:** der Pfeil bedeutet, dass **comprendre** zu derselben Wortfamilie wie **prendre** gehört.
! **comprendre:** je comprends, tu comprends, il / elle / on comprend, nous comprenons, vous comprenez, ils / elles comprennent		
Je n'ai pas compris. [ʒənepakɔ̃pʀi]	Ich habe nicht verstanden.	
B1 **qui** [ki]	der / die / das *(Relativpronomen)*	**Julien est un nouveau qui ne connaît pas le collège.** Julien ist ein Neuer (Schüler), der das Collège nicht kennt.
que [kə]	den / die / das *(Relativpronomen)*	**Julien est un garçon que les autres ne connaissent pas et qu'Alex trouve sympa.** Julien ist ein Junge, den die anderen nicht kennen und den Alex sympathisch findet.
où [u]	wo *(Relativpronomen)*	**Julien est au CDI, où Madame Bardin entre aussi.** Julien ist im CDI, in das Madame Bardin auch eintritt. Wörtlich: … im CDI, wo Madame auch eintritt.

172 cent-soixante-douze

Vocabulaire 1

B2 | quand [kɑ̃] | wenn, als *(zeitlich)* | Quand Léo, Mehdi, Marie et Julien arrivent dans la salle 18, …
Als Léo, Mehdi, Marie und Julien im Klassenraum 18 ankommen, …

tout à coup [tutaku]	plötzlich	
une **boulette** [ynbulɛt]	ein Kügelchen	
le **papier** [ləpapje]	das Papier	
une **boulette de papier** [ynbulɛtdəpapje]	ein zerknülltes Papier	
une **star** [ynstaʀ]	ein Star	C'est une star qui a joué dans un film à la télé. Das ist ein Star, der in einem Fernsehfilm gespielt hat. **une star:** Ob Mann oder Frau, im Französischen immer feminin.
ce / cet / cette / ces [sə/sɛt/sɛt/se]	dieser / diese / dieses *(Demonstrativbegleiter)*	❗ On regarde sur Internet cet après-midi. Wir sehen heute Nachmittag im Internet nach. **ce soir / ce matin:** heute Abend / heute Morgen
un **nouveau** / une **nouvelle** [ɛ̃nuvo/ynnuvɛl]	ein Neuer, eine Neue	
timide / timide [timid/timid]	schüchtern	Il a l'air timide. Er sieht schüchtern aus.
lui [lɥi]	er *(betont)*	
un **acteur** / une **actrice** [ɛ̃naktœʀ/ynaktʀis]	ein Schauspieler / eine Schauspielerin	Lui, un acteur? Er ein Schauspieler?
une **poubelle** [ynpubɛl]	ein Papierkorb	
jurer [ʒyʀe]	schwören	Je jure sur la tête de ma mère. Ich schwöre beim Kopf meiner Mutter. / Ich schwöre Stein und Bein.
taper qc [tape]	etw. tippen	
un **résultat** [ɛ̃ʀezylta]	ein Ergebnis	
ressembler à qn / qc [ʀəsɑ̃ble]	jdm. / etw. ähnlich sein	Il ressemble vraiment à Julien. Er sieht wirklich / tatsächlich wie Julien aus.
être né(e) [ɛtʀəne]	geboren werden / sein	Elle est née en 2000. Sie ist (im Jahre) 2000 geboren.
mille [mil]	tausend	
en deux mille [ɑ̃dømil]	im Jahr 2000	Tristan Aldon est né en 2000. Tristan Aldon ist (im Jahr) 2000 geboren.

AUF EINEN BLICK

La date de naissance – Das Geburtsdatum

– Quand est-ce-que tu es né(e)? – Wann bist du geboren?
– Je suis né(e) le 3 mai 1986.   – Ich bin am 3. Mai 1986 geboren.
  Je suis né(e) en 1986.   – Ich bin/wurde 1986 geboren.

Bei Jahreszahlen hast du zwei Möglichkeiten: 1986 ⟨ dix-neuf cent quatre-vingt-six
                                                mille neuf-cent-quatre-vingt-six (Zahlen über 100 → S. 186)

| un **cinéma** [ɛ̃sinema] | ein Kino | Julien n'est pas cette star du cinéma.
Julien ist nicht dieser Kinostar. |
| **bête / bête** [bɛt/bɛt] | dumm, blöd | J'ai l'air bête, maintenant.
Ich steh' jetzt ganz schön blöd da. |

B7 | une **devinette** [yndəvinɛt] | ein Rätsel |

cent-soixante-treize   **173**

1 Vocabulaire

décrire qn/qc [dekʀiʀ]	jdn./etw. beschreiben	An den Stamm von **décrire** (**décri-**) hängt man dieselben Endungen wie bei **écrire**: -s, -s, -t, -vons, -vez, -vent.
un homme [ɛ̃nɔm]	ein Mann	Achte auf die Aussprache: **un grand homme** [ɛ̃ɡʀɑ̃tɔm]
une femme [ynfam]	eine Frau	
un œil / des **yeux** [ɛ̃nœj/dezjø]	ein Auge/Augen	Elle a <u>les</u> yeux bleus. Sie hat blaue Augen.
un cheveu / des **cheveux** [ɛ̃ʃ(ə)vø/deʃ(ə)vø]	ein Haar/Haare	Il a <u>les</u> cheveux noirs. Er hat schwarze Haare.
blond / blonde [blɔ̃/blɔ̃d]	blond	
châtain (inv.) [ʃatɛ̃]	kastanienbraun	
roux / rousse [ʀu/ʀus]	rothaarig	
présenter qn [pʀezɑ̃te]	jdn. vorstellen	

AUF EINEN BLICK

Qu'est-ce que tu as?
Über Gefühle sprechen

– Il y a un problème? – Gibt es ein Problem?
– Oui, je suis en colère. – Ja, ich bin wütend.
– Pourquoi? – Parce que je déteste … – Warum? –Weil ich … hasse.

– Ce n'est pas possible. / Ce n'est pas vrai, ça. – Das ist nicht möglich. / Das ist wohl nicht wahr.
– C'est bien dommage! – Das ist wirklich schade!

– Tu as l'air triste. – Je n'ai plus envie de … – Du siehst traurig aus. – Ich habe keine Lust mehr …
– Tu as l'air timide. – Ce n'est pas drôle. – Du siehst schüchtern aus. – Das ist nicht lustig.
– Aujourd'hui, tu as l'air content. – Oui, je vais bien. – Heute siehst du zufrieden aus. – Ja, es geht mir gut.

MON DICO PERSONNEL

Je vais bien quand …   Es geht mir gut, es geht mir schlecht!

		Je vais bien quand …
passer le week-end avec …	das Wochenende mit … verbringen.	… je passe le week-end avec mes copains.
rester jusqu'à … heures chez qn	bis … Uhr bei jdm. bleiben	… je peux [ʒəpø] (ich kann) rester jusqu'à … heures chez mon copain/ma copine.
écouter le CD de son groupe préféré	die CD seiner Lieblingsband hören	… j'écoute le CD de mon groupe préféré.
		Je suis en colere quand …
ne pas fonctionner	nicht funktionieren	… mon portable ne fonctionne pas.
arriver en retard	zu spät kommen	… ma copine/mon copain arrive en retard.
perdre un match	ein Match/Spiel verlieren	… mon club perd un match.
être de mauvaise humeur	schlechte Laune haben	… tu es toujours de mauvaise humeur!

Das kennst du schon: Wörter in blauer Handschrift brauchst du nicht zu lernen, du kannst sie aber in dein **dico personnel** eintragen.

174   cent-soixante-quatorze

Vocabulaire 2

Unité 2   Les mystères de Paris

TIPP

Neue Wörter prägen sich doppelt so gut ein, wenn man sie mit ihren Gegensätzen lernt, z. B. **là-bas** ≠ **ici**. In der folgenden *Unité* kannst du dir vier neue Wörter auf diese Weise merken.

TU TE RAPPELLES?

même	sogar	là-bas	da, dort
vraiment	wirklich	désolé	tut mir leid
surtout	vor allem	après	danach
des choses comme ça	solche Dinge	enfin	schließlich, endlich
d'abord	zuerst	cette fois	dieses Mal
de très loin	von sehr Weitem	mercredi soir	Mittwochabend

le **mystère** [ləmistɛʀ]	das Geheimnis; das Wunder	
une **visite** [ynvizit]	ein Besuch, eine Besichtigung	→ visiter qc
courageux / **courageuse** [kuʀaʒø/kuʀaʒøz]	mutig	
les **catacombes** (f.) [lekatakɔ̃b]	die Katakomben (*unterirdische Begräbnisstätte*)	
un **escalier** [ɛ̃nɛskalje]	eine Treppe	
un **souterrain** [ɛ̃sutɛʀɛ̃]	ein unterirdischer Gang / Raum	
un **couloir** [ɛ̃kulwaʀ]	ein Gang, ein Flur	

deux kilomètres de souterrains et de couloirs
zwei Kilometer unterirdische Gänge

mystérieux / **mystérieuse** [misteʀjø/misteʀjøz]	geheimnisvoll; seltsam	
la **mort** [lamɔʀ]	der Tod	
une **pierre** [ynpjɛʀ]	ein Stein	
un **égout** [ɛ̃negu]	ein Abwasserkanal	
une **fois** [ynfwa]	einmal	**une fois par jour / mois / an** einmal pro Tag / Monat / Jahr

AUF EINEN BLICK

Une fois ...   Wie viele Male?

une fois		einmal		des fois (fam.)	[defwa]	manchmal
deux fois	[døfwa]	zweimal		quelquefois	[kɛlkəfwa]	manchmal
encore une fois	[ɑ̃kɔʀynfwa]	noch einmal		parfois	[paʀfwa]	manchmal
plusieurs fois	[plyzjœʀfwa]	mehrere Male		à la fois	[alafwa]	gleichzeitig

oublié / **oubliée** [ublije]	vergessen (*Adj.*)	→ oublier qc

A1

un **secret** [ɛ̃səkʀɛ]	ein Geheimnis	französisch / englisch: **secret**
souvent [suvɑ̃]	oft	
chatter avec qn [tʃate]	mit jdm. (im Internet) chatten	
en ligne [ɑ̃liɲ]	online	

cent-soixante-quinze   175

2 Vocabulaire

une **discussion** [yndiskysjɔ̃]	eine Diskussion, eine Unterhaltung, ein Gespräch	französisch: **discussion**, deutsch: **Diskussion**. Das Verb **discuter** kennst du auch schon.
voir qc [vwaʀ]	etw. sehen	**On voit rien!** Man sieht / Wir sehen nichts!
! **voir**: je vois, tu vois, il / elle / on voit, nous voyons, vous voyez, ils / elles voient; *Passé composé:* j'ai **vu**		
un **vampire** [ɛ̃vɑ̃piʀ]	ein Vampir	
un **crâne** [ɛ̃kʀɑn]	ein Schädel, ein Totenkopf	
à propos de qc [apʀɔpodə]	apropos, etw. betreffend, bezüglich einer Sache	**A propos de vampires, …** Apropos Vampire / Wo wir gerade von Vampiren sprechen …
en avoir marre de qn / qc (fam.) [ɑ̃navwaʀmaʀ]	von etw. die Nase voll haben (ugs.)	– Tu n'as plus envie de visiter les catacombes? – Non, j'en ai marre. – Hast du keine Lust mehr, die Katakomben zu besichtigen? – Nein, ich hab die Nase (davon) voll.
depuis [dəpɥi]	seit	**Depuis des semaines, les élèves écrivent des choses comme ça.** Seit Wochen schreiben die Schüler solche Sachen.
un **groupe** [ɛ̃gʀup]	eine Gruppe	französisch: **le** groupe, deutsch: **die** Gruppe
un **guide** / une **guide** [ɛ̃gid / yngid]	ein Führer / eine Führerin	Im Französischen und Englischen gleich geschrieben.
sombre / **sombre** [sɔ̃bʀ]	dunkel	**Il fait sombre dans les catacombes.** Es ist dunkel in den Katakomben.
des **milliers** (m.) [demilje]	Tausende	
contre [kɔ̃tʀ]	gegen	≠ **pour**
des **idées noires** [dezidenwaʀ]	Grübeleien	
une **sortie** [ynsɔʀti]	ein Ausgang	≠ **une entrée**
une **grille** [ynɡʀij]	eine Gittertür; ein Drahtzaun	
fermer qc [fɛʀme]	etw. schließen	**être fermé,e à clé** geschlossen / verschlossen sein
un **moment** [ɛ̃mɔmɑ̃]	ein Moment	**moment** = englisch, französisch und deutsch (im Deutschen großgeschrieben)
à ce moment-là [asəmɔmɑ̃la]	in diesem Augenblick	
un **bras** [ɛ̃bʀa]	ein Arm	
A3 **Qu'est-ce que tu en penses?**	Wie denkst du darüber? / Was hältst du davon?	
que [kə]	dass (Konjunktion)	
trouver que [tʀuve]	finden, dass	Im Französischen steht vor **que** kein Komma.
penser que [pɑ̃se]	denken, dass	
B1 **curieux** / **curieuse** [kyʀjø / kyʀjøz]	neugierig; merkwürdig	
dangereux / **dangereuse** [dɑ̃ʒʀø / dɑ̃ʒʀøz]	gefährlich	
malheureux / **malheureuse** [malœʀø / malœʀøz]	unglücklich	Viele Wörter lassen sich gut behalten, wenn man ein ähnliches aus einer anderen Sprache kennt; deutsch: das **Malheur** (anderes Wort für „Pech").
heureux / **heureuse** [œʀø / œʀøz]	glücklich	

Vocabulaire 2

B2	**ouvrir** qc [uvʀiʀ]	etw. öffnen

! **ouvrir:** j'ouvre, tu ouvres, il/elle/on ouvre, nous ouvrons, vous ouvrez, ils/elles ouvrent; *Passé composé:* j'ai **ouvert**

≠ **fermer** qc

seul / seule [sœl/sœl]	allein
attendre qn [atɑ̃dʀ]	auf jdn. warten, jdn. erwarten

Tu es seul? Bist du allein?

! **Regelmäßige Verben auf -dre:** j'attends, tu attends, il/elle/on attend, nous attendons, vous attendez, ils/elles attendent; *Passé composé:* j'ai attend**u**

sans [sɑ̃]	ohne
sans faire qc [sɑ̃fɛʀ]	ohne etw. zu tun
quelqu'un [kɛlkœ̃]	jemand
répondre à qn / à qc [ʀepɔ̃dʀ]	jdm. / auf etw. antworten
perdre qc [pɛʀdʀ]	etw. verlieren

Tu attends quelqu'un? Wartest du auf jemanden?
Julien reste là sans répondre.
Julien bleibt da ohne zu antworten.
Tu as perdu ton groupe?
Hast du deine Gruppe verloren?

un dessinateur / une dessinatrice [ɛ̃desinatœʀ / yndesinatʀis]	ein Zeichner / eine Zeichnerin
descendre [desɑ̃dʀ]	hinuntergehen; aussteigen

C'est l'histoire d'un garçon mystérieux qui descend dans les catacombes.
Es ist die Geschichte eines seltsamen Jungen, der in die Katakomben hinuntergeht/hinabsteigt.
Regarde, elle descend de la voiture.
Sieh mal, sie steigt aus dem Auto aus.

un dessin [ɛ̃desɛ̃]	eine Zeichnung
une page [ynpaʒ]	eine Seite
le divorce [lədivɔʀs]	die Scheidung
entendre qn/qc [ɑ̃tɑ̃dʀ]	jdn. / etw. hören
appeler qn [aple]	jdn. (an)rufen

→ **un dessinateur**

! **appeler:** j'appelle, tu appelles, il/elle appelle, nous appelons, vous appelez, ils/elles appellent; *Passé composé:* j'ai appelé

monter [mɔ̃te]	hinaufgehen; einsteigen

≠ **descendre** **Monte ici.** Geh hier hoch.
Les enfants montent dans le bus.
Die Kinder steigen in den Bus ein.

expliquer qc (à qn) [ɛksplike]	(jdm.) etw. erklären
B5	**le bruit** [ləbʀɥi]	das Geräusch; der Lärm
	une souris [ynsuʀi]	eine Maus
B8	**rappeler** qn [ʀaple]	jdn. wieder anrufen
	plus tard [plytaʀ]	später

Je vais tout expliquer. Ich werde alles erklären.

→ **appeler**

AUF EINEN BLICK

dangereux ... gefährliche Adjektive auf *-eux*

danger**eux** / danger**euse**	gefährlich	heur**eux** / heur**euse**	glücklich
curi**eux** / curi**euse**	neugierig; merkwürdig	malheur**eux** / malheur**euse**	unglücklich
courag**eux** / courag**euse**	mutig	mysteri**eux** / mystéri**euse**	geheimnisvoll, seltsam

cent-soixante-dix-sept **177**

2 Vocabulaire

AUF EINEN BLICK

Qu'est-ce qu'il y a?   sprechen, denken …

– Qu'est-ce que tu fais sur ton ordinateur? – Was machst du an deinem PC?
– Je chatte avec Marie et Alex. – Ich chatte mit Marie und Alex.

– Demain, il y a la visite des catacombes! Cool, non? – Morgen besichtigen wir die Katakomben! Cool, was?
– Bof! On voit rien. – Na ja. Man sieht nichts.

Ils sont vraiment nuls! Die sind richtig blöd.

– Qu'est-ce que tu as? – Was hast du?
– Je n'ai rien. J'en ai marre. J'en ai vraiment marre. – Ich habe nichts. Ich hab die Nase voll. Ich hab sie richtig voll.

Aïe, aïe, aïe, ça ne va pas être drôle pour moi! Je suis vraiment désolé … Auweia, das wird für mich nicht lustig werden. Das tut mir wirklich leid.

MON DICO PERSONNEL

D'abord, puis, après …   Eine Geschichte in die richtige Reihenfolge bringen

Diese Wörter kennst du schon!   Diese Wörter kannst du auch verwenden!

d'abord …		tout d'abord … [tudabɔʀ]	zuallererst
puis …	dann	ensuite … [ɑ̃sɥit]	danach, anschließend
après …	danach	peu après … [pøapʀɛ]	kurz darauf
à la fin …	zum Schluss, am Ende	finalement [finalmɑ̃]	schließlich, endlich

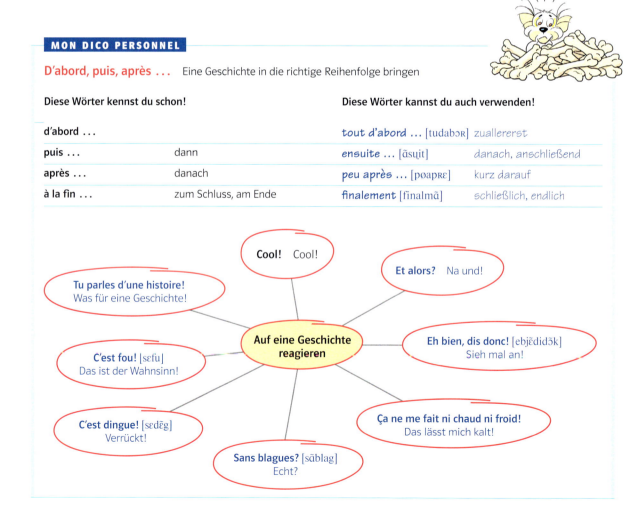

Auf eine Geschichte reagieren

- Cool! Cool!
- Et alors? Na und!
- Tu parles d'une histoire! Was für eine Geschichte!
- Eh bien, dis donc! [ebjɛ̃didɔ̃k] Sieh mal an!
- C'est fou! [sɛfu] Das ist der Wahnsinn!
- Ça ne me fait ni chaud ni froid! Das lässt mich kalt!
- C'est dingue! [sɛdɛ̃g] Verrückt!
- Sans blagues? [sɑ̃blag] Echt?

178   cent-soixante-dix-huit

Vocabulaire 3

Unité 3 La vie au collège

TIPP

Wenn du Vokabeln mit kleinen **Karteikarten** lernst, dann denke rechtzeitig daran, dir neue zu kaufen; nimm eine „alte" Karte mit, damit du das richtige Format auswählst.

TU TE RAPPELLES?

le cours	die Unterrichtsstunde	la récré(ation)	die Pause
avoir cours	Unterricht haben	D'accord!	Einverstanden!
faire ses devoirs	seine Hausaufgaben machen	Bonne idée.	Gute Idee.
la cour	der Hof	Ce n'est pas mon truc!	Das ist nicht mein Ding!
l'interro(gation)	die Klassenarbeit	Ça ne me dit rien.	Das sagt mir nichts.

chaque [ʃak]	jeder / jede / jedes + Nomen	**chaque élève**	jede(r) Schüler(in)
une **(salle de) permanence** [yn(saldə)pɛʀmanɑ̃s]	Raum, in dem Schülerinnen und Schüler bei Freistunden beaufsichtigt arbeiten können	**aller en permanence**	in den Freistundenraum gehen Statt **permanence** kann man auch **perm** sagen.
une **leçon** [ynləsɔ̃]	eine Lektion	**apprendre sa leçon**	für die Schule lernen
un **pion** [ɛ̃pjɔ̃]	eine Aufsichtsperson		
noter qc [nɔte]	etw. aufschreiben		
un **cahier de textes** [ɛ̃kajedətɛkst]	ein Hausaufgabenheft		
un **carnet** [ɛ̃kaʀnɛ]	ein Heft, ein Notizbuch		Ein **carnet** ist in der Regel etwas kleiner als ein **cahier**.
un **carnet de correspondance** [ɛ̃kaʀnɛdəkɔʀɛspɔ̃dɑ̃s]	ein Notizbuch zum Austausch von Informationen zwischen Eltern und Lehrern		
un **message** [ɛ̃mɛsaʒ]	eine Mitteilung, eine Nachricht		
un **tableau** / des **tableaux** [ɛ̃tablo]	eine Tafel		
un **tableau interactif** [ɛ̃tabloɛ̃tɛʀaktif]	interaktive Tafel		
un **surveillant** / une **surveillante** [ɛ̃syʀvejɑ̃ / ysyʀvejɑ̃t]	eine Aufsichtsperson		
une **chaise** [ynʃɛz]	ein Stuhl		

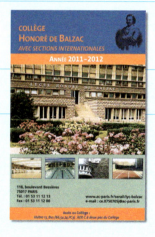

A1

tant pis [tɑ̃pi]	macht nichts
une **maladie** [ynmaladi]	eine Krankheit
magnifique / magnifique [maɲifik]	wunderbar, wunderschön
se compliquer la vie [səkɔ̃plikelavi]	sich das Leben (unnötig) schwer machen
l'**hésitation** (f.) [lezitasjɔ̃]	das Zögern

les hésitations die Unschlüssigkeit

doux / douce [du / dus]	süß; sanft; *hier:* schön
à condition que [akɔ̃disjɔkə]	vorausgesetzt, dass
pousser qc [puse]	etw. antreiben, anstoßen

A2

un **bulletin (scolaire)** [ɛ̃byltɛ̃(skɔlɛʀ)]	ein (Schul-)Zeugnis

cent-soixante-dix-neuf 179

3 Vocabulaire

la **moyenne** [lamwajɛn]	der Durchschnitt	
🇫🇷 **Vis-à-vis**		
In Frankreich gehen die Schulnoten von 0 bis 20; die beste ist die 20, die schlechteste die 0.		
une **note** [ynnɔt]	eine Note	
la **géographie** [laʒeɔgrafi]	die Geographie, die Erdkunde	Abkürzung: **la géo** [laʒeo]
sept sur vingt [sɛtsyʀvɛ̃]	sieben von zwanzig Punkten (*schlechter als der Durchschnitt*)	
plutôt [plyto]	eher; vielmehr; ziemlich	
un **exposé** [ɛ̃nɛkspoze]	ein Referat	**un exposé en géo** ein Referat **in** Erdkunde
organiser qc [ɔʀganize]	etw. organisieren	Im Französischen mit **s**, im Englischen mit **z** (organi**z**e).
une **course** [ynkuʀs]	ein Lauf, ein Rennen	**Les surveillants veulent organiser une «Course contre la Faim», cette année.** Die Aufsichtspersonen wollen dieses Jahr einen „Lauf gegen den Hunger" organisieren.
proposer de faire qc [pʀɔpoze]	vorschlagen, etw. zu tun	
un **pays** [ɛ̃pei]	ein Land	[e] und [i] werden getrennt ausgesprochen.
pauvre / **pauvre** [povʀ]	arm	
Je veux bien. [ʒəvøbjɛ̃]	(Ich möchte) gerne!	
participer à qc [paʀtisipe]	an etw. teilnehmen	**Je veux bien participer à la course.** Ich möchte gern an dem Rennen teilnehmen.
Ça ne me dit rien! [sanəmədiʀjɛ̃]	Das sagt mir nichts. / Ich habe keine Lust darauf.	
vouloir [vulwaʀ]	wollen	
A8 **Si tu veux.** [sityvø]	Wenn du willst.	
j'aimerais **mieux** … [ʒɛmʀɛmjø]	ich würde lieber …	
B1 un **sportif** / une **sportive** [ɛ̃spɔʀtif / ynspɔʀtiv]	ein Sportler / eine Sportlerin	Adjektiv: **sportif / sportive** = sportlich
quelques (*pl.*) [kɛlk(ə)]	einige	Nach **quelques** muss ein Nomen im Plural stehen.
une **information** [ynɛ̃fɔʀmasjɔ̃]	eine Information	**quelques informations** einige Informationen
longtemps [lɔ̃tɑ̃]	lange (*Adv.*)	**Il veut continuer longtemps et faire beaucoup de kilomètres.** Er will lange durchhalten und viele Kilometer machen.
arrêter qc [aʀɛte]	etw. anhalten, beenden; mit etw. aufhören	**Il ne veut pas arrêter la course avant les autres.** Er will nicht vor den anderen aufhören zu laufen.
une **dispute** [yndispyt]	ein Streit	
Vas-y! [vazi]	Los! / Mach schon! / Auf geht's!	
avancer [avɑ̃se]	vorankommen	**Il avance toujours.** Er läuft immer noch weiter. **avancer** wird konjugiert wie **commencer**: j'avance, nous avan**ç**ons …
plusieurs (*inv.*) [plyzjœʀ]	mehrere	*inv.* steht für *invariable* und bedeutet, dass das Wort „unveränderlich" ist.
ne … que [nə … kə]	nur	

180   cent-quatre-vingts

Vocabulaire 3

il n'y a plus que [ilnjaplykə]	es gibt nur noch, es sind nur noch
une piste [ynpist]	eine Piste, ein Pfad; *hier:* eine Bahn
l'applaudissement (m.) [laplodismɑ̃]	der Beifall, der Applaus
crier [kʀije]	schreien
venir [vəniʀ]	kommen

Il n'y a plus que cinq ou six élèves sur la piste.
Es sind nur noch fünf oder sechs Schüler auf der Bahn.

! **venir:** je viens, tu viens, il/elle/on vient, nous venons, vous venez, ils/elles viennent;
Passé composé: il est **venu**, elle est **venue**

B4	un article [ɛ̃naʀtikl]	ein Artikel	französisch/englisch: **article**, deutsch: **Artikel**
	féliciter qn [felisite]	jdn. beglückwünschen, jdm. gratulieren	**Ils sont venus féliciter Sacha.** Sie sind gekommen, um Sascha zu gratulieren.
	elle [ɛl]	sie *(betont)*	**La professeure est venue elle aussi.** Auch/Sogar die Lehrerin ist gekommen.
	revenir [ʀəvəniʀ]	zurückkommen	**revenir** wird wie **venir** konjugiert: je reviens, tu reviens, …
	prochain/prochaine [pʀɔʃɛ̃/pʀɔʃɛn]	nächster/nächste/nächstes	**l'année prochaine** nächstes Jahr, im nächsten Jahr
	le succès [ləsyksɛ]	der Erfolg	französisch: **succès**, englisch: **success**

AUF EINEN BLICK

L'école, encore et toujours   Nicht für die Schule, sondern für das Leben lernst du.

– Encore une mauvaise note, qu'est-ce que tu vas faire?
– Je ne sais pas, mes parents ne vont pas être contents.

– Noch eine/Schon wieder eine schlechte Note, was wirst du machen?
– Ich weiß es nicht, meine Eltern werden nicht zufrieden sein.

– Je propose de faire un exposé sur un pays pauvre.
– Pourquoi pas? D'accord.
– Je veux bien participer à la course, mais un exposé, ça ne me dit rien.
– Mon truc, c'est plutôt le sport, quoi!

– Ich schlage vor, ein Referat über ein armes Land zu machen.
– Warum nicht? Einverstanden.
– Ich möchte gern an einem Lauf teilnehmen, aber ein Referat, dazu habe ich überhaupt keine Lust.
– Mein Ding ist eher der Sport.

– A quoi est-ce que tu penses?
– Je pense à mes notes, à mes parents. Mais cette fois, je vais retourner avec un bon résultat.

– Woran denkst du?
– Ich denke an meine Noten, an meine Eltern. Aber dieses Mal werde ich mit einem guten Ergebnis nach Hause kommen.

MON DICO PERSONNEL

Préparer la journée franco-allemande   Was man dafür besorgen kann.

les drapeaux [ledʀapo] allemands et français	die Fahnen Deutschlands und Frankreichs
de la musique des deux pays [pei]	Musik aus beiden Ländern
des jambons-beurres m. [deʒɑ̃bɔ̃bœʀ]	Baguettes mit Butter und (gekochtem) Schinken
… et des sucreries f. [sykʀəʀi]	… und Süßes
des malabars m. [demalabaʀ]	Kaugummis mit Tattoos in der Verpackung
des fraises tagada f. [defʀɛztagada]	Schaum-Erdbeeren
des carambars [dekaʀɑ̃baʀ]	weiche Karamellstangen (8 cm lang und 8 Gramm schwer)

cent-quatre-vingt-un   181

4 Vocabulaire

TIPP

Keine Lust, Vokabeln zu lernen? Das kommt vor. Verschiebe es ausnahmsweise auf eine Stunde später, auf den Nachmittag oder Abend oder auf den nächsten Tag. Auf jeden Fall solltest du **fit in die nächste Französischstunde** gehen, denn schaden wird es nie.

Unité 4 Fou de cuisine!

TU TE RAPPELLES?

le repas	das Essen; die Mahlzeit	Vous désirez?	Sie wünschen?
le marché	der Markt	un mail [ɛmɛl]	eine E-Mail
un gâteau	ein Kuchen	prochain, prochaine	nächster, nächste, nächstes
une boulangerie	eine Bäckerei	timide	schüchtern
Je veux bien, mais …	Ich möchte gern, aber …	tout le monde	alle

fou / fol / folle [fu/fɔl]	verrückt		**Fou de cuisine!** Scharf / Verrückt auf Kochen!
faire les courses (f.) [fɛʀlekuʀs]	einkaufen	!	Papa fait **les courses**. Mon frère joue dans **la cour**. Et moi, j'ai **un cours** de français.
acheter qc [aʃte]	etw. kaufen		
acheter: j'ach**è**te, tu ach**è**tes, il/elle/on ach**è**te, nous achetons, vous achetez, ils/elles ach**è**tent; il/elle a acheté			
un **fruit** [ɛfʀɥi]	eine Frucht		**des fruits** Obst
des **légumes** (m.) [delegym]	Gemüse		
faire la cuisine [fɛʀlakɥizin]	kochen, Essen zubereiten		
difficile / difficile [difisil/difisil]	schwierig		französisch: diff**icile**, englisch: diff**icult**, deutsch: diff**izil**.
une **tomate** [yntɔmat]	eine Tomate		
une **pomme de terre** [ynpɔmdətɛʀ]	eine Kartoffel		
un **citron** [ɛ̃sitʀɔ̃]	eine Zitrone		
une **salade** [ynsalad]	ein Salat		Im Französischen ist der Salat feminin: **la salade**
le **lait** [lɔlɛ]	die Milch		**le** lait = **die** Milch
la **viande** [lavjɑ̃d]	das Fleisch		
un **œuf** / des **œufs** [ɛ̃nœf/dezø]	ein Ei / Eier		Achte auf die Aussprache: **un œuf** [ɛ̃nœf], **des œufs** [dezø]
le **yaourt** [ləjauʀt]	der Joghurt		Achte bei der Aussprache darauf, dass du **au** in der phonetischen Klammer getrennt aussprichst: erst **a** und dann **u**.
le **sucre** [ləsykʀ]	der Zucker		
la **farine** [lafaʀin]	das Mehl		
un **supermarché** [ɛ̃sypɛʀmaʀʃe]	ein Supermarkt		

Vis-à-vis

Die großen französischen Supermärkte heißen **Carrefour** [kaʀfuʀ], **Géant** [ʒeɑ̃], **Leclerc** [ləklɛʀ] und **Auchan** [oʃɑ̃].

un **plat** [ɛ̃pla]	ein Gericht, ein Gang (beim Essen)		le **plat du jour** das Tagesgericht

182 cent-quatre-vingt-deux

Vocabulaire 4

A1

le **petit-déjeuner** [ləp(ə)tideʒœne]	das Frühstück	
recevoir qc [ʀəsəvwaʀ]	etw. empfangen, etw. bekommen	**Tu as reçu ma lettre?** Hast du meinen Brief bekommen?

❗ **recevoir** : je reçois, tu reçois, il / elle / on reçoit, nous recevons, vous recevez, ils / elles reçoivent; j'ai **reçu**

dîner [dine]	zu Abend essen	**On les invite à dîner?** Sollen wir sie zum Abendessen einladen?
un **steak-frites** [ɛ̃stɛkfʀit]	ein Steak mit Pommes frites	❗ Achte auf den Plural: des steak**s**-frites
une **entrée** [ynɑ̃tʀe]	*hier:* eine Vorspeise	**Comme entrée, …** Als Vorspeise …
le **thon** [lətɔ̃]	der Thunfisch	
l' **huile** *(f.)* [lɥil]	das Öl	
une **olive** [ynɔliv]	eine Olive	❗ **l'huile d'olive** **olive** ohne **s**
un **saucisson** [ɛ̃sosisɔ̃]	eine Wurst, z. B. Salami	
un **frigo** *(fam.)* [ɛ̃fʀigo]	ein Kühlschrank	**un frigo** ist die Abkürzung von **un frigidaire**.
le **porc** [ləpɔʀ]	das Schweinefleisch	**Il ne mange pas de viande et surtout pas de porc.** Er isst kein Fleisch und vor allem kein Schweinefleisch.
une **endive** [ynɑ̃div]	eine Endivie	**une salade d'endives** ein Endiviensalat
le **roquefort** [ləʀɔkfɔʀ]	der Roquefort *(franz. Käsesorte)*	
une **moule** [ynmul]	eine Miesmuschel	**des moules-frites** gekochte Muscheln mit Pommes frites
le **plat principal** [ləplapʀɛ̃sipal]	das Hauptgericht	**Après l'entrée, il y a le plat principal.** Nach der Vorspeise gibt es das Hauptgericht.
il faut qc [ilfo]	man braucht etw.	**Il faut du sucre.** (Zucker, nicht zählbar) **Il faut un citron.** (eine Zitrone, zählbar)
un **dessert** [ɛ̃desɛʀ]	ein Nachtisch	
le **chocolat** [ləʃɔkɔla]	die Schokolade	

🇫🇷 **Vis-à-vis**
Wenn man im Lokal **un chocolat** bestellt, bekommt man einen **Kakao** / eine **heiße Schokolade**.

une **mousse au chocolat** [ynmusoʃɔkɔla]	eine Mousse au chocolat *(süße Nachspeise)*	
typique / **typique** [tipik / tipik]	typisch	

A2

il faut faire qc [ilfofɛʀ]	man muss etw. tun	**Il faut tout préparer.** Alles muss vorbereitet werden. **Il ne faut pas oublier …** Man darf nicht vergessen …
C'est à qui? [sɛtaki]	Wer ist an der Reihe?	– **C'est à qui?** – **C'est à nous.** – Wer ist an der Reihe? – Wir (sind an der Reihe).
un **kilo** [ɛ̃kilo]	ein Kilo	Nach Mengenangaben wie **un kilo** steht immer **de**: **Je voudrais un kilo de tomates.** Ich hätte gern ein Kilo Tomaten.
quand même [kɑ̃mɛm]	trotzdem; doch	
un **apéritif** [ɛ̃napeʀitif]	ein Aperitif	
un **doigt** [ɛ̃dwa]	ein Finger	

cent-quatre-vingt-trois 183

4 Vocabulaire

un **rince-doigts** [ɛ̃Rɛ̃sdwa]	eine Wasserschale *(zum Reinigen der Finger beim Essen)*
une **boisson** [ynbwasɔ̃]	ein Getränk
une **supérette** [ynsypeRɛt]	ein kleiner Supermarkt
un **litre** [ɛ̃litR]	ein Liter

 Vis-à-vis

In Frankreich kauft man Muscheln häufig in Litern (**Un litre de moules, s.v.p.**), in Deutschland in Pfund oder Kilo (1 ½ Kilo Muscheln, bitte.).
Moules-frites (Miesmuscheln mit Pommes frites) gelten in Belgien oft als Nationalgericht. In Frankreich ist das Gericht beliebt bei Franzosen und Touristen in Strandorten.

le **beurre** [ləbœR]	die Butter
une **carotte** [ynkaRɔt]	eine Karotte, eine Möhre
le **thym** [lətɛ̃]	der Thymian
une **bouteille** [ynbutɛj]	eine Flasche
gratuit / gratuite [gRatɥi / gRatɥit]	kostenlos, gratis

On achète deux bouteilles de jus d'orange et on a une bouteille gratuite.
Wir kaufen zwei Flaschen Orangensaft, dann bekommen wir eine Flasche gratis.

| **boire** qc [bwaR] | etw. trinken |

❗ **boire:** je bois, tu bois, il / elle / on boit, nous b**uv**ons, vous b**uv**ez, ils / elles b**oiv**ent; il a **bu**

| **aller chercher** qc [aleʃɛRʃe] | etw. (ab)holen |
| **payer** qc [peje] | etw. bezahlen |

❗ **payer:** je p**ai**e, tu p**ai**es, il / elle / on p**ai**e, nous pa**y**ons, vous pa**y**ez, ils / elles p**ai**ent; j'ai pa**y**é

C'est vrai que les Allemands boivent du jus de fruits pendant le repas? Moi, ce soir, j'en bois aussi.
Ist es wahr, dass die Deutschen während des Essens Obstsaft trinken? Ich trinke heute Abend auch welchen.

A5 | un **gramme** [ɛ̃gRam] | ein Gramm |
B1 | **mettre la table** [mɛtRlatabl] | den Tisch decken |

une **assiette** [ynasjɛt]	ein Teller
une **fourchette** [ynfuRʃɛt]	eine Gabel
un **couteau** [ɛ̃kuto]	ein Messer
une **cuillère** [ynkɥijɛR]	ein Löffel

Qu'est-ce qu'il faut pour mettre la table?
Was braucht man, um den Tisch zu decken?

| un **verre** [ɛ̃vɛR] | ein Glas |

Achte auf den Unterschied:
un verre à eau, un verre à vin = ein Wasserglas, ein Weinglas;
un verre d'eau, un verre de vin = ein Glas Wasser, ein Glas Wein.

| une **nappe** [ynnap] | eine Tischdecke |

Vocabulaire 4

B2	une **serviette** [ynsɛʀvjɛt]	eine Serviette
	un **invité** / une **invitée** [ɛ̃nɛ̃vite / ynɛ̃vite]	ein Gast
	la **chicorée** [laʃikɔʀe]	die Endivie
	le **fromage** [ləfʀɔmaʒ]	der Käse

🇫🇷 **Vis-à-vis**
Le fromage: In Frankreich gibt es Hunderte verschiedene Käsesorten. Oft wird Käse nach dem Hauptgang gegessen.

Et voilà, les invités sont arrivés.
Nun sind die Gäste angekommen.

une salade de chicorée   ein Endiviensalat

	espérer [ɛspeʀe]	hoffen

❗ **espérer**: j'espère, tu espères, il / elle / on espère, nous espérons, vous espérez, ils / elles espèrent; j'ai espéré

	sûr / sûre [syʀ / syʀ]	sicher

– J'espère que tu vas aimer, Ayla.
– Mais oui, j'en suis sûre.
– Ich hoffe, du wirst es mögen, Ayla.
– Aber ja, da bin ich mir sicher.

	le **silence** [ləsilɑ̃s]	die Ruhe, die Stille
	facile / facile [fasil]	leicht
	timide / timide [timid]	schüchtern
	ne … jamais [nə … ʒamɛ]	nie, niemals
	ne … pas encore [nə … pazɑ̃kɔʀ]	noch nicht
	préférer qc [pʀefeʀe]	etw. vorziehen, lieber mögen

Tayfun n'a jamais mangé de moules.
Tayfun hat noch nie Muscheln gegessen.

❗ **préférer**: je préfère, tu préfères, il / elle / on préfère, nous préférons, vous préférez, ils / elles préfèrent; j'ai préféré

	avoir le temps de faire qc [avwaʀlətɑ̃]	Zeit haben, etw. zu tun
	voler [vɔle]	fliegen
	grave / grave [gʀav / gʀav]	schlimm
	goûter qc [gute]	etw. probieren
	rigoler (fam.) [ʀigɔle]	lachen
B6	**passer** qc [pase]	jdm. etw. reichen, jdm. etw. (weiter)geben
	reprendre de qc [ʀəpʀɑ̃dʀdə]	hier: etw. noch einmal nehmen, von etw. noch mehr nehmen
	le **plat préféré** [ləplapʀefeʀe]	das Lieblingsessen
	une **tasse** [yntas]	eine Tasse
	le **café** [ləkafe]	der Kaffee

Ils n'ont pas le temps de répondre.
Sie haben keine Zeit zu antworten.

Ce n'est pas grave!   Das ist nicht so schlimm!

Tu me passes le pain, s'il te plaît?
Gibst du mir bitte das Brot?

Tu reprends des frites?
Nimmst du noch mehr Pommes?

Der Unterschied ist derselbe wie bei **un verre**:
une tasse **de** café = eine Tasse Kaffee,
une tasse **à** café = eine Kaffeetasse.

cent-quatre-vingt-cinq   185

4 Vocabulaire

AUF EINEN BLICK

Hier, aujourd'hui et demain.   Gestern, heute und morgen.

hier matin	gestern Morgen	ce matin	heute Morgen
demain soir	morgen Abend	ce midi	heute Mittag
vendredi prochain	nächsten Freitag	cet après-midi	heute Nachmittag
vendredi dernier	letzten Freitag	ce soir	heute Abend

AUF EINEN BLICK

100 und mehr.

100	cent	1000	mille
101	cent-un/-une	1001	mille-un/-une
200	deux-cents	1100	mille-cent
202	deux-cent-deux	2000	deux-mille
300	trois-cents	2200	deux-mille-deux-cents
333	trois-cent-trente-trois	2202	deux-mille-deux-cent-deux
400	quatre-cents	10 000	dix-mille
900	neuf-cents	200 000	deux-cent-mille

MON DICO PERSONNEL

Des fruits et des légumes   Obst und Gemüse sind gesund! Eine kleine Auswahl …

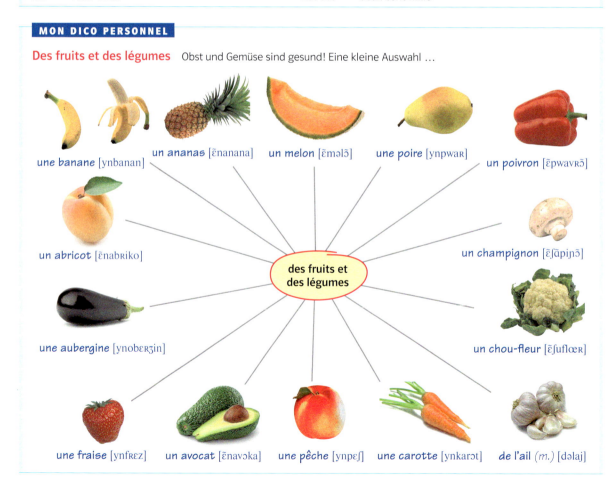

une banane [ynbanan]
un ananas [ɛ̃nanana]
un melon [ɛ̃məlɔ̃]
une poire [ynpwaʁ]
un poivron [ɛ̃pwavʁɔ̃]
un abricot [ɛ̃nabʁiko]
un champignon [ɛ̃ʃɑ̃piɲɔ̃]
une aubergine [ynobɛʁʒin]
un chou-fleur [ɛ̃ʃuflœʁ]
une fraise [ynfʁɛz]
un avocat [ɛ̃navɔka]
une pêche [ynpɛʃ]
une carotte [ynkarɔt]
de l'ail (m.) [dəlaj]

des fruits et des légumes

186   cent-quatre-vingt-six

Vocabulaire 5

Unité 5   Une semaine à Arcachon

TIPP

Benutzt du zum Vokabellernen auch die rechte Spalte? Prima! Wenn nicht, dann schau mal rein; denn dort findest du nicht nur die **Übersetzungen kniffliger Sätze** aus den *Unités*, sondern auch hilfreiche Tipps für das Anwenden des neu Gelernten.

TU TE RAPPELLES?

le voyage	die Reise	énerver qn	jdn. nerven
froid / froide	kalt	la dispute	der Streit
à côté de qc	neben etw.	Arrête!	Stopp!, Halt!
Et voilà, encore …	Und da, schon wieder …	Tu as mal?	Tut dir etwas weh?, Geht's dir schlecht?
peu après	kurz darauf	On y va?	Gehen/Fahren wir dorthin?

Arcachon [aʀkaʃɔ̃]	*Stadt an der Atlantikküste in Südwestfrankreich*		
le **printemps** [ləpʀɛ̃tɑ̃]	der Frühling	C'est les vacances de printemps.	
		Es sind Frühlingsferien.	

🇫🇷 **Vis-à-vis**

Die **Frühlingsferien** in Frankreich entsprechen in etwa den **Osterferien** in Deutschland und dauern ein bis zwei Wochen. Sie liegen in der Regel im April und können bis in den Mai hineinreichen.

le **sud-ouest** [ləsydwɛst]	der Südwesten	

le **nord** [lənɔʀ]
l'**ouest** [lwɛst]   l'**est** [lɛst]
le **sud** [ləsyd]

une **côte** [ynkot]	eine Küste	sur la côte atlantique	an der Atlantikküste
Voici … [vwasi]	Hier ist … / Hier sind …		
une **dune** [yndyn]	eine Düne		
la **dune du Pilat** [ladyndypila]	die Düne von Pilat		

🇫🇷 **Vis-à-vis**

Die **dune du Pilat** ist Europas größte Wanderdüne; sie ist bis zu 108 m hoch, 500 m breit und 2,7 km lang.

la **Normandie** [lanɔʀmɑ̃di]	die Normandie *(Region im Nordwesten Frankreichs)*	
un **gîte** [ɛ̃ʒit]	eine Ferienunterkunft (auf dem Land)	
intéresser qn [ɛ̃teʀese]	jdn interessieren	

A1

le **départ** [ledepaʀ]	die Abfahrt, der Aufbruch	le départ ≠ l'arrivée	
une **valise** [ynvaliz]	ein Koffer	faire sa valise	den Koffer packen
le **surf** [ləsœʀf]	das Surfen, das Wellenreiten		
un **bateau** / des **bateaux** [ɛ̃bato / debato]	ein Boot, ein Schiff / Boote, Schiffe		
un **phare** [ɛ̃faʀ]	ein Leuchtturm		

la dune du Pilat

cent-quatre-vingt-sept   187

5 Vocabulaire

un **skimboard** [ɛ̃skimbɔʀd]	ein Skimboard *(ähnelt einem kleinen Surfbrett)*	Kurzform: **un skim**
A2 **Lyon** [ljɔ̃]	französische Stadt	
A3 une **autoroute** [ynotoʀut]	eine Autobahn	
le **péage** [ləpeaʒ]	die Mautstelle; die Maut	une **autoroute à péage** eine mautpflichtige Autobahn

🇫🇷 **Vis-à-vis**
In Frankreich muss man fast überall eine Gebühr bezahlen, wenn man die Autobahn nimmt. Dafür gibt es spezielle Kassenhäuschen, wo man nur noch selten einer Person das Geld gibt; ansonsten bezahlt man mit Geld oder Karte an einem Automaten.

un **bouchon** [ɛ̃buʃɔ̃]	ein Korken; *hier:* ein Verkehrsstau	
normal / normale [nɔʀmal / nɔʀmal]	normal	
envoyer qc à qn [ɑ̃vwaje]	jdm. etw. schicken	une station de péage

! **envoyer:** j'env**oi**e, tu env**oi**es, il / elle / on env**oi**e, nous env**oy**ons, vous env**oy**ez, ils / elles env**oi**ent; j'ai env**oy**é

un **MMS** [ɛ̃ɛmɛmɛs]	eine MMS *(eine Bildnachricht)*	
un **baladeur mp3** [ɛ̃baladœʀɛmpetʀwa]	ein MP3-Player	**Tu me passes ton baladeur mp3?** Gibst du mir deinen MP3-Player?
plaire à qn [plɛʀ]	jdm. gefallen	**Ça ne vous plaît pas?** Gefällt euch das nicht? **plaire** kommt meistens in der 3. Person vor: ton idée me plaît / tes idées me plai**s**ent „bitte" bei Fragen: **s'il te plaît / s'il vous plaît**
une **aire de repos** [ynɛʀdəʀəpo]	ein Rastplatz *(auf französischen Autobahnen)*	
une **pause** [ynpoz]	eine Pause	
un **sandwich** [ɛ̃sɑ̃dwi(t)ʃ]	ein Sandwich	⌀ deutsch / englisch / französisch: gleiche Schreibweise; bei der Aussprache kann im Französischen das **[t]** weggelassen werden.
un **arbre** [ɛ̃naʀbʀ]	ein Baum	
laisser qc [lese]	etw. (zurück)lassen	
une **erreur** [ynɛʀœʀ]	ein Irrtum	
un **animal / des animaux** [ɛ̃nanimal / dezanimo]	ein Tier / Tiere	⌀ Leicht zu merken: Im Singular dieselbe Schreibweise im Französischen und Englischen.
A6 **Pile ou face?** [pilufas]	Kopf oder Zahl?	
un **canapé** [ɛ̃kanape]	ein Sofa	Wird auch im Deutschen gelegentlich zur Bezeichnung eines Sofas verwendet, die Schreibweise ist eingedeutscht: **Kanapee**.
une **fenêtre** [ynfənɛtʀ]	ein Fenster	
donner sur qc [dɔnesyʀ]	zu etw. hin liegen, gehen	
un **jardin** [ɛ̃ʒaʀdɛ̃]	ein Garten	**Dans la petite chambre, il y a une fenêtre qui donne sur un petit jardin.** In dem kleinen Zimmer gibt es ein Fenster mit Blick auf einen kleinen Garten.

188 cent-quatre-vingt-huit

Vocabulaire 5

si [si]	ob	
dire qc (à qn) [diʀ]	(jdm.) etw. sagen	**demander si** fragen ob **si + il** mit Apostroph: **s'il**; **si + elle** ohne Apostroph: **si elle**

! **dire:** je dis, tu dis, il / elle / on dit, nous **disons**, vous **dites**, ils / elles **disent**; j'ai **dit**

A8 **Bordeaux** [bɔʀdo]	Stadt im Südwesten Frankreichs	
B1 une **saison** [ynsɛzɔ̃]	eine Jahreszeit	
une **vague** [ynvag]	eine Welle	
un **ballon** [ɛ̃balɔ̃]	ein Ball	Sur la plage, les gens jouent au ballon. Am Strand spielen die Leute Ball.
essayer qc [eseje]	etw. versuchen, ausprobieren; anprobieren	**essayer** wie **payer** und **envoyer**: j'essaie, nous essayons; j'ai essayé
lancer qc [lɑ̃se]	etw. werfen	
dessus [d(ə)sy]	darauf	Alex lance son skim, monte dessus et … tombe sur le sable. Alex wirft sein Skimboard ins Wasser, steigt drauf und … fällt in den Sand.
le **sable** [ləsabl]	der Sand	
une **combinaison** [ynkɔ̃binɛzɔ̃]	eine Kombination; ein Overall	
le **néoprène** [neɔpʀɛn]	das Neopren	un garçon en combinaison néoprène ein Junge im Neoprenanzug
debout [dəbu]	stehend, im Stehen	**rester debout** stehen bleiben
emporter qc [ɑ̃pɔʀte]	etw. mitnehmen, wegtragen	Et maintenant, les vagues emportent son skimboard. Und jetzt nehmen die Wellen sein / ihr Skimboard mit.
la **jambe** [laʒɑ̃b]	das Bein	J'ai mal à la jambe et au dos. Mein Bein und mein Rücken tun mir weh.
le **dos** [lədo]	der Rücken	
tout de suite [tudsɥit]	sofort	
une **région** [ynʀeʒjɔ̃]	eine Region, eine Gegend	Tu n'es pas de la région? Bist du nicht von hier?
un **drapeau** [ɛ̃dʀapo]	eine Fahne, eine Flagge	

🇫🇷 **Vis-à-vis**

Weht am Meer eine grüne Fahne, dann kann man bedenkenlos baden. Bei gelber Fahne sollte man nur unter Aufsicht baden, bei roter Fahne überhaupt nicht ins Wasser gehen.

une **glace** [ynglas]	ein Eis	
B4 l'**hiver** (m.) [livɛʀ]	der Winter	
l'**été** (m.) [lete]	der Sommer	
l'**automne** (m.) [lotɔn]	der Herbst	! **au printemps** im Frühling **en été** im Sommer **en automne** im Herbst **en hiver** im Winter

cent-quatre-vingt-neuf 189

Vocabulaire

AUF EINEN BLICK

Bonnes vacances! Ferien machen ist nicht immer einfach!

– Où est-ce que vous allez passer les vacances?
  Au bord de la mer ou à la montagne [alamɔ̃taɲ]?
– Nous avons loué [lue] un gîte en Provence.
  Mon copain et moi, nous voulons apprendre à faire de l'escalade [fɛʀdəlɛskalad].

– Wohin fahrt ihr in die Ferien?
  Ans Meer oder in die Berge?
– Wir haben in der Provence eine Ferienunterkunft gemietet.
  Mein Freund und ich wollen Klettern lernen.

– Faire du surf [fɛʀdysœʀf], ça t'intéresse?
– Oh oui, mais j'aime surtout faire de la voile [fɛʀdəlavwal].

– Interessiert dich Surfen?
– Oh ja, aber vor allem mag ich Segeln.

– Vous restez en France ou est-ce que vous allez à l'étranger [aletʀɑ̃ʒe]?
– Cette année, nous allons dans un camping [dɑ̃zɛ̃kɑ̃piŋ] au bord d'un lac [lak], en Bavière [bavjɛʀ].

– Bleibt ihr in Frankreich oder fahrt ihr ins Ausland?
– Dieses Jahr fahren wir auf einen Campingplatz an einem See in Bayern.

– Tu vas m'envoyer des SMS des vacances?
– Oui, mais pas trop souvent parce que c'est très cher de la France en Allemagne.

– Wirst du aus den Ferien simsen?
– Ja, aber nicht zu oft, weil es von Frankreich nach Deutschland teuer ist.

– Quand est-ce que tu rentres?
– Je ne sais pas encore. S'il fait beau, nous allons prolonger [pʀɔlɔ̃ʒe] d'une semaine.

– Wann kommst du zurück?
– Ich weiß es noch nicht. Wenn schönes Wetter ist, werden wir um eine Woche verlängern.

MON DICO PERSONNEL

Des sports nautiques Wassersport ist super!

faire de la natation

faire du surf [fɛʀdysœʀf]

faire de la planche à voile [fɛʀdəlaplɑ̃ʃavwal]

faire de la voile [fɛʀdəlavwal]

faire du kayak [fɛʀdykajak]

faire du jet-ski [fɛʀdyʒɛtski]

faire de la plongée [fɛʀdəlaplɔ̃ʒe]

faire du ski nautique [fɛʀdyskinotik]

faire du pédalo [fɛʀdypedalo]

faire du bateau à moteur [fɛʀdybatoamɔtœʀ]

Vocabulaire 6

Unité 6 Notre journal

TIPP

Beim Vokabellernen wirst du immer mal wieder darauf hingewiesen, dass du zu einem **neuen Wort** schon ein anderes aus **derselben Familie** gelernt hast. Warum? Bereits bekannte Wörter helfen dir neue Wörter zu behalten, wenn beide miteinander „verwandt" sind. In der *Unité 6* gibt es drei von solchen neuen Wörtern, achte mal darauf!

TU TE RAPPELLES?

J'ai 13 ans.	Ich bin 13.	une question	eine Frage
adorer qn / qc	jdn. / etw. sehr mögen	une réponse	eine Antwort
raconter sa vie	von seinem Leben erzählen	une histoire	eine Geschichte
participer à qc	an etw. teilnehmen	le succès	der Erfolg
Ça me plaît!	Das gefällt mir!	ressembler à qn / à qc	jdm. / einer Sache ähneln

---

une **équipe** [ynekip]	eine Mannschaft, ein Team	**Coralie est dans l'équipe du journal «Boléro».** Coralie ist im / gehört zum Team der Zeitung „Boléro".
une **édition** [ynedisjɔ̃]	eine Ausgabe	**Voici notre dernière édition.** Hier ist unsere letzte / neueste Ausgabe.
spécial / spéciale [spesjal]	speziell, Spezial-, Sonder-	une **édition spéciale** = eine Sonderausgabe
les **médias** (m., pl.) [lemedja]	die Medien	**Spécial médias** Sonderheft „Medien"
un **coin** [kwɛ̃]	eine Ecke, *hier:* eine Rubrik	
nouveau / nouvel / nouvelle [nuvo / nuvɛl / nuvɛl]	neu	**!** un **nouveau** copain, une **nouvelle** copine, un **nouvel** ami
un **style** [stil]	ein Stil	
un **festival** [fɛstival]	ein Festival	
court / courte [kuʁ / kuʁt]	kurz	≠ **long / longue**

🇫🇷 **Vis-à-vis**

Auf dem **Festival des Très Courts** werden Filme aus der ganzen Welt von maximal drei Minuten Länge gezeigt, aus denen der beste zum „Sieger" gekürt wird.

un **court(-métrage)** = ein Kurzfilm

utiliser qc [ytilize]	etw. benutzen; etw. nutzen	**Nous sommes curieux de savoir comment les jeunes dans d'autres pays utilisent les médias.** Wir möchten gerne wissen, wie die Jugendlichen in anderen Ländern die Medien nutzen.
un **sujet** [syʒɛ]	ein Thema	**Est-ce que vous avez envie de faire un journal à ce sujet?** Habt ihr Lust, zu diesem Thema eine Zeitung zu machen?
le **courage** [kuʁaʒ]	der Mut	**Bon courage!** Viel Erfolg! / Viel Glück!
un **rédacteur** / une **rédactrice** [ʁedaktøʁ / ynʁedaktʁis]	ein Redakteur, eine Redakteurin	

cent-quatre-vingt-onze 191

6 Vocabulaire

TIPP

Die Stationen können in beliebiger Reihenfolge bearbeitet werden. Deshalb werden einige neue Wörter in mehreren Stationen erklärt. Station 4 ist freiwillig.

Station 1: Le coin Internet

un **jeune** / une **jeune** [ɛ̃ʒœn / ynʒœn]	ein Jugendlicher, eine Jugendliche
un **avis** [ɛ̃navi]	eine Meinung
surfer [sœʀfe]	surfen; *hier:* im Internet surfen

Adjektiv: **jeune / jeune** = jung

J'adore surfer sur Internet et chatter avec mes amis.
Ich liebe es, im Internet zu surfen und mit meinen Freunden zu chatten.

le **contact** [ləkɔ̃takt]	der Kontakt
le **droit** [lədʀwa]	das Recht
avoir le droit de faire qc [avwaʀlədʀwa]	das Recht haben, etw. zu tun; etw. tun dürfen
parfois [paʀfwa]	manchmal
une **invitation** [ynɛ̃vitasjɔ̃]	eine Einladung
important / importante [ɛ̃pɔʀtɑ̃ / ɛ̃pɔʀtɑ̃t]	wichtig
sortir [sɔʀtiʀ]	hinausgehen, weggehen; *hier:* ausgehen

rester en contact avec qn mit jdm. im Kontakt bleiben

J'ai souvent des invitations pour le chat.
Ich werde oft zum Chatten eingeladen.

die Schreibweise ist dieselbe wie im Englischen: **important**

≠ **entrer**

! **je sors, tu sors, il / elle / on sort, nous sortons, vous sortez, ils / elles sortent; je suis sorti(e)**

la **réalité** [laʀealite]	die Wirklichkeit

Pour moi, c'est important de sortir et de discuter avec mes copains dans la réalité.
Für mich ist es wichtig auszugehen und mit meinen Freunden direkt (= nicht übers Internet) zu diskutieren.

c'est pourquoi [sɛpuʀkwa]	deshalb
dormir [dɔʀmiʀ]	schlafen

! **dormir: je dors, tu dors, il / elle / on dort, nous dormons, vous dormez, ils / elles dorment; j'ai dormi**

partir [paʀtiʀ]	weggehen; abfahren

Partir gehört zu derselben Wortfamilie wie **le départ**.

! **partir: je pars, tu pars, il / elle / on part, nous partons, vous partez, ils / elles partent; je suis parti(e)**

Station 2: Le coin musique

une **mélodie** [ynmelɔdi]	eine Melodie
c'est pourquoi [sɛpuʀkwa]	deshalb
différent / différente [difeʀɑ̃ / difeʀɑ̃t]	anderer, andere
une **fiche** [ynfiʃ]	Blatt (Papier); *hier:* ein Steckbrief
la **naissance** [lanɛsɑ̃s]	die Geburt

Im Französischen mit **accent aigu** auf dem ersten **e**: **différent**; englisch: **different**

Quelle est votre date de naissance?
Wann sind Sie geboren?

192 cent-quatre-vingt-douze

Vocabulaire 6

un **métier** [ɛ̃metje]	ein Beruf
un **instrument** [ɛ̃nɛ̃stʀymɑ̃]	ein Instrument
un **album** [ɛ̃nalbɔm]	ein Album; *hier:* ein Musikalbum, eine CD
haïtien / **haïtienne** [aisjɛ̃/aisjɛn]	aus Haiti
grandir [gʀɑ̃diʀ]	wachsen; *hier:* aufwachsen

Il a grandi à Paris.
Er ist in Paris aufgewachsen.
→ **rêver**

un **rêve** [ɛ̃ʀɛv]	ein Traum
abandonner qc [abɑ̃dɔne]	etw. aufgeben
un **prénom** [ɛ̃pʀenɔ̃]	ein Vorname
un **piano** [ɛ̃pjano]	ein Klavier, ein Piano
un **violon** [ɛ̃vjɔlɔ̃]	eine Geige, eine Violine
une **guitare** [yngitaʀ]	eine Gitarre
beau / **bel** / **belle** [bo/bɛl/bɛl]	schön
la **voix** [lavwa]	die Stimme

🖊 französisch: **guitare**, englisch: **guitar**, deutsch: **Gitarre**

❗ un **beau** film, un be**l a**cteur, une **belle** chanson

Sa voix est belle et très cool.
Ihre / Seine Stimme ist schön und voll cool.

le **rythme** [ləʀitm]	der Rhythmus
important / **importante** [ɛ̃pɔʀtɑ̃/ɛ̃pɔʀtɑ̃t]	wichtig
l'**argent** *(m.)* [laʀʒɑ̃]	das Geld

🖊 wie im Englischen: **important**

Ce n'est pas important pour elle de gagner beaucoup d'argent.
Für sie ist es nicht wichtig, viel Geld zu verdienen.
→ **aimer**

l'**amour** *(m.)* [lamuʀ]	die Liebe
la **joie** [laʒwa]	die Freude

Zaz préfère avoir de l'amour et de la joie.
Viel lieber würde Zaz die Liebe finden und Freude haben.

vieux / **vieil** / **vieille** [vjø, vjɛj, vjɛj]	alt
connu / **connue** [kɔny]	bekannt
un **saxophone** [ɛ̃saksɔfɔn]	ein Saxophon
la **musique pop** [lamyzikpɔp]	die Popmusik

un **vieux** chanteur, un **vieil** instrument, une **vieille** chanson

Il sait jouer du saxophone. Er kann Saxophon spielen.

Station 3: Le coin BD

résumer qc [ʀezyme]	etw. zusammenfassen
c'est mon tour [sɛmɔ̃tuʀ]	ich bin dran, ich bin an der Reihe
différent / **différente** [difeʀɑ̃/difeʀɑ̃t]	anders
car [kaʀ]	denn
un **projet** [ɛ̃pʀɔʒɛ]	ein Projekt
un **atelier** [ɛ̃natəlje]	ein Workshop; eine Werkstatt

❗ Im Französischen mit *accent aigu* auf dem ersten *e*: **différent**; englisch: **different**

cent-quatre-vingt-treize 193

6 Vocabulaire

simple / **simple** [sɛ̃pl]	einfach	🖉 französisch: **simple**, deutsch: **simpel**
un **facteur** / une **factrice** [ɛ̃faktœʀ/ynfaktʀis]	ein Briefträger, eine Briefträgerin	
devoir faire qc [dəvwaʀfɛʀ]	etw. tun müssen	
❗ **devoir:** je d**ois**, tu d**ois**, il/elle d**oit**, nous devons, vous devez, ils/elles d**oivent**; j'ai d**û**		
apporter qc à qn [apɔʀte]	jdm. etw. (mit)bringen	Zu derselben Wortfamilien gehören **porter qc** (tragen) und **emporter qc** (mitnehmen). **Pizzas à emporter!** Pizzas zum Mitnehmen!
une **lettre** [ynlɛtʀ]	ein Brief	französisch: **la** lettre, deutsch: **der** Brief
au début [odeby]	am Anfang	≠ **à la fin** am Ende
recevoir qc [ʀəsəvwaʀ]	etw. empfangen, etw. bekommen	**Tu as reçu ma lettre?** Hast du meinen Brief bekommen?
❗ **recevoir:** je re**ç**ois, tu re**ç**ois, il/elle re**ç**oit, nous recevons, vous recevez, ils/elles re**ç**oivent; j'ai re**ç**u		
un **prix** [ɛ̃pʀi]	ein Preis	
Angoulême [ɑ̃gulɛm]	*Stadt in Westfrankreich*	

🇫🇷 **Vis-à-vis**

Das alljährliche **Festival d'Angoulême** (Festival International de la Bande Dessinée) gilt als das bedeutendste BD-/Comicfestival Europas. Seit 1974 vergibt eine Jury Preise in verschiedenen Kategorien.

belge / **belge** [bɛlʒ]	belgisch	**une BD belge** ein Comic aus Belgien
la **réalité** [laʀealite]	die Wirklichkeit	**un monde fantastique qui ressemble à la réalité** eine fantastische Welt/eine Fantasiewelt, die der Wirklichkeit ähnelt
la **Belgique** [labɛlʒik]	Belgien	
les **Schtroumpfs** [leʃtʀumf]	die Schlümpfe	

🇫🇷 **Vis-à-vis**

Entworfen von dem belgischen Zeichner Peyo, waren die Schlümpfe in Deutschland vor allem in den 1970er und 1980er Jahren sehr beliebte Comicfiguren.

la **mode** [lamɔd]	die Mode	Achte auf die Aussprache des **o**: Im Französischen wie „c**o**mment", im Deutschen wie „L**o**ch".
à la mode [alamɔd]	modern, „in"	
le **Canada** [ləkanada]	Kanada	**au** Canada = **in** Kanada, **du** Canada = **aus** Kanada

194 cent-quatre-vingt-quatorze

Vocabulaire 6

Station 4: Le coin cinéma

au maximum [omaksimɔm]	höchstens	C'est un festival de films très courts (au maximum 3 minutes). Das ist ein Festival sehr kurzer Filme (von höchstens drei Minuten Dauer).
avoir lieu [avwaʀljø]	stattfinden	
une image [ynimaʒ]	ein Bild	
le sourire [ləsuʀiʀ]	das Lächeln	
l'argent (m.) [laʀʒɑ̃]	das Geld	L'homme demande de l'argent ou un sourire. Der Mann bittet um Geld oder um ein Lächeln.
sourire [suʀiʀ]	lächeln	il sourit — er lächelt
un avis [ɛ̃navi]	eine Meinung	
original / originale [ɔʀiʒinal]	originell	Der Plural von original lautet originaux.
quotidien / quotidienne [kɔtidjɛ̃ / kɔtidjɛn]	täglich	
l'humour (m.) [lymuʀ]	der Humor	C'est un film original et drôle qui parle de la vie quotidienne avec humour. Das ist ein origineller (gut gemachter) und lustiger Film, der humorvoll vom Alltagsleben erzählt.
une série télévisée [ynseʀitelevize]	eine Fernsehserie	
un dessin animé [ɛ̃desɛ̃anime]	ein Zeichentrickfilm	
une comédie [ynkɔmedi]	eine Komödie	
un film d'horreur [ɛ̃filmdɔʀœʀ]	ein Horrorfilm	
un film policier [ɛ̃filmpɔlisje]	ein Kriminalfilm, ein Krimi	
passer [pase]	*hier:* laufen, spielen	Ce film passe cette semaine au cinéma. Dieser Film läuft diese Woche im Kino.
se passer [səpase]	spielen *(Kino, Fernsehen)*	
le suspense [ləsyspɛns]	die Spannung *(Film, Roman, Erzählung)*	

AUF EINEN BLICK

Parler de musique, de cinéma ou de BD Musik, Kino oder Comics, darüber lohnt es sich zu sprechen.

– Pourquoi est-ce que tu aimes cette chanson/BD/ce film?	– Warum magst du dieses Lied/diesen Comic/diesen Film?
– Quel style de musique/BD est-ce que tu aimes?	– Welchen Musik-/Comic-Stil magst du?
– Quel est ton groupe préféré?/ – Quelle est ta BD préférée?	– Welche Gruppe/Welchen Comic magst du besonders?
– De quoi est-ce que cette chanson/cette BD/ce film parle?	– Wovon handelt dieses Lied/diesen Comic/dieser Film?
– Quelle est l'histoire de cette BD/de ce film?	– Was ist die Geschichte/Handlung dieses Comics/ dieses Films?
– De quel instrument est-ce que tu sais jouer?	– Welches Musikinstrument kannst du spielen?
– C'est une BD en noir et blanc ou en couleurs?	– Ist das ein Schwarz-weiß- oder ein farbiger Comic?

cent-quatre-vingt-quinze 195

7 Vocabulaire

Unité 7 On peut toujours rêver!

TIPP

Gegen Ende von Band 2 wirst du dich vielleicht nicht an alle Wörter erinnern. Daher gibt es ab S. 201 zwei **alphabetische Wortlisten** (französisch/deutsch und deutsch/französisch). Diese kannst du wie ein Wörterbuch zum Nachschlagen verwenden.

TU TE RAPPELLES?

plusieurs	mehrere	Ça a l'air facile.	Das sieht einfach aus.
plus tard	später	essayer (de faire qc)	versuchen (etw. zu tun)
plutôt	eher, vielmehr; ziemlich	demander à qn de faire qc	jdn. bitten, etw. zu tun
un cadeau	ein Geschenk	être en retard	verspätet sein
une clé	ein Schlüssel	ranger ses affaires	seine Sachen aufräumen

le **cirque** [ləsiʀk]	der Zirkus	
les **arts du cirque** (m.) [lezaʀdysiʀk]	die Zirkuskünste	
le **parachutisme** [ləpaʀaʃytism]	das Fallschirmspringen	
le **saut à l'élastique** [ləsoalelastik]	das Bungee-Jumping	

A1 **choisir** qc [ʃwaziʀ] — etw. wählen, etw. aussuchen

 choisir: je choisis, tu choisis, il/elle/on choisit, nous choisi**ss**ons, vous choisi**ss**ez, ils/elles choisi**ss**ent; j'ai choisi

Alors vous choisissez les activités que vous voulez essayer.
Dann sucht die Aktivitäten aus, die ihr ausprobieren möchtet.

un **trampoline** [ɛ̃tʀɑ̃pɔlin]	ein Trampolin
finir [finiʀ]	etw. beenden

 finir wird konjugiert wie **choisir**: je finis, tu finis, il/elle/on finit, nous fini**ss**ons, vous fini**ss**ez, ils/elles fini**ss**ent; j'ai fini

→ la fin

un **parkour** [ɛ̃paʀkuʀ]	ein Parkour (Sportart)
réussir à faire qc [ʀeysiʀ]	gelingen etw. zu tun, etw. fertigbringen

 réussir wird konjugiert wie **choisir** und **finir**: je réussis, tu réussis, il/elle/on réussit, nous réussi**ss**ons, vous réussi**ss**ez, ils/elles réussi**ss**ent; j'ai réussi

Les enfants qui réussissent à le faire reçoivent un prix.
Die Kinder, denen es gelingt, ihn (den Parkour) erfolgreich zu machen, bekommen einen Preis.

une **montre** [ynmɔ̃tʀ]	eine Armbanduhr
un **côté** [ɛ̃kote]	eine Seite

Il regarde d'un côté, de l'autre …
Er schaut von einer Seite, dann von der anderen …

une **corde** [ynkɔʀd]	ein Seil; eine Leine; hier: ein Band
mou / mol / molle [mu/mɔl]	weich
la **corde molle** [lakɔʀdəmɔl]	die Slackline (gespanntes Band, auf dem man balanciert)

l'**équilibre** (m.) [lekilibʀ]	das Gleichgewicht

être en équilibre — das Gleichgewicht halten

196 cent-quatre-vingt-seize

Vocabulaire 7

une **figure** [ynfigyʀ]	eine Figur *(im Sport)*	
sonner [sɔne]	klingeln	
sérieux / **sérieuse** [seʀjø/seʀjøz]	ernst(haft), seriös	**Ce n'est pas sérieux!** Das ist nicht ernst! / Das kann doch nicht wahr sein!
il nous **faut** [ilnufo]	man braucht etw.	**Il nous faut une corde!** Wir brauchen ein Seil. **il faut faire qc** = wir müssen etw. tun
une **solution** [ynsɔlysjɔ̃]	eine Lösung	**Il faut trouver une solution!** Wir müssen eine Lösung finden.
plus … que [plukə]	mehr … als	**Je suis plus fort que Léo.** Ich bin stärker als Léo.
un **vantard** / une **vantarde** [ɛ̃vɑ̃taʀ/ynvɑ̃tard]	ein Prahler, ein Protzer, ein Angeber	
réfléchir [ʀefleʃiʀ]	nachdenken, überlegen	

! **réfléchir** wird konjugiert wie **finir**: je réfléchis, tu réfléchis, il / elle / on réfléchit, nous réfléchi**ss**ons, vous réfléchi**ss**ez, ils / elles réfléchi**ss**ent; j'ai réfléchi

une **balle** [ynbal]	ein (kleiner) Ball	Une **balle** ist kleiner als un **ballon**. Une **balle** verwendet man z. B. beim Tennis oder Tischtennis. Un **ballon** wird z. B. beim Fußball, Handball oder Basketball benutzt.
jongler [ʒɔ̃gle]	jonglieren	
aussi … que [osikə]	genauso … wie	
facile [fasil]	leicht	
moins … que [mwɛ̃kə]	weniger … als	
De rien. [dəʀjɛ̃]	Keine Ursache.	

A3 | **Ne t'en fais pas.** *(fam.)* [nətɑ̃fɛpa] | Mach dir nichts draus. |

B1 | **bouger** [buʒe] | sich bewegen | **Des activités qui bougent** *etwa:* Aktivitäten, bei denen man sich (gut) bewegen muss ! 1. Pers. Plural: nous boug**e**ons |

sauter [sote]	springen	

B3 | **plein** / **pleine** (de qc) [plɛ̃/plɛn] | voll (mit etw.) | **des rêves plein la tête** den Kopf voller Träume |
une **buvette** [ynbyvɛt]	ein Getränkestand	
l'**herbe** *(f.)* [lɛʀb]	das Gras	**Ils prennent place sur l'herbe.** Sie setzen sich ins Gras.
gratuit / **gratuite** [gʀatɥi/gʀatɥit]	gratis	
tout / **toute** [tu/tut]	ganz	**toute la journée** den ganzen Tag (lang)
tous … / **toutes** … [tu/tut]	alle	**tous les enfants** alle Kinder
l'**escrime** *(f.)* [lɛskʀim]	das Fechten	**faire de l'escrime** fechten
le **tirage au sort** [lətiʀaʒosɔʀ]	die Verlosung	
une **édition** [ynedisjɔ̃]	eine Veröffentlichung	
un **cheval** / des **chevaux** [ɛ̃ʃəval/deʃəvo]	ein Pferd / Pferde	
une **ferme** [ynfɛʀm]	ein Bauernhof	
la **campagne** [lakɑ̃paɲ]	das Land	**une ferme à la campagne** ein Bauernhof auf dem Land

cent-quatre-vingt-dix-sept 197

7 Vocabulaire

un **biologiste** / une **biologiste** [ɛ̃bjɔlɔʒist/ynbjɔlɔʒist]	ein Biologe / eine Biologin	**J'aimerais** bien **être** biologiste. Ich möchte gern Biologe werden. Aber: Il **est** biologiste. = Er **ist** Biologe.	
seulement [sœlmɑ̃]	nur		
un **élevage** [ɛ̃nelvaʃ]	eine (Auf)Zucht	**avoir un élevage de chiens** Hunde züchten	
plus de + nom [plysdə]	mehr + Nomen		
l'**argent** (m.) **de poche** [laʀʒɑ̃dəpɔʃ]	das Taschengeld	Mais pour ça, il me faut plus d'argent de poche. Aber dafür brauche ich mehr Taschengeld.	
un **voisin** / une **voisine** [ɛ̃vwazɛ̃/ynvwazin]	ein Nachbar / eine Nachbarin	Alors il aide ses voisins. Also hilft er seinen Nachbarn.	
B8 un **argument** [ɛ̃naʀgymɑ̃]	ein Argument	**un argument contre** ein Gegenargument	
assez (de) [ase(də)]	genug, genügend (von)	**Je n'ai pas assez d'argent.** Ich habe nicht genug Geld.	
une **raison** [ynʀɛzɔ̃]	ein Grund	**La raison, c'est que …** Der Grund dafür ist, dass … **avoir raison** = recht haben	
à mon avis [amɔ̃navi]	meiner Meinung nach		
Je suis de ton avis. [ʒəsɥidətɔ̃navi]	Ich bin deiner Meinung.		
B9 une **annonce** [ynanɔ̃s]	eine Anzeige, eine Annonce		

AUF EINEN BLICK

De quoi est-ce que tu rêves? / Qu'est-ce que tu sais faire?

– faire du saut sur trampoline	– Trampolin springen
– sauter en parachute	– Fallschirm springen
– faire du saut à l'élastique	– Bungee-Jumping (springen)
– jongler	– jonglieren
– jouer au rugby	– Rugby spielen
– jouer de la guitare	– Gitarre spielen
– marcher en équilibre sur les mains	– auf den Händen (im Handstand) laufen

MON DICO PERSONNEL

On peut toujours rêver! … und noch mehr Träume!

faire un voyage sur la lune	eine Reise zum Mond machen	passer ses vacances dans une cabane dans un arbre	seine Ferien in einem Baumhaus verbringen
rencontrer une star de foot	einen Fußballstar treffen	devenir une vedette [vədɛt] du ciné	ein Filmstar werden
passer ses vacances sur une île tropicale	seine Ferien auf einer Tropeninsel verbringen	devenir pilote [pilɔt]	Pilot werden
jouer le rôle principal dans un film	die Hauptrolle in einem Film spielen	aimer bien être DJ [diʒe]	sehr gern DJ sein

Vocabulaire 8

Unité 8 C'était chouette!

TIPP

Häufig wirst du in der rechten Spalte auf ein Wort aus dem Deutschen oder Englischen verwiesen, das Ähnlichkeiten mit dem französischen Wort hat. Dadurch kannst du dir die Bedeutung und auch die Schreibweise besser merken.

TU TE RAPPELLES?

commencer à faire qc	anfangen, etw. zu tun	apprendre à faire qc	lernen etw. zu tun
avoir envie de faire qc	Lust haben, etw. zu tun	dire à qn de faire qc	jdm. sagen, etw. zu tun
essayer de faire qc	versuchen, etw. zu tun	aider qn à faire qc	jdm. helfen, etw. zu tun
proposer de faire qc	vorschlagen, etw. zu tun	demander à qn de faire qc	jdn. fragen/bitten, etw. zu tun

chouette / chouette (fam.) [ʃwɛt]	klasse, super	C'était chouette!	Das war klasse!
Ça y est! [sajɛ]	Geschafft!		
une **semaine banalisée** [ynsəmɛnbanalize]	eine Projektwoche	Ça y est, la semaine banalisée est finie.	Geschafft, die Projektwoche ist vorbei.
une **heure de vie** [ynœrdəvi]	eine Aussprachestunde (in der Schule)		

🇫🇷 **Vis-à-vis**

Die **heures de vie de classe (HVC)** sind fester Bestandteil des französischen Schulsystems. In ca. zehn Unterrichtsstunden pro Jahr gibt der / die Klassenlehrer(in) den Schülerinnen und Schülern die Gelegenheit, sich zu Konflikten oder Problemen zu äußern bzw. sich darüber auszusprechen.

le **pied**! (fam.) [ləpje]	Geil! (ugs.)	C'était le pied! (fam.)	Das war voll geil! (ugs.)
mort / morte [mɔʀ / mɔʀt]	tot		
retravailler qc [ʀətʀavaje]	etw. be-/überarbeiten	retravailler qc sur l'ordi avec Photoshop	etw. mit Photoshop (Bildbearbeitungsprogramm) auf dem PC bearbeiten
offrir qc à qn [ɔfʀiʀ]	jdm. etw. schenken; hier: jdm. etw. anbieten		

❗ **offrir**: j'offre, tu offres, il / elle / on offre, nous offrons, vous offrez, ils / elles offrent; j'ai **offert**

le **karaté** [ləkaʀate]	Karate		
l'**astronomie** (f.) [lastʀɔnɔmi]	die Astronomie		
partout [paʀtu]	überall	Le soir, j'avais mal partout.	Am Abend tat mir alles weh.
une **étoile** [ynetwal]	ein Stern		
la **lune** [lalyn]	der Mond		
briller [bʀije]	scheinen		
A1 **avoir la pêche** (fam.) [avwaʀlapɛʃ]	topfit sein, gut drauf sein		
zarbi (fam.) [zaʀbi]	merkwürdig	Wenn Jugendliche in Frankreich miteinander sprechen, drehen sie Wörter gerne um, z. B. **zarbi** statt **bizarre**.
croire [kʀwaʀ]	glauben		

❗ **croire**: je crois, tu crois, il / elle / on croit, nous cro**y**ons, vous cro**y**ez, ils / elles croient; j'ai **cru**

cent-quatre-vingt-dix-neuf 199

Vocabulaire

kiffer qn/qc *(fam.)* [kife]	voll auf jdn./etw. abfahren, voll auf jdn./etw. stehen *(ugs.)*	
le chagrin d'amour [ləʃagʀɛ̃damuʀ]	Liebeskummer	**avoir un chagrin d'amour** Liebeskummer haben
sortir [sɔʀtiʀ]	*hier:* ausgehen	
ne … rien du tout [nəʀjɛ̃]	überhaupt nichts mehr	**Il ne faut rien faire du tout.** Man kann/Wir können überhaupt nichts mehr tun.
ne … personne [nəpɛʀsɔn]	niemand	**Il ne veut voir personne.** Er will niemanden sehen.
rire [ʀiʀ]	lachen	
! **rire**: je ris, tu ris, il/elle/on rit, nous rions, vous riez, ils/elles rient; j'ai ri		
le calme [ləkalm]	die Ruhe	Adjektiv: **calme/calme**
N'importe quoi! [nɛ̃pɔʀtəkwa]	Quatsch!	**Pas n'importe quoi!** Kein Quatsch!
Roméo et Juliette [ʀɔmeoeʒyljɛt]	Romeo und Julia	Liebespaar in der gleichnamigen Tragödie von William Shakespeare

Camélia Jordana [kameljaʒɔʀdana]	*frz. Sängerin*	
un titre [ɛ̃titʀ]	ein Titel	
le refrain [ləʀəfʀɛ̃]	der Refrain	
captivant/captivante [kaptivɑ̃/kaptivɑ̃t]	fesselnd	**un roman captivant** ein fesselnder Roman
ennuyeux/ennuyeuse [ɑ̃nɥijø/ɑ̃nɥijøz]	langweilig	**une chanson ennuyeuse** ein langweiliges Lied

Liste des mots

Liste des mots

Die *Liste des mots* enthält den Lernwortschatz aus den *Unités*. Wörter, die innerhalb von *Lire*-Aufgaben erschlossen werden sollen, grammatische Basiswörter wie z. B. die Personalpronomen *je, tu* … sowie Zahlen werden in der folgenden Liste nicht aufgeführt.
Die Fundstellen verweisen auf das erstmalige Vorkommen der Wörter wie z. B.:

une *affaire* I **3A**, 3

Band **1**, Unité **3**, Atelier **A**, Nummer **3**.

Weitere Abkürzungen:
DE = Einstiegsseite *Découvertes*;
A = Atelier A
B = Atelier B
C = Atelier C
P = Pratique
Grau gesetzte Wörter sind fakultativ und brauchen nicht gelernt zu werden.

A

à (Paris) [a] in, nach (Paris) I**2DE**
à propos de qc [apʀɔpodə] apropos, etw. betreffend, bezüglich einer Sache II**2A**, 1
A tout à l'heure! [atutalœʀ] bis gleich I**1**
A plus! [aplys] Bis später! I**5A**, 1
abandonner qc [abɑ̃dɔne] etw. aufgeben I**6B**
un **abricot** [ɛ̃nabʀiko] eine Aprikose II**4P**
acheter qc [aʃte] etw. kaufen II**4DE**
un **acteur**/une **actrice** [ɛ̃naktœʀ/ynaktʀis] ein Schauspieler/eine Schauspielerin II**1B**, 2
une **activité** [ynaktivite] eine Freizeitbeschäftigung I**5DE**
adorer qn/qc [adɔʀe] jdn./etw. sehr gern mögen I**7D**, 1
un **aéroport** [ɛ̃naeʀɔpɔʀ] ein Flughafen I**7C**, 2
une **affaire** [ynafɛʀ] eine Sache, eine Angelegenheit I**3A**, 3
une **affiche** [ynafiʃ] ein Plakat I**2A**, 3
l'**âge** (*m.*) [laʒ] das Alter I**3B**, 9
Tu as quel âge? [tyakɛlaʒ] Wie alt bist du? I**3B**, 9
Aïe! [aj] Aua! I**4DE**
de l'**ail** (*m.*) [dəlaj] Knoblauch II**4P**
aimer qn/qc [eme] jdn./etw. lieben, jdn./etw. mögen I**2B**, 2
j'aimerais mieux … [ʒɛmʀɛmjø] ich würde lieber … II**3A**, 8
l'**air** (*m.*) [lɛʀ] die Luft; das Aussehen II**1A**, 1
avoir l'air [avwaʀlɛʀ] aussehen II**1A**, 1
une **aire de repos** [ynɛʀdəʀəpo] ein Rastplatz (auf französischen Autobahnen) II**5A**, 3
un **album** [ɛ̃albɔm] ein Album; ein Musikalbum, eine CD II**5A**, 3
l'**allemand** (*m.*) [lalmɑ̃] Deutsch I**4DE**
allemand [almɑ̃] deutsch I**4**

aller [ale] gehen, fahren I**4A**, 3
aller vers qn [alevɛʀ] auf jdn. zugehen I**6B**, 1
aller faire qc [alefɛʀ] etw. tun werden I**5A**, 1
aller chercher qc [aleʃɛʀʃe] etw. (ab)holen II**4A**, 2
Allez-y! [alezi] Los!/Macht schon!/Auf geht's! II**1A**, 3
Allô? [alo] Hallo? *(am Telefon)* I**3A**, 3
alors [alɔʀ] nun, jetzt, dann I**2B**, 2
l'**alphabet** (*m.*) [lalfabɛ] das Alphabet I**0**, 5
un **ami**/une **amie** [ɛ̃nami/ynami] ein Freund/eine Freundin I**2A**, 3
l'**amitié** (*f.*) [lamitje] die Feundschaft I**6A**, 4
Amitiés. [amitje] Viele Grüße. I**10DE**
l'**amour** (*m.*) [lamuʀ] die Liebe II**6B**
un **an** [ɛ̃nɑ̃] ein Jahr II**1B**, 1
un **ananas** [ɛ̃nanana] eine Ananas II**4P**
anglais [ɑ̃glɛ] Englisch I**4**
un **animal**/des **animaux** [ɛ̃nanimal/dezanimo] ein Tier/Tiere II**5A**, 3
une **année** [ynane] ein Jahr I**3B**, 7
un **anniversaire** [ɛ̃nanivɛʀsɛʀ] ein Geburtstag I**3DE**
une **annonce** [ynanɔ̃s] eine Anzeige, eine Annonce II**7B**, 9
un **anorak** [ɛ̃nanɔʀak] ein Anorak I**6B**, 8
août (*m.*) [ut] August I**3B**, 7
un **apéritif** [ɛ̃napeʀitif] ein Aperitif II**4A**, 2
un **appartement** [ɛ̃napaʀtəmɑ̃] eine Wohnung I**5A**, 3
appeler qn [aple] jdn. (an)rufen II**2B**, 2
je m'appelle [ʒəmapɛl] ich heiße I**0**, 2
il/elle s'appelle [il/ɛlsapɛl] er/sie heißt I**0**, 3
l'**applaudissement** (*m.*) [laplodismɑ̃] der Beifall, der Applaus II**3B**, 1
apporter qc à qn [apɔʀte] jdm. etw. (mit) bringen I**6C**
apprendre qc [apʀɑ̃dʀ] etw. lernen, etw. erfahren I**10DE**
après [apʀɛ] nach; danach I**4A**, 1
l'**après-midi** (*m.f.*) [lapʀɛmidi] der Nachmittag I**5A**, 6
à propos [apʀɔpo] a propos, übrigens I**3A**, 3
un **aquarium** [ɛ̃nakwaʀjɔm] ein Aquarium I**10DE**
un **arbre** [ɛ̃naʀbʀ] ein Baum II**5A**, 3
une **arche** [ynaʀʃ] ein Bogen I**7DE**
l'**argent** (*m.*) [laʀʒɑ̃] das Geld II**6B**
l'argent *(m. de poche)* [laʀʒɑ̃dəpɔʃ] das Taschengeld II**7B**, 3
un **argument** [ɛ̃naʀgymɑ̃] ein Argument II**7B**, 8
arrêter qc [aʀete] etw. anhalten, beenden; mit etw. aufhören II**3B**, 1
l'**arrivée** (*f.*) [laʀive] die Ankunft I**6A**, 2
arriver [aʀive] (an)kommen I**2DE**
l'**art** (*m.*) [laʀ] die Kunst I**7DE**
les arts plastiques *(f.)* [lezaʀplastik] Kunst I**4P**
les arts du cirque *(m.)* [lezaʀdysiʀk] die Zirkuskünste II**7DE**
un **article** [ɛ̃naʀtikl] ein Artikel II**3B**, 4
assez [ase] genug, ziemlich I**6B**, 1

assez (de) [ase(də)] genug, genügend (von) II**7B**, 8
une **assiette** [ynasjɛt] ein Teller II**4B**, 1
un **assistant**/une **assistante** [ɛ̃nasistɑ̃/ynasistɑ̃t] ein Assistent/eine Assistentin I**7DE**
l'**astronomie** (*f.*) [lastʀɔnɔmi] die Astronomie II**8DE**
un **atelier** [ɛ̃natəlje] ein Workshop; eine Werkstatt II**6C**
l'**athlétisme** (*m.*) [latletism] die Leichtathletik I**5A**, 3
attendre qn [atɑ̃dʀ] auf jdn. warten, jdn. erwarten II**2B**, 2
Attention! [atɑ̃sjɔ̃] Achtung!, Vorsicht! I**1A**, 1
une **aubergine** [ynobɛʀʒin] eine Aubergine II**4P**
un **auditeur**/une **auditrice** [ɛ̃noditœʀ/ynoditʀis] ein Hörer/eine Hörerin I**7E**, 1
aujourd'hui [oʒuʀdɥi] heute I**3A**, 3
aussi [osi] auch I**1B**, 1
aussi … que [osikə] genauso … wie II**7A**, 1
l'**automne** (*m.*) [lotɔn] der Herbst II**5B**, 4
une **autoroute** [ynotoʀut] eine Autobahn II**5A**, 3
autre/**autre** [otʀ] anderer/andere/anderes I**6B**, 1
les autres [lezotʀ] die anderen I**4B**, 4
avancer [avɑ̃se] vorankommen II**3B**, 1
avant [avɑ̃] vor I**6B**, 1
avec [avɛk] mit I**2DE**
une **avenue** [ynavəny] eine Straße I**5DE**
un **avion** [ɛ̃navjɔ̃] ein Flugzeug I**7C**, 3
un **avis** [ɛ̃navi] eine Meinung II**6A**
à mon avis [amɔ̃navi] meiner Meinung nach II**7B**, 8
Je suis de ton avis. [ʒəsɥidətɔ̃navi] Ich bin deiner Meinung. II**7B**, 8
un **avocat** [ɛ̃navɔka] eine Avokado II**4P**
avoir [avwaʀ] haben I**3B**, 1
avoir envie de faire qc [avwaʀɑ̃vi] Lust haben, etw. zu tun I**3B**, 1
avoir faim [avwaʀfɛ̃] Hunger haben I**3B**, 1
avoir mal [avwaʀmal] Schmerzen haben I**5B**, 3
avoir la pêche *(fam.)* [avwaʀlapɛʃ] topfit sein, gut drauf sein II**8A**
avoir raison [avwaʀʀɛzɔ̃] recht haben I**4B**, 4
avoir peur [avwaʀpœʀ] Angst haben I**6A**, 4
avoir le temps de faire qc [avwaʀlətɑ̃] Zeit haben, etw. zu tun II**4B**, 2
avril (*m.*) [avʀil] April I**3B**, 7

B

un **bal** [ɛ̃bal] ein Ball I**6B**
un **baladeur mp3** [ɛ̃baladœʀɛmpetʀwa] ein MP3-Player II**5A**, 3
une **balle** [ynbal] ein (kleiner) Ball II**7A**, 1
un **ballon** [ɛ̃balɔ̃] ein Ball II**5B**, 4
une **banane** [ynbanan] eine Banane II**4P**
le **baptême** [ləbatɛm] die Taufe I**3P**
le **basket(ball)** [ləbaskɛtbɔl] Basketball I**5**

Liste des mots

une **basket** [ynbaskɛt] ein Turnschuh I6B, 8
un **bateau**/des **bateaux** [ɛ̃bato/debato] ein Boot, ein Schiff/Boote, Schiffe II5A, 1
   un bateau à moteur [ɛ̃batoamɔtœʀ] ein Motorboot II5P
une **BD** [ynbede] ein Comic I2DE
beau/bel/belle [bo/bɛl/bɛl] schön I6B
   Il fait beau. [ilfɛbo] Es ist schönes Wetter./Das Wetter ist schön. I7B, 1
beaucoup [boku] viel I5B, 2
   beaucoup de [bokudə] viel(e) I7B, 1
belge/belge [bɛlʒ] belgisch I6C
un **bermuda** [ɛ̃bɛʀmyda] Bermudashorts I6P
bête/bête [bɛt/bɛt] dumm, blöd I1B, 1
le **beurre** [ləbœʀ] die Butter II4A, 2
une **bibliothèque** [ynbiblijɔtɛk] eine Bücherei I5P
bien (adv.) [bjɛ̃] gut (Adv.) I0, 4
   Ça va bien. [savabjɛ̃] Es geht (mir) gut. I0, 4
bien sûr [bjɛ̃syʀ] Sicherlich!, Na klar!, Selbstverständlich! I3A, 1
bientôt [bjɛ̃to] bald I3A, 1
Bienvenue! [bjɛ̃vny] Willkommen! I0, 1
un **biologiste**/une **biologiste** [ɛ̃bjɔlɔʒist/ynbjɔlɔʒist] ein Biologe/eine Biologin II7B, 3
une **bise** (fam.) [ynbiz] ein Kuss, ein Küsschen I7B, 4
un **bisou** [ɛ̃bizu] ein Küsschen I7B, 1
bizarre [bizaʀ] komisch, merkwürdig I1B, 1
une **blague** [ynblag] ein Scherz, ein Streich II1A, 1
blanc/blanche [blɑ̃/blɑ̃ʃ] weiß I6B, 6
bleu/bleue [blø] blau I6B, 6
un **blog** [ɛ̃blɔg] ein Blog I6A, 4
blond/blonde [blɔ̃/blɔ̃d] blond I1B, 7
Bof! [bɔf] Na ja., Ach. I1B, 7
boire qc [bwaʀ] etw. trinken II4A, 2
une **boisson** [ynbwasɔ̃] ein Getränk II4A, 2
bon/bonne [bɔ̃/bɔn] gut I6A, 2
   Bonne journée! [bɔnʒuʀne] Einen schönen Tag! I5C, 1
au bord de qc [obɔʀdə] am Ufer, am Rande von etw. I10DE
un **bouchon** [ɛ̃buʃɔ̃] ein Verkehrsstau II5A, 3
bouger [buʒe] sich bewegen II7B, 1
une **bougie** [ynbuʒi] eine Kerze I3A, 3
une **boulangerie** [ynbulɑ̃ʒʀi] eine Bäckerei I5B, 1
une **boulette** [ynbulɛt] ein Kügelchen II1B, 2
une **bouteille** [ynbutɛj] eine Flasche II4A, 2
une **boutique** [ynbutik] eine Boutique, ein Ladengeschäft I7B, 2
un **bras** [ɛ̃bʀa] ein Arm II2A, 1
briller [bʀije] scheinen II8DE
le **bruit** [ləbʀɥi] das Geräusch; der Lärm II2B, 4
un **bulletin (scolaire)** [ɛ̃byltɛ̃(skɔlɛʀ)] ein (Schul-)Zeugnis II3A, 2
un **bureau** [ɛ̃byʀo] ein Büro; ein Schreibtisch; Arbeitszimmer I3A, 3
un **bus** [ɛ̃bys] ein Bus I7C, 1
une **buvette** [ynbyvɛt] ein Getränkestand II7B, 3

C

ça [sa] das I2B, 2
   ça change (de qc) [saʃɑ̃ʒ] es ist mal etwas anderes (als …) I6B, 6
   Ça y est! [sajɛ] Geschafft! II8DE
un **cadeau** [ɛ̃kado] ein Geschenk I3A, 1
un **café** [ɛ̃kafe] ein Café I5B, 1
le **café** [ləkafe] der Kaffee II4B, 6
un **cahier** [ɛ̃kaje] ein Heft I2A
   un cahier de textes [ɛ̃kajedətɛkst] ein Hausaufgabenheft II3DE
le **calme** [ləkalm] die Ruhe II8A
la **campagne** [lakɑ̃paɲ] das Land II7B, 3
un **canapé** [ɛ̃kanape] ein Sofa II5A, 6
un **canari** [ɛ̃kanaʀi] ein Kanarienvogel I1P
une **cantine** [ynkɑ̃tin] eine Kantine I4DE
la **capitale** [lakapital] die Hauptstadt I7DE
captivant/captivante [kaptivɑ̃/kaptivɑ̃t] fesselnd II8P
car [kaʀ] denn II6C
un **carnet** [ɛ̃kaʀnɛ] ein Heft II3DE
une **carotte** [ynkaʀɔt] eine Karotte, eine Möhre II4A, 2
un **carrefour** [ɛ̃kaʀfuʀ] eine Kreuzung I5B, 1
un **cartable** [ɛ̃kaʀtabl] eine Schultasche I1
une **carte** [ynkaʀt] eine Karte I3A, 10
   une carte postale [ynkaʀtpɔstal] eine Postkarte, eine Ansichtskarte I7B, 1
un **carton** [ɛ̃kaʀtɔ̃] ein Karton I2A, 3
une **casquette** [ynkaskɛt] eine Kappe, eine Schirmmütze I6B, 1
les **catacombes** (f.) [lekatakɔ̃b] die Katakomben II2DE
une **catastrophe** [ynkatastʀɔf] eine Katastrophe I2A, 3
un **CD**/des **CD** [ɛ̃sede/desede] eine CD/CDs I3A, 1
un **CDI** [ɛ̃sedei] ein CDI I4DE
ce/c' [sə] (z. B. in „c'est" = das ist …) I0, 3
   ce soir [səswaʀ] heute Abend I5A, 1
ce sont [səsɔ̃] das sind I3A, 3
ce/cet/cette/ces [sə/sɛt/sɛt/se] dieser/diese/dieses (Demonstrativbegleiter) II1B, 1
une **ceinture** [ynsɛ̃tyʀ] ein Gürtel I6A, 4
un **centime** [ɛ̃sɑ̃tim] ein Cent I5C, 1
le **centre-ville** [ləsɑ̃tʀəvil] das Stadtzentrum I7A, 1
C'est [sɛ] Das ist … I0, 3
   C'est à qui? [sɛtaki] Wer ist an der Reihe? II4A, 2
   C'est ça? [sɛsa] Stimmt's? I3B, 1
le **chagrin d'amour** [ləʃagʀɛ̃damuʀ] Liebeskummer II8A
une **chaise** [ynʃɛz] ein Stuhl II3DE
une **chambre** [ynʃɑ̃bʀ] ein (Schlaf)Zimmer I3A, 3
   une chambre d'enfant [ynʃɑ̃bʀdɑ̃fɑ̃] ein Kinderzimmer I5
un **champignon** [ɛ̃ʃɑ̃piɲɔ̃] ein Champignon II4P
un **champion**/une **championne** [ɛ̃ʃɑ̃pjɔ̃/ynʃɑ̃pjɔn] ein Champion, ein Meister/eine Meisterin I5B, 3

la **chance** [laʃɑ̃s] das Glück; die Chance II1A, 1
changer [ʃɑ̃ʒe] wechseln, ändern I6B, 6
   changer de qc [ʃɑ̃ʒe] etw. wechseln II1A, 1
une **chanson** [ynʃɑ̃sɔ̃] ein Lied I0, 4
chanter [ʃɑ̃te] singen I3B, 1
un **chanteur**/une **chanteuse** [ɛ̃ʃɑ̃tœʀ/ynʃɑ̃tøz] ein Sänger/eine Sängerin I6A, 4
un **chapeau** [ɛ̃ʃapo] ein Hut I6A, 4
chaque [ʃak] jeder/jede/jedes + Nomen II3DE
un **chat** [ɛ̃ʃa] eine Katze I1B, 1
châtain (inv.) [ʃatɛ̃] kastanienbraun II1B, 7
chatter avec qn [tʃate] mit jdm. (im Internet) chatten II2A, 1
chaud/chaude [ʃo/ʃod] warm/heiß I5C, 1
   Il fait chaud. [ilfɛʃo] Es ist warm/heiß. I7B, 1
un **chauffeur** [ɛ̃ʃofœʀ] ein Fahrer I5A, 1
une **chaussure** [ynʃosyʀ] ein Schuh I6B, 8
une **chemise** [ynʃəmiz] ein Hemd I6B, 8
cher/chère [ʃɛʀ] teuer I7D, 1
Cher …/Chère … [ʃɛʀ] Lieber …/Liebe … I6B, 6
chercher qn/qc [ʃɛʀʃe] jdn/etw. suchen I2DE
un **cheval**/des **chevaux** [ɛ̃ʃəval/deʃəvo] ein Pferd/Pferde II7B, 3
un **cheveu**/des **cheveux** [ɛ̃ʃ(ə)vø/deʃ(ə)vø] ein Haar/Haare II1B, 7
chez qn [ʃe] bei jdm. I4A, 2
un **chien** [ɛ̃ʃjɛ̃] ein Hund I1B, 1
des **chips** (m.) [deʃips] Chips I6P
le **chocolat** [ləʃɔkɔla] die Schokolade II4A, 1
choisir qc [ʃwaziʀ] etw. wählen, etw. aussuchen II7A, 1
une **chose** [ynʃoz] eine Sache/ein Ding I7D, 1
   quelque chose [kɛlkəʃoz] etwas I4B, 4
chouette/chouette (fam.) [ʃwɛt] klasse, super II8DE
un **chou-fleur** [ɛ̃ʃuflœʀ] ein Blumenkohl II4P
Chut! [ʃyt] Pst! I2A, 3
le **ciel** [ləsjɛl] der Himmel I6B, 6
un **cinéma** [ɛ̃sinema] ein Kino II1B, 2
la **cinquième (A)**/ la **5e(A)** [lasɛ̃kjɛm] die Fünfte, die Fünf A I4DE
le **cirque** [ləsiʀk] der Zirkus II7DE
un **citron** [ɛ̃sitʀɔ̃] eine Zitrone II4DE
classique [klasik] klassisch I2B, 7
une **clé** [ynkle] ein Schlüssel I4A, 3
   une clé USB [ynkleyɛsbe] ein USB-Stick I4A, 3
un **client**/une **cliente** [ɛ̃klijɑ̃/ynklijɑ̃t] ein Kunde/eine Kundin I5C, 1
cliquer [klike] klicken I4B, 4
un **club sportif** [ɛ̃klœbspɔʀtif] ein Sportverein I5P
un **coca** [ɛ̃kɔka] eine Cola I5C, 1
un **cochon** [ɛ̃kɔʃɔ̃] ein Schwein I1P
   un cochon d'Inde [ɛ̃kɔʃɔ̃dɛ̃d] ein Meerschweinchen I1P
un **coiffeur**/une **coiffeuse** [ɛ̃kwafœʀ/ynkwaføz] ein Frisör, eine Frisörin I5P
un **coin** [ɛ̃kwɛ̃] eine Ecke II6DE

Liste des mots

la **colère** [lakɔlɛʀ] der Zorn, die Wut **II1A**, 1
un **collège** [kɔlɛʒ] ein „Collège" **I4DE**
une **colo(nie de vacances)** [ynkɔlɔnid(ə)vakɑ̃s] ein Ferienlager **II0DE**
un **combat** [kɔ̃ba] ein Kampf **I5B**, 3
combien (de) [kɔ̃bjɛ̃] wie viel **I5C**, 1
  Ça coûte combien? [sakutkɔ̃bjɛ̃] Wieviel kostet das? **I5C**, 1
une **combinaison** [ynkɔ̃binɛzɔ̃] eine Kombination; ein Overall **II5B**, 1
une **comédie** [ynkɔmedi] eine Komödie **II6D**
comme [kɔm] als **I5A**, 6; wie **I4B**, 4; weil **II2P**
  comme ça [kɔmsa] so, auf diese Weise **I4B**, 4
commencer [kɔmɑ̃se] anfangen, beginnen **I4A**, 1
comment? [kɔmɑ̃] wie? **I1A**, 1
  Comment allez-vous? [kɔmɑ̃talevu] Wie geht es euch/Ihnen? **I7B**, 4
compliqué/compliquée [kɔ̃plike] kompliziert, schwierig **II3A**; schwierig **II4DE**
se compliquer la vie [səkɔ̃plikelavi] sich das Leben (unnötig) schwer machen **II3A**, 1
comprendre qc [kɔ̃pʀɑ̃dʀ] etw. verstehen **II1A**, 7
  Je n'ai pas compris. [ʒənepakɔ̃pʀi] Ich habe nicht verstanden. **II1A**, 1
un **concert** [kɔ̃sɛʀ] ein Konzert **I6DE**
à condition que [akɔ̃disjɔ̃kə] vorausgesetzt, dass **II3A**, 1
connaître qn/qc [kɔnɛtʀ] jdn./etw. kennen **II1A**, 1
connu/connue [kɔny] bekannt **II6B**
le **contact** [ləkɔ̃takt] der Kontakt **II6A**
content/contente [kɔ̃tɑ̃/kɔ̃tɑ̃t] zufrieden **I6A**, 4
une **copie** [ynkɔpi] eine Kopie **I4B**, 4
une **corde** [ynkɔʀd] ein Seil; eine Leine **II7A**, 1
  la corde molle [lakɔʀdəmɔl] die Slackline **II7A**, 1
une **côte** [ynkot] eine Küste **II5DE**
un **côté** [ɛ̃kote] eine Seite **II7A**, 1
  à côté de qn/qc [akotedə] neben jdm./etw. **II1A**, 1
coucher [kuʃe] schlafen **I5A**, 3
Coucou! [kuku] Kuckuck!/Hallo! **II0DE**
une **couleur** [ynkulœʀ] eine Farbe **I6B**, 6
un **couloir** [ɛ̃kulwaʀ] ein Gang, ein Flur **II2DE**
la **cour** [lynkuʀ] der (Schul-)Hof **I4DE**
le **courage** [ləkuʀaʒ] der Mut **II6DE**
courageux/courageuse [kuʀaʒø/kuʀaʒøz] mutig **II2B**
un **courriel** [ɛ̃kuʀjɛl] eine E-Mail **I6B**, 6
le **courrier** [ləkuʀje] die Post **II0DE**
un **cours** [ɛ̃kuʀ] eine Unterrichtsstunde **I4DE**

une **course** [ynkuʀs] ein Lauf, ein Rennen **II3A**, 2
faire les courses (f.) (pl.) [fɛʀlekuʀs] einkaufen **I4DE**
court/courte [kuʀ/kuʀt] kurz **I6A**, 4; **II6DE**
un **cousin/une cousine** [ɛ̃kuzɛ̃/ynkuzin] ein Cousin/eine Cousine **I3A**, 9
un **couteau** [ɛ̃kuto] ein Messer **II4B**, 1
coûter qc [kute] etw. kosten **I5C**, 1
  Ça coûte combien? [sakutkɔ̃bjɛ̃] Wieviel kostet das? **I5C**, 1
un **crabe** [ɛ̃kʀab] eine Krabbe **II0DE**
un **crâne** [ɛ̃kʀan] ein Schädel, ein Totenkopf **II2A**, 1
un **crayon** [ɛ̃kʀɛjɔ̃] ein Bleistift **I2A**, 1
une **crêpe** [ynkʀɛp] eine Crêpe **I5DE**
crier [kʀije] schreien **II3B**, 1
croire [kʀwaʀ] glauben **II8A**
une **cuillère** [ynkɥijɛʀ] ein Löffel **II4B**, 1
une **cuisine** [ynkɥizin] eine Küche **I5A**, 3
  faire la cuisine [fɛʀlakɥizin] kochen, Essen zubereiten **II4DE**
curieux/curieuse [kyʀjø/kyʀjøz] neugierig; merkwürdig **II2B**, 1
le **cyclisme** [ləsiklism] Radfahren **I5**

D

d'abord [dabɔʀ] zuerst **I3A**, 1
d'accord [dakɔʀ] einverstanden, o.k. **I2B**, 2
une **dame** [yndam] eine Dame, eine Frau **I1B**, 2
dangereux/dangereuse [dɑ̃ʒʀø/dɑ̃ʒʀøz] gefährlich **II2B**, 1
dans [dɑ̃] in **I0**, 6
la **danse** [ladɑ̃s] der Tanz, das Tanzen **I5A**, 5
danser [dɑ̃se] tanzen **I6DE**
dans la rue [dɑ̃laʀy] auf der Straße **I2A**, 3
de/d' [də] aus; von **I1B**, 1
  de … à [dəa] von … bis **I4A**, 2
debout [d(ə)bu] stehend, im Stehen **II5B**, 1
un **débutant/une débutante** [ɛ̃debytɑ̃/yndebytɑ̃t] ein Anfänger, eine Anfängerin **II6B**
décembre (m.) [desɑ̃bʀ] Dezember **I3B**, 1
décrire qn/qc [dekʀiʀ] jdn./etw. beschreiben **II1B**, 7
un **défilé** [ɛ̃defile] ein Umzug, eine Parade **I6B**, 1
un **degré** [ɛ̃dəgʀe] ein Grad **I7B**, 2
déjà [deʒa] schon **I5A**, 3
demain [dəmɛ̃] morgen **I3A**, 3
demander (qc) à qn [dəmɑ̃de] jdn. (nach etw.) fragen; jdn. (um etw.) bitten **I6B**, 1
demi/demie [dəmi] halb **I4A**, 1
  une demi-sœur [yndə(ə)misœʀ] eine Halbschwester **I3P**
  un demi-frère [ɛ̃d(ə)mifʀɛʀ] ein Halbbruder **I3P**
le **départ** [ləˈdepaʀ] die Abfahrt, der Aufbruch **II5A**
depuis [dəpɥi] seit **II2A**, 1
dernier/dernière [dɛʀnje/dɛʀnjɛʀ] letzter/letzte/letztes **I6A**, 4
derrière [dɛʀjɛʀ] hinter **I3A**, 2

descendre [desɑ̃dʀ] hinuntergehen; aussteigen **II2B**, 2
désirer qc [deziʀe] etw. wünschen **I7D**, 2
(je suis) **désolé/désolée** [dezɔle] es tut mir leid **I7D**, 2
un **dessert** [ɛ̃desɛʀ] ein Nachtisch **II4A**, 1
un **dessin** [ɛ̃desɛ̃] eine Zeichnung **II2B**, 2
  un dessin animé [ɛ̃desɛ̃anime] ein Zeichentrickfilm **II6D**
un **dessinateur/une dessinatrice** [ɛ̃desinatœʀ/yndesinatʀis] ein Zeichner/eine Zeichnerin **II2B**, 2
dessus [d(ə)sy] darauf **II5B**, 1
détester qn/qc [detɛste] jdn./etw. verabscheuen **I2B**, 2
en deux mille [ɑ̃dømil] im Jahr 2000 **II1B**, 2
devant [dəvɑ̃] vor (örtlich) **I2B**, 2
une **devinette** [yndəvinɛt] ein Rätsel **II1B**, 7
devoir faire qc [dəvwaʀfɛʀ] etw. tun müssen **II6D**
les **devoirs** (m., pl.) [ledəvwaʀ] die (Haus-)Aufgaben **I4B**, 4
un **diabolo menthe** [ɛ̃djabɔlomɑ̃t] ein Diabolo Menthe **I5C**, 1
différent/différente [difeʀɑ̃/difeʀɑ̃t] anderer, andere **II6B**; anders **II6C**
difficile/diificile [difisil/difisil] schwierig **II4DE**
dimanche (m.) [dimɑ̃ʃ] Sonntag, am Sonntag **I4**
dîner [dine] zu Abend essen **II4A**, 1
dire qc (à qn) [diʀ] (jdm.) etw. sagen **II5A**, 6
  il dit/elle dit [ildi/ɛldi] er sagt/sie sagt **I2A**, 3
  Ça ne me dit rien! [sanəmədiʀjɛ̃] Das sagt mir nichts./Ich habe keine Lust darauf. **II3A**, 2
une **discussion** [yndiskysjɔ̃] eine Diskussion, eine Unterhaltung, ein Gespräch **II2A**, 1
discuter (de qc) [diskyte] (über etw.) diskutieren, sich (über etw.) unterhalten **I4A**, 3
une **dispute** [yndispyt] ein Streit **II3B**, 1
le **divorce** [lədivɔʀs] die Scheidung **II2B**, 2
un **DJ** [ɛ̃didʒe] ein DJ **II6D**
un **doigt** [ɛ̃dwa] ein Finger **II4A**, 2
dommage! [dɔmaʒ] schade **I3A**, 3
donner qc à qn [dɔne] jdm. etw. geben **I6B**, 1
  donner sur qc [dɔnesyʀ] zu etw. hin liegen, gehen **II5A**, 6
dormir [dɔʀmiʀ] schlafen **II6A**
le **dos** [lədo] der Rücken **II5B**, 1
doux/douce [du/dus] süß; sanft **II3A**, 1
un **drapeau** [ɛ̃dʀapo] eine Fahne, eine Flagge **II3P**; **II5B**, 1
le **droit** [lədʀwa] das Recht **II6A**
  avoir le droit de faire qc [avwaʀlədʀwa] das Recht haben, etw. zu tun; etw. tun dürfen **II6A**
à droite [adʀwat] (nach) rechts **I5B**, 1
drôle/drôle [dʀol] lustig **II1A**, 1
drôlement (fam.) [dʀolmɑ̃] ganz schön **I5C**, 1
une **dune** [yndyn] eine Düne **II5DE**

Liste des mots

un **DVD**/des **DVD** [ɛ̃devede/dedevede] eine DVD/DVDs **I3A,** 1

E

l'**eau** *(f.)* [lo] das Wasser **I5C,** 1
  une eau minérale [ynomineʀal] ein Mineralwasser **I5C,** 1
une **école** [ynekɔl] eine Schule **I2A,** 3
  une école de musique [ynekɔldəmyzik] eine Musikschule **I5P**
écologique [ekɔlɔʒik] ökologisch, umweltfreundlich **I7C,** 2
écouter qn/qc [ekute] jdm. zuhören, etw. anhören **I2A,** 2
écrire qc à qn [ekʀiʀ] jdm. etw. schreiben **I7B,** 1
une **édition** [ynedisjɔ̃] eine Ausgabe **I6DE**; eine Veröffentlichung **II7B,** 3
l'**éducation musicale** *(f.)* [ledykasjɔ̃myzikal] Musik **I4P**
un **égout** [ɛ̃egu] ein Abwasserkanal **II2DE**
un **élevage** [ɛ̃elvaʒ] eine Zucht **II7B,** 3
un **élève**/une **élève** [ɛ̃nelɛv/ynelɛv] ein Schüler/eine Schülerin **I4DE**
embrasser qn [ɑ̃bʀase] jdn. küssen, jdn. umarmen **II0DE**
l'**emploi** *(m.)* **du temps** [lɑ̃plwadytɑ̃] der Stundenplan **I4B,** 1
emporter qc [ɑ̃pɔʀte] etw. mitnehmen, wegtragen **II5B,** 1
en [ɑ̃] *(verschiedene Bedeutungen)* **I6B,** 1
  en Allemagne [ɑ̃nalmaɲ] in Deutschland **I6B,** 2
  en deux mille [ɑ̃dømil] im Jahr 2000 **II1B,** 2
  en France [ɑ̃fʀɑ̃s] in Frankreich **I3A,** 3
  en 4ᵉ [ɑ̃katʀijɛm] in der vierten Klasse **II1DE**
encore [ɑ̃kɔʀ] noch **I3B,** 1
une **endive** [ynɑ̃div] eine Endivie **II4A,** 1
un **endroit** [ɛ̃nɑ̃dʀwa] ein Ort, eine Stelle **I7DE**
énerver qn [enɛʀve] jdn. aufregen, jdn. nerven **II1A,** 6
  Ça m'énerve! [samenɛʀv] Das regt mich auf! **II1A,** 6
un **enfant** [ɛ̃nɑ̃fɑ̃] ein Kind **I3A,** 9
enfin [ɑ̃fɛ̃] endlich **I6A,** 4
ennuyeux/**ennuyeuse** [ɑ̃nɥijø/ɑ̃nɥijøz] langweilig **II8P**
en plus [ɑ̃plys] dazu, zusätzlich **I2A,** 3
ensemble [ɑ̃sɑ̃bl] gemeinsam, zusammen **I3A,** 1
ensuite [ɑ̃sɥit] dann, danach **II2P**
entendre qn/qc [ɑ̃tɑ̃dʀ] jdn./etw. hören **II2B,** 2
entre [ɑ̃tʀ] zwischen **I6B,** 1
une **entrée** [ynɑ̃tʀe] ein Eingang **I5A,** 1
entrer [ɑ̃tʀe] eintreten, hereinkommen **I2A,** 2
avoir envie de faire qc [avwaʀɑ̃vi] Lust haben, etw. zu tun **I3B,** 1
envoyer qc à qn [ɑ̃vwaje] jdm. etw. schicken **II5A,** 3

l'**E.P.S.** (Education physique et sportive) *(f.)* [løpɛɛs] Sport **I4**; Sport *(Schulfach)* **II1A,** 1
l'**équilibre** *(m.)* [lekilibʀ] das Gleichgewicht **II7A,** 1
une **équipe** [ynekip] eine Mannschaft, ein Team **II6DE**
l'**équitation** *(f.)* [lekitasjɔ̃] Reiten **I5**
une **erreur** [ynɛʀœʀ] ein Irrtum **II5A,** 3
un **escalier** [ɛ̃nɛskalje] eine Treppe **II2DE**
l'**escrime** *(f.)* [lɛskʀim] das Fechten **II7B,** 3
l'**espagnol** *(m.)* [ɛspaɲɔl] Spanisch **II1A,** 1
espérer [ɛspeʀe] hoffen **II4B,** 2
essayer qc [eseje] etw. versuchen, ausprobieren; anprobieren **II5B,** 1
est-ce que [ɛskə] *Frageformel* **I5B,** 3
et [e] und **I1A,** 1
une **étagère** [ynetaʒɛʀ] ein Regal **I3A,** 2
l'**été** *(m.)* [lete] der Sommer **II5B,** 4
une **étoile** [ynetwal] ein Stern **II8DE**
être [ɛtʀ] sein **I2B,** 2
  être en retard [ɛtʀɑ̃ʀətaʀ] zu spät kommen **I4DE**
  Il/Elle est à qui? [ilɛtaki/ɛlɛtaki] Wem gehört er/sie/es? **I4A,** 3
  être en colère [ɛtʀɑ̃kɔlɛʀ] wütend sein **II1A,** 1
euh … [ø] äh … **I2A,** 3
un **euro**/des **euros** [ɛ̃nøʀo/dezøʀo] ein Euro/Euros **I5C,** 1
Excusez-moi. [ɛkskyzemwa] Entschuldigen Sie./Entschuldigung! **I4A,** 3
un **exemple** [ɛ̃nɛgzɑ̃pl] ein Beispiel **I7D,** 1
  par exemple [paʀɛgzɑ̃pl] zum Beispiel **I7D,** 1
un **exercice** [ɛ̃nɛgzɛʀsis] eine Übung **I4B,** 4
expliquer qc (à qn) [ɛksplike] (jdm.) etw. erklären **II2B,** 2
un **exposé** [ɛ̃nɛkspoze] ein Referat **II3A,** 2
une **exposition** [ynɛkspozisjɔ̃] eine Ausstellung **I7DE**

F

facile [fasil] leicht **II7A,** 1
un **facteur**/une **factrice** [ɛ̃faktœʀ/ynfaktʀis] ein Briefträger, eine Briefträgerin **I6C**
la **faim** [lafɛ̃] der Hunger **I3B,** 1
faire qc [fɛʀ] etw. machen **I4B,** 4
  faire la fête [fɛʀlafɛt] feiern **I6DE**
  Il fait beau. [ilfɛbo] Es ist schönes Wetter./Das Wetter ist schön. **I7B,** 1
  Il fait chaud. [ilfɛʃo] Es ist warm/heiß. **I7B,** 1
  Que fait Léo? [kəfɛleo] Was macht Léo? **I2DE**
  faire mal [fɛʀmal] weh tun **I5B,** 3
  Il fait froid. [ilfɛfʀwa] Es ist kalt. **I7B,** 2
  Il fait mauvais. [ilfɛmovɛ] Es ist schlechtes Wetter. **I7B,** 2
  faire les courses *(f.) (pl.)* [fɛʀlekuʀs] einkaufen **II4DE**
  faire la cuisine [fɛʀlakɥizin] kochen, Essen zubereiten **II4DE**
  Ne t'en fais pas. *(fam.)* [nətɑ̃fɛpa] Mach dir nichts draus. **II7A,** 4

  faire sa toilette [fɛʀsatwalɛt] sich waschen **I5A,** 3
  faire le lit [fɛʀləli] das Bett machen **I6A,** 2
  il faut faire qc [ilfofɛʀ] man muss etw. tun **II4A,** 2
une **famille** [ynfamij] eine Familie **I3A,** 8
fantastique [fɑ̃tastik] fantastisch, toll **I1B,** 4
la **farine** [lafaʀin] das Mehl **II4DE**
fatigué/**fatiguée** [fatige] müde **I7C,** 1
il faut qc [ilfo] man braucht etw. **II4A,** 1
féliciter qn [felisite] jdn. beglückwünschen, jdm. gratulieren **II3B,** 4
une **femme** [ynfam] eine Frau **I1B,** 7
une **fenêtre** [ynfənɛtʀ] ein Fenster **II5A,** 6
une **ferme** [ynfɛʀm] ein Bauernhof **II7B,** 3
fermer qc [fɛʀme] etw. schließen **II2A,** 1
un **festival** [fɛstival] ein Festival **II6DE**
une **fête** [ynfɛt] ein Fest **II6DE**; eine Party **II7A,** 1
  la fête des mères [lafɛtdemɛʀ] Muttertag **I3P**
  la fête du travail [lafɛtdytʀavaj] Tag der Arbeit (1. Mai) **I3P**
  une fête nationale [ynfɛtnasjɔnal] ein Nationalfeiertag **I3P**; **II6DE**
  faire la fête [fɛʀlafɛt] feiern **II6DE**
fêter [fɛte] feiern **I6A,** 4
le **feu** [ləfø] die Ampel **I5B,** 2
un **feu d'artifice** [ɛ̃fødaʀtifis] ein Feuerwerk **II6DE**
une **feuille** [ynfœj] ein Blatt **I2P**
février *(m.)* [fevʀije] Februar **I3B,** 7
une **fiche** [ynfiʃ] Blatt (Papier); *hier:* ein Steckbrief **II1A,** 1
une **figure** [ynfigyʀ] eine Figur *(im Sport)* **II7A,** 1
une **fille** [ynfij] ein Mädchen, eine Tochter **I1B,** 1
un **film** [ɛ̃film] ein Film **I5A,** 3
  un film d'horreur [ɛ̃filmdɔʀœʀ] ein Horrorfilm **II6D**
  un film policier [ɛ̃filmpɔlisje] ein Kriminalfilm, ein Krimi **II6D**
un **fils** [ɛ̃fis] ein Sohn **I3A,** 9
la **fin** [lafɛ̃] das Ende, der Schluss **I4B,** 5
finalement [finalmɑ̃] schließlich **II2P**
finir [finiʀ] etw. beenden **II7A,** 1
une **fleur** [ynflœʀ] eine Blume **I6B,** 6
la **FNAC** [lafnak] die FNAC **I3A,** 1
une **fois** [ynfwa] einmal **II2DE**
le **foot(ball)** [ləfut(bɔl)] der Fußball *(Sportart)* **I2B,** 7
la **forme** [lafɔʀm] die Form **II1A,** 3
fort en qc [fɔʀ] gut in etw. **I0,** 4; stark in etw. **I5C,** 1
fou/**fol**/**folle** [fu/fɔl] verrückt **II4DE**
une **fourchette** [ynfuʀʃɛt] eine Gabel **II4B,** 1
Je m'en fous. *(fam.)* [ʒəmɑ̃fu] Das ist mir total egal. **I6B,** 1
une **fraise** [ynfʀɛz] eine Erdbeere **II4P**
en France [ɑ̃fʀɑ̃s] in Frankreich **I3A,** 3
un **frère** [ɛ̃fʀɛʀ] ein Bruder **I2B,** 2
un **frigo** *(fam.)* [ɛ̃fʀigo] ein Kühlschrank **II4A,** 1
les **fringues** *(f.) (fam.)* [lefʀɛ̃g] die Klamotten **I6P**

204 deux-cent-quatre

Liste des mots

froid/**froide** [fʀwa/fʀwad] kalt **I7B**, 2
 Il fait froid. [ilfɛfʀwa] Es ist kalt. **I7B**, 2
le **fromage** [ləfʀɔmaʒ] der Käse **II4B**, 2
un **fruit** [ɛ̃fʀɥi] eine Frucht **II4DE**

G

gagner (qc) [gaɲe] (etw.) gewinnen **I5B**, 3
un **garçon** [ɛ̃gaʀsɔ̃] ein Junge **I1B**, 1
une **gare** [yngaʀ] ein Bahnhof **I6A**, 4
un **gâteau**/des **gâteaux** [ɛ̃gato/degato] ein Kuchen/Kuchen **I3A**, 3
à **gauche** [agoʃ] (nach) links **I5B**, 1
une **gaufre** [yngofʀ] eine Waffel **I5C**, 1
un **gecko** [ɛ̃gɛko] ein Gecko **I1P**
génial/**géniale** [ʒenjal] super, genial **I6B**, 6
les **gens** (m., pl.) [leʒɑ̃] die Leute **I6DE**
la **géographie** [laʒeɔgʀafi] die Geographie, die Erdkunde **II3A**, 2
un **gîte** [ɛ̃ʒit] eine Ferienunterkunft **II5DE**
une **glace** [ynglas] ein Eis **II5B**, 1
un **glacier** [ɛ̃glasje] ein Eisverkäufer; eine Eisdiele **I5P**
une **gomme** [yngɔm] ein Radiergummi **I2A**, 1
goûter qc [gute] etw. probieren **II4B**, 2
un **gramme** [ɛ̃ngʀam] ein Gramm **II4A**, 5
grand/**grande** [gʀɑ̃/gʀɑ̃d] groß **I6DE**
 un grand huit [ɛ̃gʀɑ̃ɥit] eine Achterbahn **I7E**, 1
 un grand magasin [ɛ̃gʀɑ̃magazɛ̃] ein Kaufhaus **I5P**
 une grand-mère [yngʀɑ̃mɛʀ] eine Großmutter **I2A**, 3
 un grand-père [ɛ̃gʀɑ̃pɛʀ] ein Großvater **I3A**, 9
 les grands-parents [legʀɑ̃paʀɑ̃] die Großeltern **I3A**, 9
grandir [gʀɑ̃diʀ] wachsen; aufwachsen **II6B**
gratuit/**gratuite** [gʀatɥi/gʀatɥit] kostenlos, gratis **II4A**, 2; gratis **II7B**, 3; **II7B**, 3
grave/**grave** [gʀav/gʀav] schlimm **II4B**, 2
une **grille** [yngʀij] eine Gittertür; ein Drahtzaun **II2A**, 1
gris/**grise** [gʀi/gʀiz] grau **I6B**, 6
un **groupe** [ɛ̃gʀup] eine Gruppe **II2A**, 1
un **guide**/une **guide** [ɛ̃gid/yngid] ein Führer/eine Führerin **II2A**, 1
une **guitare** [yngitaʀ] eine Gitarre **I5A**, 5; **II6B**
un **gymnase** [ɛ̃ʒimnaz] eine Turnhalle **I4B**, 3
la **gymnastique** [laʒimnastik] das Turnen, die Gymnastik **I2B**, 7

H

habiter [abite] wohnen **I2B**, 2
haïtien/**haïtienne** [aitjɛ̃/aitjɛn] aus Haiti **II6B**
un **hamster** [ɛ̃amstɛʀ] ein Hamster **I1P**
le **hand-ball** [ləɑ̃dbal] Handball **I5**
hein? (fam.) [ɛ̃] was? äh? (ugs.) **I5DE**
l'**herbe** (f.) [lɛʀb] das Gras **II7B**, 3
l'**hésitation** (f.) [lezitasjɔ̃] das Zögern **II3A**, 1
une **heure** [ynœʀ] eine Stunde **I4A**, 1

à quelle heure [akɛlœʀ] um wie viel Uhr **I4A**, 2
huit heures et quart [ɥitœʀekaʀ] Viertel nach acht **I4A**, 1
sept heures [sɛtœʀ] sieben Uhr **I4A**, 1
six heures moins le quart [sizœʀmwɛ̃lkaʀ] Viertel vor sechs **I4A**, 1
une heure de vie [ynœdəvi] eine Aussprachestunde (in der Schule) **II8DE**
sept heures et demie [sɛtœʀedəmi] halb acht **I4A**, 1
heureux/**heureuse** [øʀø/øʀøz] glücklich **II2B**, 1
hier [jɛʀ] gestern **I6A**, 2
hi, hi, hi [iii] ha, ha, ha **I2B**, 2
une **histoire** [ynistwaʀ] eine Geschichte **I3A**, 1
l'**histoire-géo** (f.) [listwaʀʒeɔ] Geschichte und Erdkunde **I4P**
l'**hiver** (m.) [livɛʀ] der Winter **II5B**, 4
un **homme** [ɛ̃nɔm] ein Mann **II1B**, 7
l'**horreur** (f.) [lɔʀœʀ] der Schrecken **II6D**
l'**huile** (f.) [lɥil] das Öl **II4A**, 1
l'**humour** (m.) [lymuʀ] der Humor **II6D**

I

ici [isi] hier, hierher **I1B**, 1
une **idée** [ynide] eine Idee **I3A**, 1
il y a [ilja] es gibt, es ist, es sind **I3A**, 1
une **image** [ynimaʒ] ein Bild **II6D**
imaginer qn/qc [imaʒine] sich jdn./etw. vorstellen **II0DE**
important/**importante** [ɛ̃pɔʀtɑ̃/ɛ̃pɔʀtɑ̃t] wichtig **II6A**; **II6B**
une **infirmerie** [ynɛ̃fiʀməʀi] eine Krankenstation **I4DE**
une **information** [ynɛ̃fɔʀmasjɔ̃] eine Information **II3B**, 1
un **instrument** [ɛ̃nɛ̃stʀymɑ̃] ein Instrument **I6B**
intéressant/**intéressante** [ɛ̃teʀesɑ̃/ɛ̃teʀesɑ̃t] interessant **I6A**, 4
intéresser qn [ɛ̃teʀese] jdn. interessieren **II5DE**
Internet (m.) [ɛ̃tɛʀnɛt] das Internet **I7E**, 1
 sur Internet [syʀɛ̃tɛʀnɛt] im Internet **I7E**, 1
une **interrogation** [ynɛ̃teʀɔgasjɔ̃] eine Klassenarbeit **I4B**, 4
une **interview** [ynɛ̃tɛʀvju] ein Interview **I5B**, 3
inventer qc [ɛ̃vɑ̃te] etw. erfinden **I7D**, 1
une **invitation** [ynɛ̃vitasjɔ̃] eine Einladung **II6A**
un **invité**/une **invitée** [ɛ̃nɛ̃vite/ynɛ̃vite] Gast **II4B**, 2
inviter qn [ɛ̃vite] jdn. einladen **I3A**, 3

J

la **jalousie** [laʒaluzi] die Eifersucht **I6B**, 6
jaloux/**jalouse** [ʒalu/ʒaluz] eifersüchtig **I6B**, 1
la **jambe** [laʒɑ̃b] das Bein **II5B**, 1
janvier (m.) [ʒɑ̃vje] Januar **I3B**, 7

un **jardin** [ɛ̃ʒaʀdɛ̃] ein Garten **II5A**, 6
jaune [ʒon] gelb **I6A**, 4
un **jean** [ɛ̃dʒin] eine Jeans **I6A**, 4
un **jet-ski** [ɛ̃dʒɛtski] ein Jet-Ski **II5P**
un **jeu**/des **jeux** [ɛ̃ʒø/deʒø] ein Spiel/Spiele **I3B**, 1
 un jeu vidéo/des jeux vidéo [ɛ̃ʒøvideo/deʒøvideo] ein Computerspiel/Computerspiele **I3B**, 1
jeudi (m.) [ʒødi] Donnerstag, am Donnerstag **I4**
un **jeune**/une **jeune** [ɛ̃ʒœn/ynʒœn] ein Jugendlicher, eine Jugendliche **II6A**
la **joie** [laʒwa] die Freude **II6B**
joli/**jolie** [ʒɔli] hübsch **I6A**, 4
jongler [ʒɔ̃gle] jonglieren **II7A**, 1
jouer [ʒwe] spielen **I4DE**; **I5A**, 3
un **jouet** [ɛ̃ʒwɛ] ein Spielzeug **I6B**, 1
le **jour** [ləʒuʀ] der Tag **I6A**, 4
 par jour [paʀʒuʀ] pro Tag/täglich **I7C**, 1
un **journal** [ɛ̃ʒuʀnal] eine Zeitung **I2DE**
une **journée** [ynʒuʀne] ein Tag **I4A**, 1
 Bonne journée! [bɔnʒuʀne] Einen schönen Tag! **I5C**, 1
le **judo** [ləʒydo] das Judo **I2B**, 2
 aller au judo [aleoʒydo] zum Judo gehen **I5A**, 3
juillet (m.) [ʒɥijɛ] Juli **I3B**, 7
le **14 juillet** [ləkatɔʀzʒɥijɛ] der 14. Juli (französischer Nationalfeiertag) **I3P**
juin (m.) [ʒɥɛ̃] Juni **I3B**, 7
une **jupe** [ynʒyp] ein Rock **I6B**, 8
jurer [ʒyʀe] schwören **II1B**, 2
un **jus** [ɛ̃ʒy] ein Saft **I5C**, 1
 un jus de pomme [ʒydpɔm] ein Apfelsaft **I5C**, 1
jusqu'à … [ʒyska] bis **I5B**, 2
juste [ʒyst] Punkt, genau, pünktlich **I5A**, 3

K

le **karaté** [ləkaʀate] Karate **II8DE**
un **kayak** [ɛ̃kajak] Kajak **II5P**
kiffer qn/qc (fam.) [kife] voll auf jdn./etw. abfahren, voll auf jdn./etw. stehen (ugs.) **II8A**
un **kilo** [ɛ̃kilo] ein Kilo **II4A**, 2
un **kilomètre** [ɛ̃kilomɛtʀ] ein Kilometer **I7C**, 1
un **kiosque** [ɛ̃kjɔsk] ein Kiosk **I5P**

L

là [la] da, dort **I2A**, 3
là-bas [laba] dort(hin), da(hin) **II1A**, 1
laisser qc [lese] etw. (zurück)lassen **II5A**, 3
le **lait** [lələ] die Milch **II4DE**
lancer qc [lɑ̃se] etw. werfen **II5B**, 1
la **deuxième langue** [ladøzjɛmlɑ̃g] die 2. Fremdsprache **II1A**, 1
un **lapin** [ɛ̃lapɛ̃] ein Kaninchen **I1P**
la **voile** [lavwal] Segeln **II5B**
une **leçon** [ynləsɔ̃] eine Lektion **II3DE**
la **lecture** [lalɛktyʀ] Lesen **I2P**
des **légumes** (m.) [delegym] Gemüse **II4DE**
une **lettre** [ynlɛtʀ] ein Brief **II6C**

deux-cent-cinq 205

Liste des mots

une **librairie** [ynlibʀɛʀi] eine Buchhandlung **I2DE**
une **librairie-papeterie** [ynlibʀɛʀipapetʀi] ein Buch- und Schreibwarengeschäft **I2DE**
un **lieu** [ɛ̃ljø] ein Ort **I16D**
  avoir lieu [avwaʀljø] stattfinden **I16D**
en ligne online **II2A**, 1
lire qc/qc à qn [liʀ] etw. lesen, jdm. etw. vorlesen **I7B**, 3
une **liste** [ynlist] eine Liste **I7E**, 1
un **lit** [ɛ̃li] ein Bett **I4A**, 1
  faire le lit [fɛʀləli] das Bett machen **I6A**, 2
un **litre** [ɛ̃litʀ] ein Liter **II4A**, 2
un **livre** [ɛ̃livʀ] ein Buch **I2A**, 1
loin [lwɛ̃] weit (Adv.) **I5A**, 1
long/**longue** [lɔ̃/lɔ̃g] lang **I6A**, 4
longtemps [lɔ̃tɑ̃] lange (Adv.) **I3B**, 1
lundi (m.) [lɛ̃di] Montag, am Montag **I4A**, 3
la **lune** [lalyn] der Mond **II8DE**
  être dans la lune (fam.) zerstreut sein, nicht bei der Sache sein **II4A**, 1

M

madame [madam] Frau … **I0**, 2
mademoiselle [madmwazɛl] Fräulein … **I0**, 2
un **magasin** [ɛ̃magazɛ̃] ein Geschäft, ein Laden **I2DE**
un **magazine** [ɛ̃magazin] eine Zeitschrift **I2DE**
magnifique/**magnifique** [maɲifik] wunderbar, wunderschön **II3A**, 1
mai (m.) [mɛ] Mai **I3B**, 7
la **main** [lamɛ̃] die Hand **I4A**, 3
donner la main à qn [dɔnelamɛ̃] jdm. die Hand geben **I6B**, 1
maintenant [mɛ̃tnɑ̃] jetzt **I3A**, 3
mais [mɛ] aber **I1B**, 1
une **maison** [ynmɛzɔ̃] ein Haus **I2A**, 3
  la Maison de la Presse [lamɛzɔ̃dəlapʀɛs] Name einer Buchhandlung/eines Schreibwarengeschäfts **I2DE**
  à la maison [alamɛzɔ̃] zu Hause, nach Hause **I4A**, 1
une **maison des jeunes** [ynmɛzɔ̃deʒœn] ein Jugendzentrum **I5P**
mal (adv.) [mal] schlecht (Adv.) **I1B**, 7
  faire mal [fɛʀmal] weh tun **I5B**, 3
  avoir mal [avwaʀmal] Schmerzen haben **I5B**, 3
une **maladie** [ynmaladi] eine Krankheit **II3A**, 1
malheureux/**malheureuse** [malœʀø/malœʀøz] unglücklich **II2B**, 1
maman (f.) [mamɑ̃] Mama, Mutti **I3A**, 3
mamie [mami] Omi **I2A**, 3; Oma, Omi **I7B**, 4
manger qc [mɑ̃ʒe] etw. essen **I3B**, 1
un **marché** [ɛ̃maʀʃe] ein Markt **I7D**, 1
  un marché aux puces [ɛ̃maʀʃeopys] ein Flohmarkt **I7D**, 2
marcher sur qc [maʀʃe] auf etw. treten **II0DE**
mardi (m.) [maʀdi] Dienstag, am Dienstag **I4**

le **mariage** [ləmaʀjaʒ] die Hochzeit **I3DE**
en avoir marre de qn/qc (fam.) [ɑ̃navwaʀmaʀ] von etw. die Nase voll haben (ugs.) **II2A**, 1
mars (m.) [maʀs] März **I3B**, 7
les **mathématiques** (f.) [lematematik] Mathematik **I4**
le **matin** [ləmatɛ̃] der Morgen **I5A**, 3
mauvais/**mauvaise** [movɛ/mmovɛz] schlecht **I6B**, 1
  Il fait mauvais. [ilfɛmovɛ] Es ist schlechtes Wetter. **I7B**, 2
un **maximum** [ɛ̃maksimɔm] ein Maximum **I16D**
  au maximum [omaksimɔm] höchstens **I16D**
les **médias** (m., pl.) [lemedja] die Medien **I16DE**
une **mélodie** [ynmelɔdi] eine Melodie **I16B**
un **melon** [ɛ̃məlɔ̃] eine Melone **II4P**
même [mɛm] sogar **I5B**, 3
un **menu** [ɛ̃məny] ein Menü **II4B**, 7
la **mer** [lamɛʀ] das Meer **II0DE**
merci [mɛʀsi] danke **I0**, 4
  Merci beaucoup! [mɛʀsiboku] Vielen Dank! **I5B**, 2
mercredi (m.) [mɛʀkʀədi] Mittwoch, am Mittwoch **I4**
une **mère** [ynmɛʀ] eine Mutter **I3A**, 9
un **message** [ɛ̃mesaʒ] eine Mitteilung, eine Nachricht **II3DE**
un **métier** [ɛ̃metje] ein Beruf **I16B**
le **métro** [ləmetʀo] die Metro, die U-Bahn **I7A**, 1; **I7B**, 1
mettre qc [mɛtʀ] etw. setzen, stellen, legen; etw. anziehen **I5A**, 1
  mettre la table [mɛtʀlatabl] den Tisch decken **II4B**, 1
midi [midi] zwölf Uhr (mittags) **I4A**, 1
mille [mil] tausend **II1B**, 2
  deux mille [dømil] zweitausend **II1B**, 2
des **milliers** (m.) [demilje] Tausende **II2A**, 1
un **million** [ɛ̃miljɔ̃] eine Million **I7C**, 1
minuit (m.) [minɥi] Mitternacht, 12 Uhr nachts **I5A**, 3
une **minute** [ynminyt] eine Minute **I4A**, 3
à mi-temps [amitɑ̃] halbtags **II1A**, 1
un **MMS** [ɛ̃ɛmɛmɛs] eine MMS (eine Bildnachricht) **II5A**, 3
la **mode** [lamɔd] die Mode **I16C**
  à la mode [alamɔd] modern, „in" **I16C**
moderne [mɔdɛʀn] modern **I7DE**
moi [mwa] ich **I0**, 2
moins … que [mɛ̃kə] weniger … als **II7A**, 1
un **mois** [ɛ̃mwa] ein Monat **I3B**, 7
un **moment** [ɛ̃mɔmɑ̃] ein Moment **II2A**, 1
  à ce moment-là [asəmɔmɑ̃la] in diesem Augenblick **II2A**, 1
le **monde** [ləmɔ̃d] die Welt **I0**, 6
un **mono**/une **mono** [ɛ̃mono/ynmono] ein Animateur, eine Animateurin **II0DE**
monsieur [məsjø] ein Herr, ein Mann **I0**, 2
  un monsieur [məsjø] ein Herr, ein Mann **I1B**, 4
une **montagne** [ynmɔ̃taɲ] ein Berg, ein Gebirge **II0DE**

monter [mɔ̃te] hinaufgehen; einsteigen **II2B**, 2
une **montre** [ynmɔ̃tʀ] eine Armbanduhr **I7A**, 2
montrer qc à qn [mɔ̃tʀe] jdm. etw. zeigen **I6B**, 1
la **mort** [lamɔʀ] der Tod **II2DE**
mort/**morte** [mɔʀ/mɔʀt] tot **II8DE**
un **mot** [ɛ̃mo] ein Wort **I4B**, 3
mou/**mol**/**molle** [mu/mɔl] weich **II7A**, 1
une **moule** [ynmul] eine Miesmuschel **II4A**, 4
une **mousse au chocolat** [ynmusoʃokɔla] eine Mousse au chocolat (süße Nachspeise) **II4A**, 1
un **moyen de transport** [ɛ̃mwajɛ̃dətʀɑ̃spɔʀ] ein Verkehrsmittel **I7C**, 2
la **moyenne** [lamwajɛn] der Durchschnitt (10 von 20 Punkten im Zeugnis) **II3A**, 2
un **musée** [ɛ̃myze] ein Museum **I7DE**
la **musique** [lamyzik] die Musik **I2B**, 2
  la musique pop [lamyzikpɔp] die Popmusik **I16B**
le **mystère** [ɛ̃mistɛʀ] das Geheimnis; das Wunder **II2DE**
mystérieux/**mystérieuse** [misteʀjø/misteʀjøz] geheimnisvoll; seltsam **II2DE**

N

nager [naʒe] schwimmen **II0DE**
la **naissance** [lanɛsɑ̃s] die Geburt **I16B**
être **né(e)** [ɛtʀəne] geboren werden/sein **II1B**, 2
une **nappe** [ynnap] eine Tischdecke **II4B**, 1
la **natation** [lanatasjɔ̃] das Schwimmen **I2**; **I5A**, 5
neiger [nɛʒe] schneien **I7B**, 2
ne … jamais [nə … ʒamɛ] nie, niemals **II4B**, 2
le **néoprène** [neɔpʀɛn] das Neopren **II5B**, 2
ne … pas non plus [nə … pɑ̃nɔply] auch nicht **I4A**, 3
ne … pas [nə … pa] nicht **I4A**, 3
ne … pas encore [nə … pazɑ̃kɔʀ] noch nicht **II4B**, 2
ne … personne [nəpɛʀsɔn] niemand **II8A**
ne … plus [nə … ply] nicht mehr **I7D**, 1
ne … plus de [nə … plydə] kein/keine mehr **I7D**, 1
ne … que [nə … kə] nur **II3B**, 1
ne … rien [nə … ʀjɛ̃] nichts **I7E**, 1
N'importe quoi! [nɛ̃pɔʀtəkwa] Quatsch! **II8A**
Noël (m.) [nɔɛl] Weihnachten **I3DE**
noir/**noire** [nwaʀ] schwarz **I6B**, 6
un **nom** [ɛ̃nɔ̃] ein Name **II1DE**
non [nɔ̃] nein **I1A**, 1
normal/**normale** [nɔʀmal/nɔʀmal] normal **II5A**, 3
une **note** [ynnɔt] eine Note **II3A**, 2
noter qc [nɔte] etw. aufschreiben **II3DE**
un **nouveau**/une **nouvelle** [ɛ̃nuvo/ynnuvɛl] ein Neuer, eine Neue **II1B**, 2
nouveau/**nouvel**/**nouvelle** [nuvo/nuvɛl/nuvɛl] neu **I16DE**

206 deux-cent-six

Liste des mots

le **nouvel an** [lənuvɛlɑ̃] Neujahr **I3DE**
novembre *(m.)* [nɔvɑ̃bʀ] November **I3B**, 7
un **nuage** [ɛ̃nɥaʒ] eine Wolke **I7B**, 1
la **nuit** [lanɥi] die Nacht **I5A**, 1
nul/nulle [nyl] blöd **I5B**, 3
 C'est trop nul! *(fam.)* [sɛtʀɔnyl] Das ist zu blöd! *(ugs.)* **I5B**, 3

O

octobre *(m.)* [ɔktɔbʀ] Oktober **I3B**, 7
un **œil**/des **yeux** [ɛ̃nœj/dezø] ein Auge/Augen **II1B**, 7
un **œuf**/des **œufs** [ɛ̃nœf/dezø] ein Ei/Eier **II4DE**
offrir qc à qn [ɔfʀiʀ] jdm. etw. anbieten/schenken **II8DE**
Oh! [o] Oh! **I1A**, 1
une **olive** [ynɔliv] eine Olive **II4A**, 1
un **oncle** [ɛ̃nɔ̃kl] ein Onkel **I3A**, 9
un **orage** [ɛ̃nɔʀaʒ] ein Gewitter **I7B**, 2
un **ordinateur** [ɛ̃nɔʀdinatœʀ] ein Computer **I2A**
organiser qc [ɔʀganize] etw. organisieren **II3A**, 2
original/originale [ɔʀiʒinal] originell **II6D**
ou [u] oder **I2DE**; **I3A**, 1
où [u] wo; wohin **I2B**, 2
où [u] wo *(Relativpronomen)* **II1B**, 1
oublié/oubliée [ublije] vergessen *(Adj.)* **II2DE**
oublier qc [ublije] etw. vergessen **I6A**, 4
Ouf! [uf] Uff! **I6A**, 4
oui [wi] ja **I1A**, 1
ouvrir qc [uvʀiʀ] etw. öffnen **II2B**, 2

P

une **page** [ynpaʒ] eine Seite **II2B**, 2
le **pain** [ləpɛ̃] das Brot **I7C**, 1
un **pantalon** [ɛ̃pɑ̃talɔ̃] eine Hose **I6B**, 8
papa [papa] Papa **I1A**, 1
papi/papy *(fam.)* [papi] Opa; Opi **I7A**, 1
le **papier** [ləpapje] das Papier **II1B**, 2
Pâques *(f.)* [pak] Ostern **I3P**
le **parachutisme** [ləpaʀaʃytism] das Fallschirmspringen **II7DE**
un **parc** [ɛ̃paʀk] ein Park **I5DE**
 un parc d'attractions [ɛ̃paʀkdatʀaksjɔ̃] ein Freizeitpark/ein Erlebnispark **I7E**, 1
parce que [paʀskə] weil **I5B**, 3
Pardon. [paʀdɔ̃] Entschuldigung. **I1A**, 1
les **parents** *(m.)* [ləpaʀɑ̃] die Eltern **I3A**, 9
par exemple [paʀɛgzɑ̃pl] zum Beispiel **I7D**, 1
parfois [paʀfwa] manchmal **II6A**
un **Parisien**/une **Parisienne** [ɛ̃paʀizjɛ̃/ynpaʀizjɛn] ein Pariser/eine Pariserin **I7C**, 1
par jour [paʀʒuʀ] pro Tag/täglich **I7C**, 1
un **parkour** [ɛ̃paʀkuʀ] ein Parkour *(Sportart)* **II7A**, 2
parler [paʀle] sprechen **I2DE**
 parler à qn [paʀle] mit jdm. sprechen **I6B**, 1
participer à qc [paʀtisipe] an etw. teilnehmen **II3A**, 2

partir [paʀtiʀ] weggehen; abfahren **II6A**
partout [paʀtu] überall **II8DE**
passer qc [pase] etw. verbringen **I5A**, 1; jdm. etw. reichen, jdm. etw. (weiter)geben **II4B**, 6
 se passer [səpase] spielen *(Kino, Fernsehen)* **II6D**
patati patata *(fam.)* [patatipatata] blablabla **I6A**, 4
une **pause** [ynpoz] eine Pause **II5A**, 3
pauvre/pauvre [povʀ] arm **II3A**, 2
payer qc [peje] etw. bezahlen **II4A**, 2
un **pays** [ɛ̃pei] ein Land **II3A**, 2
le **péage** [ləpeaʒ] die Mautstelle; die Maut **II5A**, 3
une **pêche** [ynpɛʃ] ein Pfirsich **II4P**
un **pédalo** [ɛ̃pedalo] ein Tretboot **II5P**
pendant [pɑ̃dɑ̃] während **I6A**, 4
pendant que [pɑ̃dɑ̃kə] während **II2P**
penser [pɑ̃se] denken **I6A**, 4
 Qu'est-ce que tu en penses? Wie denkst du darüber?/Was hältst du davon? **II2A**, 3
la **Pentecôte** [lapɑ̃tkot] Pfingsten **I3DE**
perdre qc [pɛʀdʀ] etw. verlieren **II2B**, 2
un **père** [ɛ̃pɛʀ] ein Vater **I3A**, 9
une (**salle de**) **permanence** [yn(saldə)pɛʀmanɑ̃s] Raum, in dem Schülerinnen und Schüler bei Freistunden beaufsichtigt arbeiten können **II3DE**
un **perroquet** [ɛ̃pɛʀɔkɛ] ein Papagei **I1P**
une **perruche** [ynpɛʀyʃ] ein Wellensittich **I1P**
une **personne** [ynpɛʀsɔn] eine Person **I6A**, 4
ne … personne [nəpɛʀsɔn] niemand **II8A**
petit/petite [pəti/pətit] klein **I6A**, 4
le **petit-déjeuner** [ləp(ə)tideʒœne] das Frühstück **II4A**, 1
peu de [pødə] wenig(e) **I7D**, 2
peu après [pøapʀɛ] kurz darauf **II2P**
avoir peur [avwaʀpœʀ] Angst haben **I6A**, 4
peut-être [pøtɛtʀ] vielleicht **I6A**, 4
un **phare** [ɛ̃faʀ] ein Leuchtturm **II5A**, 1
une **photo** [ynfɔto] ein Foto **I5DE**
un **piano** [ɛ̃pjano] ein Klavier, ein Piano **II6B**
une **pièce** [ynpjɛs] ein Zimmer **I5A**, 3
un **pied** [ɛ̃pje] ein Fuß **I4DE**
 à pied [apje] zu Fuß **I5A**, 1
 Le pied! *(fam.)* [ləpje] Geil! *(ugs.)* **II8DE**
une **pierre** [ynpjɛʀ] ein Stein **II2DE**
Pile ou face? [pilufas] Kopf oder Zahl? **II5A**, 6
un **pion** [ɛ̃pjɔ̃] eine Aufsichtsperson **II3DE**
piquer qc *(fam.)* [pike] klauen *(ugs.)* **I2B**, 7
une **piscine** [ynpisin] ein Schwimmbad **I5B**, 2
une **piste** [ynpist] eine Piste, ein Pfad **II3B**, 1
une **place** [ynplas] ein Platz **I4A**, 3
une **plage** [ynplaʒ] ein Strand **II0DE**
plaire à qn [plɛʀ] jdm. gefallen **II0DE**; **II5A**, 3
 s'il te plaît [siltəplɛ] bitte *(wenn man jdn. duzt)* **I3A**, 3
 s'il vous plaît! [silvuplɛ] bitte./bitte schön. **I0**, 1
la **planche à voile** [laplɑ̃ʃavwal] das Windsurfen **II5P**
un **plat** [ɛ̃pla] ein Gericht, ein Gang *(beim Essen)* **II4DE**

le **plat principal** [ləplapʀɛ̃sipal] das Hauptgericht **II4A**, 1
le **plat préféré** [ləplapʀefeʀe] das Lieblingsessen **II4A**, 6
plein/pleine (de qc) [plɛ̃/plɛn] voll (mit etw.) **II7B**, 3
pleuvoir [pløvwaʀ] regnen **I7B**, 2
 Il pleut. [ilplø] Es regnet. **I7B**, 2
la **plongée** [laplɔ̃ʒe] das Tauchen **II5P**
plonger [plɔ̃ʒe] tauchen **II0DE**
plus … que [plukə] mehr … als **II7A**, 1
plusieurs *(inv.)* [plyzjœʀ] mehrere **II3B**, 1
plutôt [plyto] eher; vielmehr; ziemlich **II3A**, 2
un **poème** [ɛ̃pɔɛm] ein Gedicht **I6B**, 11
une **poire** [ynpwaʀ] eine Birne **II4P**
un **poisson** [ɛ̃pwasɔ̃] ein Fisch **I1P**
 un poisson rouge [ɛ̃pwasɔ̃ʀuʒ] ein Goldfisch **I1P**
une **pomme** [ynpɔm] ein Apfel **I5C**, 1
une **pomme de terre** [ynpɔmdətɛʀ] eine Kartoffel **II4DE**
le **porc** [ləpɔʀ] das Schweinefleisch **II4A**, 1
un **portable** [ɛ̃pɔʀtabl] ein Handy **I5C**, 1
porter qc [pɔʀte] etw. tragen **I2A**, 2
poser qc [poze] etw. setzen/stellen/legen **II4B**, 1
possible/possible [pɔsibl/pɔsibl] möglich **II1A**, 6
la **poste** [lapɔst] die Post **I5B**, 2
pour [puʀ] für **I2A**, 3
 pour faire qc [puʀfɛʀ] um etw. zu tun **I5B**, 2
pourquoi [puʀkwa] warum **I5B**, 3
 c'est pourquoi [sɛpuʀkwa] deshalb **II6A**; **II6B**
pousser qc [puse] etw. antreiben, anstoßen **II3A**, 2
pouvoir [puvwaʀ] **I5B**, 2
 on peut [ɔ̃pø] man kann **I7D**, 1
pratique [pʀatik] praktisch **I7D**, 1
préférer qc [pʀefeʀe] etw. vorziehen, lieber mögen **II0DE**; **II4B**, 2
le **premier** [ləpʀəmje] der erste/die erste/das erste **I3B**, 7
prendre qc [pʀɑ̃dʀ] etw. nehmen **I5C**, 1
un **prénom** [ɛ̃pʀenɔ̃] ein Vorname **II6B**
préparer qc [pʀepaʀe] etw. vorbereiten **I3A**, 3
présenter qn [pʀezɑ̃te] jdn. vorstellen **II1B**, 7
presque [pʀɛsk] fast, beinahe **II0DE**
le **printemps** [ləpʀɛ̃tɑ̃] der Frühling **II5DE**
un **prix** [ɛ̃pʀi] ein Preis **II6C**
un **problème** [ɛ̃pʀɔblɛm] ein Problem **I6A**, 2
 pas de problèmes [padəpʀɔblɛm] ein Problem **I7D**, 1
 plus de problème [plydəpʀɔblɛm] kein Problem mehr **I7D**, 1
prochain/prochaine [pʀɔʃɛ̃/pʀɔʃɛn] nächster/nächste/nächstes **II3B**, 4
un **professeur**/une **professeure** [ɛ̃/ynpʀɔfɛsœʀ] ein Lehrer/eine Lehrerin **I4A**, 3
le **professeur principal** [ləpʀɔfɛsœʀpʀɛ̃sipal] der Klassenlehrer **II1DE**
un **projet** [ɛ̃pʀɔʒɛ] ein Projekt **I4B**, 1; **II6C**

deux-cent-sept **207**

Liste des mots

à propos de qc [apʁɔpodə] apropos, etw. betreffend, bezüglich einer Sache **II2A**, 1
proposer de faire qc [pʁɔpoze] vorschlagen, etw. zu tun **II3A**, 2
ma puce *(fam.)* [mapys] meine Kleine **I5A**, 1
puis [pɥi] dann **I3B**, 1
un pull [pyl] ein Pullover **I6B**, 8
une pyramide [ynpiʁamid] eine Pyramide **I7DE**

Q

un quai [kɛ] ein Bahnsteig **I6A**, 4
quand [kɑ̃] wann **I3B**, 7
quand [kɑ̃] wenn, als *(zeitlich)* **II1B**, 2
quand même [kɑ̃mɛm] trotzdem; doch **II4A**, 2
un quart [kaʁ] ein Viertel **I4A**, 1
un quartier [kaʁtje] ein Stadtviertel **I5DE**
la quatrième [lakatʁijɛm] die Acht/achte Klasse (in Deutschland) **II1DE**
que [kə] dass *(Konjunktion)* **II2A**, 3
Quel temps fait-il? [kɛltɑ̃fɛtil] Wie ist das Wetter? **I7B**, 2
quel/quelle/quels/quelles [kɛl/kɛl/kɛl/kɛl] welcher/welche/welches *(Fragebegleiter)* **II1A**, 1
quelque chose [kɛlkəʃoz] etwas **I4B**, 4
quelques *(pl.)* [kɛlk(ə)] einige **II3B**, 1
quelqu'un [kɛlkɛ̃] jemand **II2B**, 2
Qu'est-ce que … ? [kɛskə] Was … ? **I2B**, 2
Qu'est-ce que c'est? [kɛskəsɛ] Was ist das? **I2DE**
Qu'est-ce qu'il y a? [kɛskilja] Was gibt es? **I3A**, 1
une question [ynkɛstjɔ̃] eine Frage **I5B**, 3
qui [ki] der/die/das *(Relativpronomen)* **II1B**, 1
qui *(Fragepronomen)* [ki] wer **II1B**, 1
  Qui est-ce? [kiɛs] Wer ist das? **I0**, 3
  C'est à qui? [sɛtaki] Wer ist an der Reihe? **II4A**, 2
quitter [kite] qc etw. verlassen **I5A**, 3
Quoi? [kwa] Was? **I5A**, 2
quotidien/quotidienne [kɔtidjɛ̃/kɔtidjɛn] täglich **II6D**

R

raconter qc [ʁakɔ̃te] etw. erzählen **I4A**, 1
la radio [laʁadjo] das Radio, der Radiosender **I7DE**
une raison [ynʁɛzɔ̃] ein Grund **II7B**, 8
  avoir raison [avwaʁʁɛzɔ̃] recht haben **I4B**, 4
ranger qc [ʁɑ̃ʒe] etw. aufräumen **I3A**, 3
le rap [ləʁap] der Rap *(Musikstil)* **I2B**, 7
rappeler qn [ʁaple] jdn. wieder anrufen **II2B**, 8
un rat [ʁa] eine Ratte **I1P**
la réalité [laʁealite] die Wirklichkeit **II6A**; **II6C**
recevoir qc [ʁəsəvwaʁ] etw. empfangen, etw. bekommen **II4A**, 1; **II6C**
la récréation [laʁekʁeasjɔ̃] die Pause **I4A**, 1

un rédacteur/une rédactrice [ɛ̃ʁedaktœʁ/ynʁedaktʁis] ein Redakteur, eine Redakteurin **II6DE**
réfléchir [ʁefleʃiʁ] nachdenken, überlegen **II7A**, 1
le refrain [ləʁəfʁɛ̃] der Refrain ⟨II6D⟩; **II8A**
regarder qc [ʁəɡaʁde] etw. ansehen, etw. betrachten **I2DE**
une région [ynʁeʒjɔ̃] eine Region, eine Gegend **II5B**, 5
regretter qc [ʁəɡʁɛte] etw. bedauern **I3A**, 3
une reine [ynʁɛn] eine Königin **I6A**, 4
rencontrer qn [ʁɑ̃kɔ̃tʁe] jdn. treffen, jdm. begegnen **I6B**, 1
un rendez-vous [ɛ̃ʁɑ̃devu] eine Verabredung **I6B**, 1
la rentrée [laʁɑ̃tʁe] der Schul(jahres)beginn **II1DE**
rentrer [ʁɑ̃tʁe] zurückkommen, nach Hause gehen **I4A**, 1; **II1A**, 1
un repas [ɛ̃ʁəpa] ein Essen; eine Mahlzeit **I5A**, 2
répondre à qn/à qc [ʁepɔ̃dʁ] jdm./auf etw. antworten **II2B**, 2
un reportage [ɛ̃ʁəpɔʁtaʒ] eine Reportage **I7DE**
reprendre de qc [ʁəpʁɑ̃dʁə] etw. noch einmal nehmen, von etw. noch mehr nehmen **II4B**, 6
le RER [ləɛʁœʁ] der RER *(S-Bahnartiges Verkehrsnetz in Paris und Umgebung)* **I7C**, 2
ressembler à qn/qc [ʁəsɑ̃ble] jdm./etw. ähnlich sein **II1B**, 2
un restaurant [ɛ̃ʁɛstɔʁɑ̃] ein Restaurant **I7B**, 2
rester [ʁɛste] bleiben **I6A**, 2
un résultat [ɛ̃ʁezylta] ein Ergebnis **II1B**, 2
résumer qc [ʁezyme] etw. zusammenfassen **II6C**
être en retard [ɛtʁɑ̃ʁətaʁ] zu spät kommen **I4DE**
retravailler qc [ʁətʁavaje] etw. be-/überarbeiten **II8DE**
retrouver qn/qc [ʁətʁuve] jdn. treffen; etw. wiederfinden **I4A**, 3
réussir à faire qc [ʁeysiʁ] gelingen etw. zu tun, etw. fertigbringen **II7A**, 1
un rêve [ɛ̃ʁɛv] ein Traum **II6B**
revenir [ʁəvəniʁ] zurückkommen **II3B**, 4
rêver [ʁɛve] träumen **I4B**, 4
Au revoir! [ɔʁvwaʁ] Auf Wiedersehen! **I0**, 2
De rien. [dəʁjɛ̃] Keine Ursache. **II7A**, 4
rigoler *(fam.)* [ʁiɡɔle] lachen **I4B**, 2
un rince-doigts [ɛ̃ʁɛ̃sdwa] eine Wasserschale *(zum Reinigen der Finger beim Essen)* **II4A**, 2
rire [ʁiʁ] lachen **II8A**
une robe [ynʁɔb] ein Kleid **I6A**, 4
le rock [ləʁɔk] der Rock, die Rockmusik **I2B**, 7
le roller [ləʁɔlœʁ] der Rollerskate, der Inliner **I2P**
  le roller [ləʁɔlœʁ] das Inlinerfahren **I5DE**
le roquefort [ləʁɔkfɔʁ] der Roquefort *(franz. Käsesorte)* **II4A**, 1
rouge [ʁuʒ] rot **I6A**, 4

roux/rousse [ʁu/ʁus] rothaarig **II1B**, 7
une rue [ynʁy] eine Straße **I2A**, 3
le rugby [ləʁyɡbi] das Rugby *(Ballspiel)* **I2B**, 2
le rythme [ləʁitm] der Rhythmus **II6B**

S

le sable [ləsabl] der Sand **II5B**, 1
un sac [ɛ̃sak] eine Tasche **I4B**, 4
  un sac à dos [ɛ̃sakado] ein Rucksack **I2A**, 3
une saison [ynsɛzɔ̃] eine Jahreszeit **II5B**, 1
une salade [ynsalad] ein Salat **II4DE**
une salle à manger [ynsalamɑ̃ʒe] ein Esszimmer **I5A**, 3
une salle de bains [ynsaldəbɛ̃] ein Badezimmer **I5A**, 3
une salle de cours [ynsaldəkuʁ] ein Klassenraum **I4A**, 3
une salle de séjour [ynsaldəseʒuʁ] ein Wohnzimmer **I5A**, 3
un salon [ɛ̃salɔ̃] ein Wohnzimmer **I5A**, 3
saluer qn [salɥe] jdn. begrüßen **I5B**, 3
Salut! *(fam.)* [saly] Hallo!/Tschüss! **I0**, 2
samedi *(m.)* [samdi] Samstag, am Samstag **I4**
  le samedi [ləsamdi] samstags **I5A**, 3
un sandwich [ɛ̃sɑ̃dwi(t)ʃ] ein Sandwich **II5A**, 3
sans [sɑ̃] ohne **II2B**, 2
un saucisson [ɛ̃sosisɔ̃] eine Wurst, z. B. Salami **II4A**, 1
le saut à l'élastique [ləsoalelastik] das Bungee-Jumping **II7DE**
sauter [sote] springen **II7B**, 1
savoir [savwaʁ] wissen **II1A**, 1
  tu sais [tysɛ] wissen **I7C**, 1
  Je ne sais pas. [ʒənəsɛpa] Ich weiß nicht. **I4A**, 3
un saxophone [ɛ̃saksɔfɔn] ein Saxophon **II6B**
un secret [ɛ̃səkʁɛ] ein Geheimnis **II2A**, 1
une semaine [ynsəmɛn] eine Woche **I5A**, 1
  une semaine banalisée [ynsəmɛnbanalize] eine Projektwoche **II8DE**
septembre *(m.)* [sɛptɑ̃bʁ] September **I3B**, 7
une série télévisée [ynseʁitelevize] eine Fernsehserie **II6D**
sérieux/sérieuse [seʁjø/seʁjøz] ernst(haft), seriös **II7A**, 1
un serpent [ɛ̃sɛʁpɑ̃] eine Schlange **I1P**
une serviette [ynsɛʁvjɛt] eine Serviette **II4B**, 1
seul/seule [sœl/sœl] allein **II2B**, 2
seulement [sœlmɑ̃] nur **II7B**, 3
sévère [sevɛʁ] streng **II1A**, 1
un short [ɛ̃ʃɔʁt] Shorts **I6P**
si [si] doch **I4B**, 4
si [si] ob **II5A**, 6
le silence [ləsilɑ̃s] die Ruhe, die Stille **II4B**, 2
simple/simple [sɛ̃pl] einfach **II6C**
sinon [sinɔ̃] ansonsten **I6B**, 1
la sixième [lasizjɛm] die Sechs, die sechste Klasse **II1DE**
le ski [ləski] Ski fahren **I5**
un skimboard [ɛ̃skimbɔʁd] ein Skimboard **II5A**, 1

208 deux-cent-huit

Liste des mots

un **SMS** [ɛsɛmɛs] eine SMS **I5C**, 1
une **sœur** [ynsœʀ] eine Schwester **I2B**, 2
la **soif** [laswaf] der Durst **I5C**, 1
   avoir soif [avwaʀswaf] Durst haben **I5C**, 1
le **soir** [ləswaʀ] der Abend **I5A**, 1
   ce soir [səswaʀ] heute Abend **I5A**, 1
le **soleil** [ləsɔlɛj] die Sonne **I7B**, 1
une **solution** [ynsɔlysjɔ̃] eine Lösung **II7A**, 1
sombre/**sombre** [sɔ̃bʀ] dunkel **II2A**, 1
sonner [sɔne] klingeln **II7A**, 1
une **sortie** [ynsɔʀti] ein Ausgang **II2A**, 1
sortir [sɔʀtiʀ] hinausgehen, weggehen; hier: ausgehen **II6A**; hier: ausgehen **II8A**
souffler qc [sufle] etw. ausblasen **I3B**, 1
le **sourire** [ləsuʀiʀ] das Lächeln **II6D**
sourire [suʀiʀ] lächeln **II6D**
une **souris** [ynsuʀi] eine Maus **I1P**; **II2B**, 5
sous [su] unter **I3A**, 2
un **sous-marin** [ɛ̃sumaʀɛ̃] Unterseeboot **II0DE**
un **souterrain** [ɛ̃suteʀɛ̃] ein unterirdischer Gang/Raum **II2DE**
un **souvenir** [ɛ̃suvniʀ] eine Erinnerung, ein Andenken **I7B**, 2
souvent [suvɑ̃] oft **II2A**, 1
spécial/**spéciale** [spesjal] speziell, Spezial-, Sonder- **II6DE**
un **spectacle** [ɛ̃spɛktakl] Vorstellung, Darbietung **I7DE**
le **sport** [ləspɔʀ] der Sport **I2B**, 2
un **sportif**/une **sportive** [ɛ̃spɔʀtif/ynspɔʀtiv] ein Sportler/eine Sportlerin **II3B**, 1
un **stand** [ɛ̃stɑ̃d] ein Stand, eine Bude **I5DE**
une **star** [ynstaʀ] ein Star **II1B**, 2
une **station** [ynstasjɔ̃] eine Station, eine Haltestelle **I7A**, 1
un **steak-frites** [ɛ̃stɛkfʀit] ein Steak mit Pommes frites **II4A**, 1
le **strass** [ləstʀas] der Strass **I6A**, 4
un **style** [ɛ̃stil] ein Stil **II6DE**
un **stylo** [ɛ̃stilo] ein Füller, ein Kuli **I2A**, 1
le **succès** [ləsyksɛ] der Erfolg **II3B**, 4
le **sucre** [ləsykʀ] der Zucker **II4DE**
le **sud-ouest** [ləsydwɛst] der Südwesten **I5DE**
un **sujet** [ɛ̃syʒɛ] ein Thema **II6DE**
super (inv.) [sypɛʀ] super, toll **I0**, 4
une **supérette** [ynsypeʀɛt] ein kleiner Supermarkt **II4A**, 2
un **supermarché** [ɛ̃sypɛʀmaʀʃe] ein Supermarkt ⟨I5⟩; **II4DE**
sûr/**sûre** [syʀ/syʀ] sicher **II4B**, 2
sur [syʀ] auf, über **I3A**, 2
le **surf** [ləsœʀf] das Surfen **I5P**; das Surfen, das Wellenreiten **II5A**, 1
surfer [sœʀfe] surfen; hier: im Internet surfen **II6A**
une **surprise** [ynsyʀpʀiz] eine Überraschung **I3B**, 1
   Quelle surprise! [kɛlsyʀpʀiz] Was für eine Überraschung! **I7A**, 1
surtout [syʀtu] vor allem **I6B**, 1
un **surveillant**/une **surveillante** [ɛ̃syʀvejɑ̃/ysyʀvejɑ̃t] eine Aufsichtsperson **II3DE**

les **S.V.T.** (Sciences de la vie et de la terre) (f.) [lɛɛsvete] Biologie **I4P**
un **sweat-shirt** [ɛ̃swɛtʃœʀt] ein Sweatshirt **I6B**, 8
sympa [sɛ̃pa] nett, symphatisch **I2B**, 2

T

une **table** [yntabl] ein Tisch **I5A**, 3
   mettre la table [mɛtʀlatabl] den Tisch decken **II4B**, 1
un **tableau**/des **tableaux** [ɛ̃tablo] eine Tafel **II3DE**
   un tableau interactif [ɛ̃tabloɛ̃tɛʀaktif] interaktive Tafel **II3DE**
une **tante** [yntɑ̃t] eine Tante **I3A**, 9
tant pis [tɑ̃pi] macht nichts **II3A**, 1
taper qc [tape] etw. tippen **II1B**, 2
tard [taʀ] spät **I5A**, 3
une **tasse** [yntas] eine Tasse **II4B**, 6
un **taxi** [ɛ̃taksi] ein Taxi **I5A**, 1
la **techno** [latɛkno] Techno (Musikstil) **I2B**, 7
la **technologie** [latɛknɔlɔʒi] Technik **I4P**
un **téléphone** [ɛ̃telefɔn] ein Telefon **I3A**, 3
téléphoner à qn [telefɔne] mit jdm. telefonieren, jdn. anrufen **I5B**, 1
la **télévision** [latelevizjɔ̃] das Fernsehen **I2P**; **I4A**, 1
le **temps** [lətɑ̃] die Zeit **I4B**, 1; das Wetter **I7B**, 2
   Quel temps fait-il? [kɛltɑ̃fɛtil] Wie ist das Wetter? **I7B**, 2
   avoir le temps de faire qc [avwaʀlətɑ̃] Zeit haben, etw. zu tun **II4B**, 2
le **tennis** [lətɛnis] Tennis **I5A**, 6
un **terrain de foot** [ɛ̃tɛʀɛ̃dəfut] ein Fußballplatz **I5A**, 2
la **terre** [latɛʀ] die Erde **II0DE**
la **tête** [latɛt] der Kopf **II1A**, 1
le **TGV** [ləteʒeve] der TGV **I6A**, 1
le **théâtre** [ləteatʀ] das Theater **I5A**, 5
le **thon** [lətɔ̃] der Thunfisch **II4A**, 1
le **thym** [lətɛ̃] der Thymian **II4A**, 2
un **ticket** [ɛ̃tikɛ] ein Fahrschein, eine Fahrkarte **I7C**, 2
Tiens! [tjɛ̃] Sieh mal!/Schau mal! **I2A**, 3
timide/**timide** [timid/timid] schüchtern **II1B**, 1
le **tirage au sort** [lətiʀaʒosɔʀ] die Verlosung **II7B**, 3
un **titre** [ɛ̃titʀ] ein Titel **II8A**
toi [twa] du **I0**, 2
les **toilettes** [lɛtwalɛt] die Toilette **I4A**, 1
   la toilette [latwalɛt] die Körperpflege **I5A**, 3
une **tomate** [yntɔmat] eine Tomate **II4DE**
tomber [tɔ̃be] fallen **I5B**, 3
une **tombola** [yntɔ̃bɔla] eine Tombola **I6B**, 9
une **tortue** [yntɔʀty] eine Schildkröte **I1P**
tôt (adv.) [to] früh (Adv.) **I7C**, 1
toujours [tuʒuʀ] immer **I3A**, 3
un **tour** [ɛ̃tuʀ] eine Tour, ein Rundgang **I5A**, 3
une **tour** [yntuʀ] ein Turm **I6DE**

un **touriste**/une **touriste** [ɛ̃tuʀist/yntuʀist] ein Tourist/eine Touristin **I7DE**
tourner [tuʀne] drehen, abbiegen **I5B**, 1
tous …/**toutes** … [tu/tut] alle **II7B**, 3
tout/toute [tu/tut] ganz **II7B**, 3; **I6A**, 4
tout à coup [tutaku] plötzlich **II1B**, 2
tout d'abord [tudabɔʀ] zuallererst **II2P**
tout de suite [tudsɥit] sofort **II5B**, 1
tout droit [tudʀwa] geradeaus **I5B**, 1
tout le monde [tulmɔ̃d] alle, jeder **I5DE**
un **train** [ɛ̃tʀɛ̃] ein Zug **I3A**, 3
en train [ɑ̃tʀɛ̃] mit dem Zug **I7C**, 3
un **trampoline** [ɛ̃tʀɑ̃pɔlin] ein Trampolin **II7A**, 1
les **transports en commun** (m./pl.) [lɛtʀɑ̃spɔʀʀɑ̃kɔmɛ̃] die öffentlichen Verkehrsmittel **I7C**, 1
la **fête du travail** [lafɛtdytʀavaj] Tag der Arbeit (1. Mai) **I3P**
travailler [tʀavaje] arbeiten **I2A**, 2
traverser qc [tʀavɛʀse] etw. überqueren **I5B**, 1
très [tʀɛ] sehr **I6A**, 4
triste/**triste** [tʀist/tʀist] traurig **I6A**, 4
la **troisième** [latʀwazjɛm] die Dritte, die dritte Klasse **II1DE**
trop [tʀo] zu viel, zu sehr **I5B**, 3
   C'est trop nul! (fam.) [sɛtʀonyl] Das ist zu blöd! (ugs.) **I5B**, 3
une **trousse** [yntʀus] ein Federmäppchen **I2P**
trouver qn/qc [tʀuve] jdm./etw. finden **I2A**, 2
   trouver que [tʀuve] finden, dass **II2A**, 3
un **truc** (fam.) [ɛ̃tʀyk] ein Ding, eine Sache **I2A**, 1
un **t-shirt** [ɛ̃tiʃœʀt] ein T-Shirt **I2B**, 2
typique/**typique** [tipik/tipik] typisch **II4A**, 1

U

utiliser qc [ytilize] etw. benutzen; etw. nutzen **II6DE**

V

les **vacances** (f., pl.) [levakɑ̃s] der Urlaub, die Ferien **I2A**, 3; **I6A**, 4
une **vague** [ynvag] eine Welle **II5B**, 1
la **valeur** [lavalœʀ] der Wert **I7D**, 1
une **valise** [ynvaliz] ein Koffer **II5A**, 1
un **vantard**/une **vantarde** [ɛ̃vɑ̃taʀ/ynvɑ̃taʀd] ein Prahler, ein Protzer, ein Angeber **II7A**, 1
Vas-y! [vazi] Los!/Mach schon!/Auf geht's! **II3B**, 1
le **vélib** [ləvelib] Bezeichnung für bezahlbaren Fahrradverleih in Großstädten **I7A**, 1
un **vélo** [ɛ̃velo] ein Fahrrad **I2B**, 7
à vélo [avelo] mit dem Fahrrad **I7A**, 1
un **vendeur**/une **vendeuse** [ɛ̃vɑ̃dœʀ/ynvɑ̃døz] ein Verkäufer/eine Verkäuferin **I5C**, 1
vendredi (m.) [vɑ̃dʀədi] Freitag, am Freitag **I4**
venir [vəniʀ] kommen **II3B**, 1
le **vent** [ləvɑ̃] der Wind **I7B**, 1

Liste des mots

un **verre** [ɛ̃vɛʀ] ein Glas **II4B**, 1
vert/**verte** [vɛʀ/vɛʀt] grün **I6A**, 4
une **veste** [ynvɛst] eine Jacke **I6B**, 8
un **vêtement** [ɛ̃vɛtmɑ̃] ein Kleidungsstück **I6B**, 8
la **viande** [lavjɑ̃d] das Fleisch **II4DE**
la **vie** [lavi] das Leben **II0DE**
    se compliquer la vie [səkɔ̃plikelavi] sich das Leben (unnötig) schwer machen **II3A**, 1
Viens! [vjɛ̃] Komm! *(Aufforderung)* **I1A**, 1
vieux/**vieil**/**vieille** [vjø, vjɛj, vjɛj] alt **I6B**
un **village** [ɛ̃vilaʒ] ein Dorf **II0DE**
une **ville** [ynvil] eine Stadt **II0DE**
    la vieille ville [lavjɛjvil] die Altstadt **II0DE**
un **violon** [ɛ̃vjɔlɔ̃] eine Violine/Geige **I6B**
une **visite** [ynvizit] ein Besuch **I7DE**; eine Besichtigung **II2DE**
visiter qc [vizite] etw. besichtigen **I7DE**
vite [vit] schnell *(Adv.)* **I1A**, 1
Vive … ! [viv] Es lebe … ! **II1DE**
Voici … [vwasi] Hier ist … /Hier sind … **II5DE**
Voilà … [vwala] Da ist … /Da sind … **I0**, 3
la **voile** [lavwal] ein Segel; das Segeln **II5P**
un **voilier** [ɛ̃vwalje] ein Seegelboot **II0DE**
voir qc [vwaʀ] etw. sehen **II2A**, 1
un **voisin**/une **voisine** [ɛ̃vwazɛ̃/ynvwazin] ein Nachbar/eine Nachbarin **II7B**, 3
une **voiture** [ynvwatyʀ] ein Auto **I5A**, 1
    en voiture [ɑ̃vwatyʀ] Auto **I5A**, 1
la **voix** [lavwa] die Stimme **I6B**
un **volcan** [ɛ̃vɔlkɑ̃] ein Vulkan **II0DE**
voler [vɔle] fliegen **II4B**, 2
le **volley(ball)** [ləvɔlɛbal] Volleyball **I5**
je **voudrais** [ʒəvudʀɛ] ich möchte **I5C**, 1
    je veux [ʒəvø] ich will, ich möchte **I6B**, 1
    vouloir [vulwaʀ] wollen **II3A**, 2
    Je veux bien. [ʒəvøbjɛ̃] (Ich möchte) gerne! **II3A**, 2
    Si tu veux. [sityvø] Wenn du willst. **II3A**, 8
un **voyage** [ɛ̃vwajaʒ] eine Reise **II0DE**
vrai/**vraie** [vʀɛ] wahr; richtig, echt **I7E**, 1
vraiment [vʀɛmɑ̃] wirklich **I5B**, 3
le **VTT** [ləvetete] das Mountainbike **I2P**
la **vue** [lavy] die Aussicht **I7B**, 1

W

les **W.- C.** [levese] die Toilette **I5**

Y

le **yaourt** [ləjauʀt] der Joghurt **II4DE**

Z

zarbi *(fam.)* [zaʀbi] merkwürdig **II8A**
Zut! *(fam.)* [zyt] Mist!, Verdammt! **I2A**, 3

Prénoms masculins

Anaïs [anais] **II5A**, 4
Antoine [ɑ̃twan] **I0**, 1
Arthur [aʀtyʀ] **I6A**

Charles [ʃaʀl] **I0**, 1
Clément [klemɑ̃] **I0**, 1
Damien [damjɛ̃] **I5B**, 3
Gabriel [gabʀiɛl] **I0**, 1; **I5A**, 3
Gaspard [gaspaʀ] **I0**, 1
Gérald [ʒeʀald] **I6B**
Grégoire [gʀegwaʀ] **II4DE**
Jérôme [ʒeʀom] **I2B**, 2
Julien [ʒyljɛ̃] **II1A**, 1
Justin [ʒystɛ̃] **I0**, 1
Lars [laʀs] **II4A**, 1
Léo [leo] **I0**, 1
Lionel [ljɔnɛl] **I6D**
Louis [lwi] **I0**, 1
Maurice [mɔʀis] **I0**, 1
Mehdi [medi] **I3DE**, 3
Paul [pɔl] **I0**, 1
Pierre [pjɛʀ] **I0**, 1
Romain [ʀɔmɛ̃] **I0**, 1
Sacha [saʃa] **II3A**, 2
Thomas [tɔma] **I0**, 1
Valentin [valɑ̃tɛ̃] **I0**, 1
Vladimir [vladimiʀ] **II2B**, 2

Prénoms féminins

Alex(andra) [alɛks] **I2A**, 3
Anne [an] **I0**, 1
Béatrice [beatʀis] **I0**, 1
Camille [kamij] **I6A**
Carla [kaʀla] **II4DE**
Clara [klaʀa] **I5A**, 3
Coralie [kɔʀali] **II6DE**; **II6**
Delphine [dɛlfin] **I6A**, 2
Elise [eliz] **I0**, 1
Fleur [flœʀ] **I0**, 1
Gabrielle [gabʀiɛl] **I0**, 1
Joséphine [ʒozefin] **I0**, 1
Léa [lea] **I0**, 1
Lilou [lilu] **I0**, 1; **I6A**, 2
Louise [lwiz] **I0**, 1
Lucie [lysi] **I0**, 1
Manon [manɔ̃] **I0**, 1
Marie [maʀi] **I0**, 1; **I1A**, 1
Sarah [saʀa] **I0**, 1
Vanessa [vanɛsa] **II6B**
Zoé [zɔe] **I0**, 1

Noms de famille

Aldon [aldɔ̃] **II1A**, 1
Bardin [baʀdɛ̃] **II1DE**
Chabane [ʃaban] **I5A**, 3
Latière [latjɛʀ] **I2A**, 2
Lebreton [ləbʀətɔ̃] **II1A**, 1
Mangin [mɑ̃ʒɛ̃] **I4A**, 3
Pirou [piʀu] **I3A**, 3
Racine [ʀasin] **I4A**, 1
Rousselet [ʀuslɛ] **II1A**, 1

Noms de villes

Angoulême [ɑ̃gulɛm] **II6C**
Arcachon [aʀkaʃɔ̃] **II5DE**
Batignolles [batiɲɔl] **I5DE**
Brest [bʀɛst] **I1B**, 6

Bruxelles [bʀysɛl] **II0DE**
Clichy [kliʃi] **I5DE**
Cologne [kɔlɔɲə] **I3A**, 3
Dunkerque [dɛ̃kɛʀk] **I7A**, 1
Genève [ʒənɛv] **II0DE**
Knokke le Zoute [knɔklə zut] **II0DE**
Lausanne [lozan] **II0DE**
Nice [nis] **I1B**, 6
Paris [paʀi] **I1DE**
Saint-Malo [sɛ̃malo] **II0DE**
Strasbourg [stʀasbuʀ] **I1B**, 6
Toulouse [tuluz] **I1B**, 6
Vincennes [vɛ̃sɛn] **II7A**, 1

Noms géographiques

l'**Allemagne** *(f.)* [lalmaɲ] **I3A**, 3
l'**Angleterre** *(f:)* [lɑ̃glətɛʀ] **I6A**, 4
l'**Auvergne** *(f.)* [lovɛʀɲ] **II0DE**
la **Belgique** [labɛlʒik] **II6C**
la **Bretagne** [labʀətaɲ] **II0DE**
le **Canada** [ləkanada] **II6C**
la **France** [lafʀɑ̃s] **I3A**, 3
la **Normandie** [lanɔʀmɑ̃di] **I5DE**

Noms divers

l'**Atomium** *(m.)* [latomjɔm] **II0DE**
le **Centre Pompidou** [ləsɑ̃tʀ(ə)pɔ̃pidu] **I7DE**
la **dune du Pilat** [ladyndypila] **I5DE**
la **Gare de l'Est** [lagaʀdəlɛst] **I7C**, 2
la **Gare du Nord** [lagaʀdynɔʀ] **I7A**, 1
l'**Institut du Monde arabe** [lɛ̃stitydymɔ̃daʀab] **I7DE**
Interclub 17 [ɛ̃tɛʀklœbdisɛt] **I5DE**
le **Lac Léman** [ləlaklemɑ̃] **II0DE**
La Défense [ladefɑ̃s] **I7DE**
La Joconde [laʒɔkɔ̃d] **I7B**, 4
le **parc des Batignolles** [ləpaʀkdebatiɲɔl] **I5C**, 1
le **Thalys** [lətalis] **I7A**, 1
le **Louvre** [ləluvʀ] **I7DE**
Malabar [malabaʀ] **I1A**, 1
Malou [malu] **I2A**, 3
le **Manneken Pis** [ləmanɛkənpis] **II0DE**
Moustique [mustik] **I1A**, 1
le **Musée Olympique** [ləmyzeɔlɛ̃pik] **II0DE**
Nautibus [notibys] **II0DE**
la **place de la Bastille** [laplasdəlabastij] **I6B**, 2
la **rue Nollet** [laʀynɔlɛ] **I2B**, 2
la **rue Truffaut** [laʀytʀyfo] **I2B**, 2
les **Schtroumpfs** [lɛʃtʀumf] **II6C**
la **tour Eiffel** [latuʀɛfɛl] **I6DE**
Vulcania [vylkanja] **II0DE**

Noms de personnes connues

Camélia Jordana [kameljaʒɔʀdana] **II8A**
Christophe Maé [kʀistɔfmae] **II6B**
Gustave Eiffel [gystavɛfɛl] **I7A**, 1
Honoré de Balzac [ɔnɔʀedəbalzak] **I4DE**
Kad Merad [kadmeʀad] **I5A**, 3
Martin Luther King [maʀtɛ̃lytɛʀkinɲ] **I5DE**
Roméo et Juliette [ʀɔmeoeʒyljɛt] **II8A**
Zaz [zaz] **II6B**

Wortliste

A

abbiegen tourner **I5B**, 1
der Abend le soir **I5A**, 1
  heute Abend ce soir **I5A**, 1
aber mais **I1B**, 1
abfahren partir **II6A**
die Abfahrt le départ **II5A**
etw. (ab)holen aller chercher qc **II4A**, 2
ein Abwasserkanal un égout **II2DE**
Ach. Bof! *(fam.)* **I1B**, 7
eine Achterbahn un grand huit **I7E**, 1
Achtung! Attention! **I1A**, 1
äh? hein? *(fam.)* **I5DE**
jdm./etw. ähnlich sein ressembler à qn/qc **I1B**, 2
ein Album un album **II5A**, 3
alle tous …/toutes … **II7B**, 3
alle tout le monde **I5DE**
allein seul/seule **II2B**, 2
als comme **I5A**, 6
als quand **I1B**, 2
alt vieux/vieil/vieille **II6B**
  Wie alt bist du? Tu as quel âge? **I3B**, 9
das Alter l'âge *(m.)* **I3B**, 9
  Wie alt bist du? **I3B**, 9
die Altstadt la vieille ville **II0DE**
die Ampel le feu **I5B**, 2
jdm. etw. anbieten offrir qc à qn **II8DE**
ein Andenken un souvenir **I7B**, 1
die anderen les autres **I4B**, 4
anderer, andere différent/différente **II6B**
anderer/andere/anderes autre/autre **I6B**, 1
es ist mal etwas anderes (als …) ça change (de qc) **I6B**, 6
ändern changer **I6B**, 6
anders différent/différente **II6C**
anfangen commencer **I4A**, 1
ein Anfänger, eine Anfängerin un débutant/une débutante **II6B**
eine Angelegenheit une affaire **I3A**, 3
Angst haben avoir peur **I6A**, 4
etw. anhalten arrêter qc **II3B**, 1
jdm. zuhören, etw. anhören écouter qn/qc **I2A**, 2
ein Animateur, eine Animateurin un mono/une mono **II0DE**
(an)kommen arriver **I2DE**
die Ankunft l'arrivée *(f.)* **I6A**, 2
ein Anorak un anorak **I6B**, 8
etw. anprobieren essayer qc **II5B**, 1
anrufen téléphoner à qn **I5B**, 1
  jdn. (an)rufen appeler qn **II2B**, 2
  jdn. wieder/noch einmal anrufen rappeler qn **II2B**, 8
etw. ansehen regarder qc **I2DE**
eine Ansichtskarte une carte postale **I7B**, 1
ansonsten sinon **I6B**, 2
etw. anstoßen pousser qc **II3A**, 1
etw. antreiben pousser qc **II3A**, 1
eine Anzeige, eine Annonce une annonce **II7B**, 9
etw. anziehen mettre qc **I5A**, 1
ein Aperitif un apéritif **II4A**, 2
ein Apfel une pomme **I5C**, 1
ein Apfelsaft un jus de pomme **I5C**, 1

der Applaus l'applaudissement *(m.)* **II3B**, 1
April avril *(m.)* **I3B**, 7
apropos à propos de qc **II2A**, 1
ein Aquarium un aquarium **II0DE**
ein Arbeitszimmer un bureau **I3A**, 3
arm pauvre/pauvre **II3A**, 2
ein Arm un bras **II2A**, 1
eine Armbanduhr une montre **II7A**, 1
ein Artikel un article **II3B**, 4
ein Assistent/eine Assistentin un assistant/une assistante **I7DE**
die Astronomie l'astronomie *(f.)* **II8DE**
auch aussi **I1B**, 1
auf sur **I3A**, 2
  auf, über sur **I3A**, 2
  auf der Straße dans la rue **I2A**, 3
  auf Deutsch en allemand **I3A**, 3
der Aufbruch le départ **II5A**
auf diese Weise comme ça **I4B**, 4
etw. aufgeben abandonner qc **II6B**
mit etw. aufhören arrêter qc **II3B**, 1
etw. aufräumen ranger qc **I3A**, 3
aufregen énerver qn **II1A**, 6; Ça m'énerve! **II1A**, 6
etw. aufschreiben noter qc **II3DE**
eine Aufsichtsperson un surveillant/une surveillante **II3DE**
ein Auge/Augen un œil/des yeux **II1B**, 7
der Augenblick le moment **II2A**, 1; **II2A**, 1
August août *(m.)* **I3B**, 7
aus de/d' **I1B**, 1; **I1B**, 1
ausblasen souffler qc **I3B**, 1
eine Ausgabe une édition **II6DE**
ein Ausgang une sortie **II2A**, 1
ausgehen sortir **I6A**; **II8A**; **II6A**
etw. ausprobieren essayer qc **II5B**, 1
aussehen avoir l'air **II1A**, 1
die Aussicht la vue **I7B**, 1
eine Aussprachestunde *(in der Schule)* une heure de vie **II8DE**
aussteigen descendre **II2B**, 2
eine Ausstellung une exposition **I7DE**
etw. aussuchen choisir qc **II7A**, 1
ein Auto une voiture **I5A**, 1
eine Autobahn une autoroute **II5A**, 3

B

eine Bäckerei une boulangerie **I5B**, 1
das Bad, das Badezimmer la salle de bains **I5A**, 3
eine Bahn une piste **II3B**, 1
ein Bahnhof une gare **I6A**, 4
ein Bahnsteig un quai **I6A**, 4
bald bientôt **I3A**, 3
ein Ball un bal **I6B**; **I6B**; un ballon **II5B**, 1
  ein (kleiner) Ball une balle **II7A**, 1
Basketball le basket(ball) **I5**
ein Bauernhof une ferme **II7B**, 3
ein Baum un arbre **II5A**, 3
etw. bearbeiten retravailler qc **II8DE**
etw. bedauern regretter qc **I3A**, 3
etw. beenden arrêter qc **II3B**, 1; finir **II7A**, 1
jdm. begegnen rencontrer qn **I6B**, 1
beginnen commencer **I4A**, 1

jdn. beglückwünschen féliciter qn **II3B**, 4
jdn. begrüßen saluer qn **I5B**, 3
bei jdm. chez qn **I4A**, 1
der Beifall l'applaudissement *(m.)* **II3B**, 1
das Bein la jambe **II5B**, 1
beinahe presque **II0DE**
zum Beispiel par exemple **I7D**, 1
bekannt connu/connue **II6B**
etw. bekommen recevoir qc **II4A**, 1; **II6C**
belgisch belge/belge **II6C**
etw. benutzen utiliser qc **II6DE**
ein Berg une montagne **II0DE**
ein Beruf un métier **II6B**
jdn./etw. beschreiben décrire qn/qc **I1B**, 7
etw. besichtigen visiter qc **I7DE**
eine Besichtigung une visite **II2DE**
ein Besuch une visite **I7DE**
etw. betrachten regarder qc **I2DE**
ein Bett un lit **I4A**, 1
  das Bett machen faire le lit **I6A**, 2
sich bewegen bouger **II7B**, 1
etw. bezahlen payer qc **II4A**, 2
ein Biologe/eine Biologin un biologiste/une biologiste **II7B**, 1
bis jusqu'à … **I5B**, 2
bis gleich A tout à l'heure! **I1**
Bis später! A plus! **I5A**, 1
bitte *(wenn man jdn. duzt)* s'il te plaît **I3A**, 3
jdn. (nach etw.) fragen; jdn. (um etw.) bitten demander (qc) à qn **I6B**, 1
blablabla patati patata *(fam.)* **I6A**, 4
ein Blatt (Papier) une fiche **II6B**
blau bleu/bleue **I6B**, 6
bleiben rester **I6A**, 2
ein Bleistift un crayon **I2A**, 1
blöd nul **I5B**, 3
  blöd, dumm bête/bête **II1B**, 2
  Das ist zu blöd! *(ugs.)* C'est trop nul! *(fam.)* **I5B**, 3
ein Blog un blog **I6A**, 4
blond blond/blonde **II1B**, 7
eine Blume une fleur **I6B**, 6
ein Boot un bateau/des bateaux **II5A**, 1
eine Boutique une boutique **I7B**, 1
wir brauchen etw. il nous faut qc **II7A**, 1
man braucht etw. il faut qc **II4A**, 1
(kastanien)braun châtain *(inv.)* **II1B**, 7
ein Brief une lettre **II6C**
ein Briefträger, eine Briefträgerin un facteur/une factrice **II6C**
jdm. etw. (mit)bringen apporter qc à qn **II6C**
das Brot le pain **I7C**, 1
ein Bruder un frère **I2B**, 2
ein Buch un livre **I2A**, 1
das Bungee-Jumping le saut à l'élastique **I7DE**
ein Büro un bureau **I3A**, 3
ein Bus un bus **I7C**, 1
die Butter le beurre **II4A**, 2

deux-cent-onze 211

Wortliste

C

ein Café un café **I5B**, 1
eine CD/CDs un CD/des CD **I3A**, 1
ein Champion un champion/une championne **I5B**, 3
die Chance la chance **II1A**, 1
mit jdm. (im Internet) chatten chatter avec qn **II2A**, 1
ein chauffeur un chauffeur **I5A**, 1
ein „Collège" un collège **I4DE**; **I4DE**
ein Comic une BD **I2DE**
ein Computer un ordinateur **I2A**
ein Cousin/eine Cousine un cousin/une cousine **I3A**, 9

D

da(hin), dort(hin) là-bas **II1A**, 1
eine Dame une dame **I1B**, 4
danke merci **I0**, 4
 Vielen Dank! Merci beaucoup! **I5B**, 2
dann puis **I3B**, 1
darauf dessus **II5B**, 1
eine Darbietung un spectacle **I7DE**
Wie denkst du darüber? Qu'est-ce que tu en penses? **II2A**, 3
das ça **I2B**, 2
dass (Konjunktion) que **II2A**, 3
das sind ce sont **I3A**, 3
dazu en plus **I2A**, 3
denken penser **I6A**, 4
 Wie denkst du darüber? Qu'est-ce que tu en penses? **II2A**, 3
denn car **II6C**
deshalb c'est pourquoi **II6A**; **II6B**
Deutsch l'allemand (m.) **I4DE**
 auf Deutsch en allemand **I3A**, 3
Dezember décembre (m.) **I3B**, 7
Dienstag, am Dienstag mardi (m.) **I4**
dieser/diese/dieses (Demonstrativbegleiter) ce/cet/cette/ces **II1B**, 2
ein Ding un truc (fam.) **I2A**, 1
Diskussion une discussion **II2A**, 1
(über etw.) diskutieren discuter (de qc) **I4A**, 3
doch quand même **II4A**, 2
doch si **I4B**, 4
Donnerstag, am Donnerstag jeudi (m.) **I4**
ein Dorf un village **II0DE**
dort/da là **I2A**, 3
 dort(hin), da(hin) là-bas **II1A**, 1
ein Drahtzaun une grille **II5DE**
dritte/die dritte Klasse la troisième **II1DE**
dumm, blöd bête/bête **I1B**, 2
eine Düne une dune **II5DE**
dunkel sombre/sombre **II2A**, 1
der Durchschnitt (10 von 20 Punkten im Zeugnis) la moyenne **II3A**, 2
etw. tun dürfen avoir le droit de faire qc **II6A**
Durst haben avoir soif **I5C**, 1
eine DVD/DVDs un DVD/des DVD **I3A**, 1

E

eine Ecke un coin **II6DE**
eher plutôt **II3A**, 2
ein Ei/Eier un œuf/des œufs **II4DE**
die Eifersucht la jalousie **I6B**, 6
eine CD un CD, un album **II5A**, 3
einfach simple/simple **II6C**
ein Eingang une entrée **I5A**, 1
einige quelques (pl.) **II3B**, 1
einkaufen faire les courses (f.) (pl.) **II4DE**
jdn. einladen inviter qn **I3A**, 3
eine Einladung une invitation **II6A**
einmal une fois **II2DE**
einsteigen monter **II2B**, 2
eintreten entrer **I2A**, 2
einverstanden d'accord **I2B**, 2
ein Eis une glace **II5B**, 1
die Eltern les parents (m.) **I3A**, 9
eine E-Mail un courriel **I6B**, 6
etw. empfangen recevoir qc **II4A**, 1; **II6C**
das Ende la fin **I4B**, 5; **I4B**, 5
eine Endivie une endive **II4A**, 1
endlich enfin **I6A**, 4
Entschuldigen Sie./Entschuldigung! Excusez-moi. **I4A**, 3
Entschuldigung. Pardon. **I1A**, 1
die Erde la terre **II0DE**
die Erdkunde la géographie **II3A**, 2
etw. erfinden inventer qc **I7D**, 1
der Erfolg le succès **II3B**, 4
ein Ergebnis un résultat **II1B**, 2
eine Erinnerung un souvenir **I7B**, 1
(jdm.) etw. erklären expliquer qc (à qn) **II2B**, 2
ein Erlebnispark un parc d'attractions **I7E**, 1
ernst(haft) sérieux/sérieuse **II7A**, 1
der erste le premier **I3B**, 7
etw. erzählen raconter qc **I4A**, 3
etw. essen manger qc **I3B**, 1
 zu Abend essen dîner **II4A**, 1
Essen un repas **I5A**, 3
etwas quelque chose **I4B**, 4

F

eine Fahne un drapeau **II3P**; **II5B**, 1
fahren aller **I4A**, 3
ein Fahrschein, eine Fahrkarte un ticket **I7C**, 2
ein Fahrrad un vélo **I2B**, 7
mit dem Fahrrad à vélo **I7A**, 1
ein Fahrschein, eine Fahrkarte un ticket **I7C**, 2
fallen tomber **I5B**, 3
das Fallschirmspringen le parachutisme **II7DE**
eine Familie une famille **I3A**, 8
fantastisch fantastique **I1B**, 1
eine Farbe une couleur **I6B**, 6
fast presque **II0DE**
Februar février (m.) **I3B**, 7
das Fechten l'escrime (f.) **II7B**, 3
feiern faire la fête **I6DE**; fêter **I6A**, 4
ein Fenster une fenêtre **II5A**, 6
die Ferien les vacances (f., pl.) **I2A**, 3; **I6A**, 4; **I6A**, 4
eine Ferienunterkunft un gîte **II5DE**
ein Ferienlager une colo(nie de vacances) **II0DE**
das Fernsehen la télévision **I4A**, 1
fesselnd captivant/captivante **II8P**
ein Fest une fête **I6DE**
ein Feuerwerk un feu d'artifice **I6DE**
die Feundschaft l' amitié (f.) **I6A**, 4
eine Figur (im Sport) une figure **II7A**, 1
ein Film (Kino) un film **I5A**, 3
jdn./etw. finden trouver qn/qc **I2A**, 2
finden, dass trouver que **II2A**, 3
ein Finger un doigt **II4A**, 2
eine Flagge un drapeau **II3P**; **II5B**, 1
eine Flasche une bouteille **II4A**, 2
das Fleisch la viande **II4DE**
fliegen voler **II4B**, 2
ein Flohmarkt un marché aux puces **I7D**, 1
ein Flughafen un aéroport **I7C**, 2
ein Flugzeug un avion **I7C**, 3
ein Flur un couloir **II2DE**
die Form la forme **II1A**, 3
fortfahren, etw. zu tun continuer à faire qc **I6B**, 1
ein Foto une photo **I5DE**
eine Frage une question **I5B**, 3
jdn. (nach etw.) fragen; jdn. (um etw.) bitten demander (qc) à qn **I6B**, 1
in Frankreich en France **I3A**, 3
Französisch, das Französische le français **I0**, 6
 Französisch le français **I4**
eine Frau une dame **I1B**, 4; une femme **II1B**, 7; **II1B**, 7
Freitag, am Freitag vendredi (m.) **I4**
Freizeitbeschäftigung une activité **I5DE**
ein Freizeitpark un parc d'attractions **I7E**, 1
die 2. Fremdsprache la deuxième langue **II1A**, 1
die Freude la joie **II6B**
ein Freund/eine Freundin un copain/une copine (fam.) **I1B**, 2; un ami/une amie **I2A**, 3
eine Frucht un fruit **II4DE**
früh (Adv.) tôt (adv.) **I7C**, 1
der Frühling le printemps **II5DE**
das Frühstück le petit-déjeuner **II4A**, 1
ein Führer/eine Führerin un guide/une guide **II2A**, 1
ein Füller un stylo **I2A**, 1
die Fünfte, die Fünf A la 5ᵉA/la cinquième A **I4DE**
 die Fünfte, die 5 A la cinquième **II1DE**
für pour **I2A**, 3
ein Fuß un pied **I4DE**
 zu Fuß à pied **I5A**, 1

G

eine Gabel une fourchette **II4B**, 1
ein Gang un couloir **II2DE**
ganz tout/toute **II7B**, 3; **I6A**, 4
ganz schön drôlement (fam.) **I5C**, 1

Wortliste

ein Garten un jardin **II5A**, 6
gratis gratuit/gratuite **II7B**, 3
ein Gast un invité/une invitée **II4B**, 2
jdm. etw. geben donner qc à qn **I6B**, 1
   jdm. etw. (weiter)geben passer **II4B**, 6
ein Gebirge une montagne **II0DE**
geboren werden/sein être né(e) **II1B**, 2
die Geburt la naissance **II6B**
ein Geburtstag un anniversaire **I3DE**
ein Gecko un gecko **I1P**
ein Gedicht un poème **I6B**, 11
gefährlich dangereux/dangereuse **II2B**, 1
jdm. gefallen plaire à qn **II0DE**; **II5A**, 3
gegen contre **II2A**, 1
eine Gegend une région **II5B**, 1
im Gegenteil au contraire **I6B**, 1
das Geheimnis le mystère **II2DE**
   ein Geheimnis un secret **II2A**, 1
geheimnisvoll mystérieux/mystérieuse **II2DE**
gehen aller **I4A**, 3
Los!/Auf geht's! Vas-y! **II3B**, 1; Allez-y! **II1A**, 3
Wem gehört er/sie/es? Il/Elle est à qui? **I4A**, 3
Geil! (ugs.) Le pied! (fam.) **II8DE**
gelb jaune/jaune **I6A**, 4
das Geld l'argent (m.) **II6B**
gelingen etw. zu tun réussir à faire qc **II7A**, 1
gemeinsam ensemble **I3A**, 1
das Gemüse les légumes (m.) **II4DE**
genau juste **I5A**, 3
genauso … wie aussi … que **II7A**, 1
genug, genügend (von) assez (de) **II7B**, 8
die Geographie la géographie **II3A**, 2
geradeaus tout droit **I5B**, 1
das Geräusch le bruit **II2B**, 4
(Ich möchte) gerne! Je veux bien. **II3A**, 2
Geschafft! Ça y est! **II8DE**
ein Geschäft un magasin **I2DE**
ein Geschenk un cadeau **I3A**, 1
eine Geschichte une histoire **I3A**, 1
ein Gespräch une discussion **II2A**, 1
gestern hier **I6A**, 2
ein Getränk une boisson **II4A**, 2
ein Getränkestand une buvette **II7B**, 3
(etw.) gewinnen gagner (qc) **I5B**, 3
ein Gewitter un orage **I7B**, 2
eine Gitarre une guitare **I5A**, 5; **I6B**
eine Gittertür une grille **II2A**, 1
ein Glas un verre **II4B**, 1
glauben croire **II8A**
das Gleichgewicht l'équilibre (m.) **II7A**, 1
das Glück la chance **II1A**, 1
glücklich heureux/heureuse **II2B**, 1
ein Grad un degré **I7B**, 2
ein Gramm un gramme **II4A**, 5
das Gras l'herbe (f.) **II7B**, 3
gratis gratuit/gratuite **II7B**, 3
jdm. gratulieren féliciter qn **II3B**, 4
grau gris/grise **I6B**, 6
groß grand/grande **I6DE**
die Großeltern les grands-parents **I3A**, 9
eine Großmutter une grand-mère **I2A**, 3
ein Großvater un grand-père **I3A**, 9

grün vert/verte **I6A**, 4
ein Grund une raison **II7B**, 8
eine Gruppe un groupe **II2A**, 1
Gruß Amitiés. **II0DE**
ein Gürtel une ceinture **I6A**, 4
gut bon/bonne **I6A**, 4
gut (Adv.) bien (adv.) **I0**, 4
   Es geht (mir) gut. Ça va bien. **I0**, 4
   gut in etw. fort en qc **I0**, 4
gut drauf sein avoir la pêche (fam.) **II8A**
die Gymnastik la gymnastique **I2B**, 7

H

ein Haar/Haare un cheveu/des cheveux **II1B**, 7
haben avoir **I3B**, 1
aus Haiti haïtien/haïtienne **II6B**
halb acht sept heures et demie **I4A**, 1
halbtags à mi-temps **II1A**, 1
Hallo? (am Telefon) Allô? **I3A**, 3
Hallo! Coucou! **I7B**, 4; **II0DE**
eine Haltestelle une station **I7A**, 1
ein Hamster un hamster **I1P**
die Hand la main **I4A**, 3
jdm. die Hand geben donner la main à qn **I6B**, 1
der Handball le hand-ball **I5**
ein Handy un portable **I5C**, 1
das Hauptgericht le plat principal **II4A**, 1
die Hauptstadt la capitale **I7DE**
ein Haus une maison **I2A**, 3
   zu Hause, nach Hause à la maison **I4A**, 1
nach Hause gehen rentrer **II1A**, 1
die (Haus-)Aufgaben les devoirs (m., pl.) **I4B**, 4
ein Hausaufgabenheft un cahier de textes **II3DE**
ein Heft un cahier **I2A**
Es ist heiß. Il fait chaud. **I7B**, 1
heiß chaud/chaude **I5C**, 1
ein Hemd une chemise **I6B**, 8
der Herbst l'automne (m.) **II5B**, 4
hereinkommen entrer **I2A**, 2
ein Herr un monsieur **I1B**, 4
heute aujourd'hui **I3A**, 3
   heute Abend ce soir **I5A**, 1
hier, hierher ici **I1B**, 1
der Himmel le ciel **I6B**, 6
hinaufgehen monter **II2B**, 2
hinausgehen sortir **II6A**
hinter derrière **I3A**, 2
hinuntergehen descendre **II2B**, 2
hoffen espérer **II4B**, 2
etw. (ab)holen aller chercher qc **II4A**, 2
jdn./etw. hören entendre qn/qc **II2B**, 2
ein Hörer un auditeur/une auditrice **I7E**, 1
eine Hose un pantalon **I6B**, 8
ein Hund un chien **I1B**, 1
Hunger haben avoir faim **I3B**, 1
ein Hut un chapeau **I6A**, 4

I

eine Idee une idée **I3A**, 1
in dans **I0**, 6

   in (Paris) à (Paris) **I2DE**
   in Deutschland en Allemagne **I6B**, 1
ein Instrument un instrument **I6B**
eine interaktive Tafel un tableau interactif **II3DE**
interessant intéressant/intéressante **I6A**, 4
jdn. interessieren intéresser qn **II5DE**
das Internet Internet (m.) **I7E**, 1
   im Internet sur Internet **I7E**, 1
ein Interview une interview **I5B**, 3
ein Irrtum une erreur **II5A**, 3

J

ja oui **I1A**, 1
eine Jacke une veste **I6B**, 8
ein Jahr un an **I3B**, 1; une année **I3B**, 7
   im Jahr 2000 en deux mille **II1B**, 2
eine Jahreszeit une saison **II5B**, 1
Januar janvier (m.) **I3B**, 7
eine Jeans un jean **I6A**, 4
jeder chaque **II3DE**
jeder tout le monde **I5DE**
jemand quelqu'un **II2B**, 2
jetzt maintenant **I3A**, 3
der Joghurt le yaourt **II4DE**
jonglieren jongler **II7A**, 1
das Judo le judo **I2B**, 2
   zum Judo gehen aller au judo **II5A**, 3
ein Jugendlicher, eine Jugendliche un jeune/une jeune **II6A**
Juli juillet (m.) **I3B**, 7
ein Junge un garçon **I1B**, 1
Juni juin (m.) **I3B**, 7

K

der Kaffee le café **II4B**, 6
kalt froid/froide **I7B**, 2
   Es ist kalt. Il fait froid. **I7B**, 2
ein Kampf un combat **I5B**, 3
ein Kaninchen un lapin **I1P**
eine Kantine une cantine **I4DE**
eine Kappe une casquette **I6B**, 1
das Karate le karaté **II8DE**
eine Karotte une carotte **II4A**, 2
eine Karte une carte **I3A**, 10
eine Kartoffel une pomme de terre **II4DE**
ein Karton un carton **I2A**, 3
der Käse le fromage **II4B**, 2
die Katakomben les catacombes (f.) **II2DE**
eine Katze un chat **I1B**, 1
etw. kaufen acheter qc **II4DE**
kein/keine mehr ne … plus de **I7D**, 1
jdn./etw. kennen connaître qn/qc **II1A**, 1
eine Kerze une bougie **I3A**, 3
ein Kilometer un kilomètre **I7C**, 1
ein Kind un enfant **I3A**, 9
ein Kinderzimmer une chambre d'enfant **I5**
ein Kino un cinéma **II1B**, 2
klasse chouette/chouette (fam.) **II8DE**
eine Klassenarbeit une interrogation **I4B**, 4
der Klassenlehrer le professeur principal **II1DE**
ein Klassenraum une salle de cours **I4A**, 3

deux-cent-treize   213

Wortliste

klassisch classique **I2B,** 7
klauen (ugs.) piquer qc (fam.) **I2B,** 7
ein Klavier un piano **I6B**
ein Kleid une robe **I6A,** 4
ein Kleidungsstück un vêtement **I6B,** 8
klein petit/petite **I6A,** 4
klicken cliquer **I4B,** 4
klingeln sonner **II7A,** 1
kochen faire la cuisine **II4DE**
ein Koffer une valise **II5A,** 1
eine Kombination une combinaison **II5B,** 1
komisch bizarre **I1B,** 1
Komm! (Aufforderung) Viens! **I1A,** 1
(an)kommen arriver **I2DE**
kommen venir **I3B,** 1
kompliziert compliqué/compliquée **II3A**
eine Königin une reine **I6A,** 4
der Kontakt le contact **II6A**
der Kopf la tête **II1A,** 1
Kopf oder Zahl? Pile ou face? **I5A,** 6
eine Kopie une copie **I4B,** 4
die Körperpflege la toilette **I5A,** 3
etw. kosten coûter qc **I5C,** 1
 Wieviel kostet das? Ça coûte combien? **I5C,** 1
 Wie viel macht/kostet das? Ça fait combien? **I5C,** 1
kostenlos, gratis gratuit/gratuite **II4A,** 2
eine Krabbe un crabe **II0DE**
eine Krankenstation une infirmerie **I4DE**
eine Krankheit une maladie **II3A,** 1
eine Kreuzung un carrefour **I5B,** 1
eine Küche une cuisine **I5A,** 3
ein Kuchen/Kuchen un gâteau/des gâteaux **I3A,** 3
Kuckuck! Coucou! **I7B,** 4; **II0DE**
ein Kügelchen une boulette **II1B,** 2
ein Kühlschrank un frigo (fam.) **II4A,** 1
ein Kuli un stylo **I2A,** 1
ein Freund/eine Freundin un copain/une copine (fam.) **I1B,** 2
ein Kunde/eine Kundin un client/une cliente **I5C,** 1
die Kunst l'art (m.) **I7DE**
kurz court/courte **I6A,** 4; **II6DE**
ein Kuss, ein Küsschen une bise (fam.) **I7B,** 4
ein Küsschen un bisou **I7B,** 1
jdn. küssen embrasser qn **II0DE**
eine Küste une côte **II5DE**

L

lachen rigoler (fam.) **II4B,** 2; rire **II8A**
ein Laden un magasin **I2DE; I2DE**
ein Ladengeschäft une boutique **I7B,** 1
ein Land un pays **II3A,** 2
das Land la campagne **II7B,** 3
lang long/longue **I6A,** 4
lange (Adv.) longtemps **II3B,** 1
langweilig ennuyeux/ennuyeuse **II8P**
der Lärm le bruit **II2B,** 4
Es lebe ...! Vive ...! **II1DE**
das Leben la vie **II0DE**
etw. legen mettre qc **I5A,** 1

etw. legen poser qc **II4B,** 1
ein Lehrer/eine Lehrerin un professeur/une professeure **I4A,** 3
leicht facile **II7A,** 1
die Leichtathletik l'athlétisme (m.) **I5A,** 3
es tut mir leid (je suis) désolé/désolée **I7D,** 2
eine Leine une corde **II7A,** 1
eine Lektion une leçon **II3DE**
etw. lesen lire qc/qc à qn **I7B,** 3
letzter/letzte/letztes dernier/dernière **I6A,** 4
ein Leuchtturm un phare **II5A,** 1
die Leute les gens (m., pl.) **I6DE**
Lieber .../Liebe ... Cher .../Chère ... **I6B,** 6
die Liebe l'amour (m.) **II6B**
jdn./etw. lieben, mögen aimer qn/qc **I2B,** 2
ich würde lieber ... j'aimerais mieux ... **II3A,** 8
etw. lieber mögen préférer qc **II4B,** 2; **II0DE**
der Liebeskummer le chagrin d'amour **II8A**
das Lieblingsessen le plat préféré **II4B,** 6
zu etw. hin liegen donner sur qc **II5A,** 6
(nach) links à gauche **I5B,** 2
eine Liste une liste **I7E,** 1
ein Liter un litre **II4A,** 2
ein Löffel une cuillère **II4B,** 1
eine Lösung une solution **II7A,** 1
Das sagt mir nichts./Ich habe keine Lust darauf. Ça ne me dit rien! **II3A,** 2
Lust haben, etw. zu tun avoir envie de faire qc **I3B,** 1
lustig drôle/drôle **II1A,** 1

M

etw. machen faire qc **I4B,** 4
 Mach dir nichts draus. Ne t'en fais pas. (fam.) **II7A,** 4
Was macht Léo? Que fait Léo? **I2DE**
das Bett machen faire le lit **I6A,** 2
eine Mahlzeit un repas **I5A,** 3
Mai mai (m.) **I3B,** 7
manchmal parfois **II6A**
ein Mann un monsieur **I1B,** 4; un homme **II1B,** 2
eine Mannschaft une équipe **II6DE**
ein Markt un marché **I7D,** 1
März mars (m.) **I3B,** 7
eine Maus une souris **I1P; II2B,** 5
die Medien les médias (m., pl.) **II6DE**
das Meer la mer **II0DE**
das Mehl la farine **II4DE**
mehr ... als plus ... que **II7A,** 1
 mehr plus de + nom **II7B,** 3
mehrere plusieurs (inv.) **II3B,** 1
eine Meinung un avis **II6A**
 Ich bin deiner Meinung. Je suis de ton avis. **II7B,** 2
 meiner Meinung nach à mon avis **II7B,** 8
ein Meister/eine Meisterin un champion/une championne **I5B,** 3
eine Melodie une mélodie **II6B**

merkwürdig bizarre **I1B,** 1; zarbi (fam.) **II8A;** curieux/curieuse **II2B,** 1
ein Messer un couteau **II4B,** 1
eine Miesmuschel une moule **II4A,** 1
die Milch le lait **II4DE**
eine Million un million **I7C,** 1
ein Mineralwasser une eau minérale **I5C,** 1
Mist! Zut! (fam.) **I2A,** 3
mit avec **I2DE**
jdm. etw. (mit)bringen apporter qc à qn **II6C**
etw. mitnehmen emporter qc **II5B,** 2
eine Mitteilung un message **II3DE**
Mitternacht minuit (m.) **I5A,** 3
Mittwoch, am Mittwoch mercredi (m.) **I4**
eine MMS (eine Bildnachricht) un MMS **II5A,** 3
die Mode la mode **II6C**
modern moderne **I7DE**
 modern, „in" à la mode **II6C**
ich möchte je voudrais **I5C,** 1
jdn./etw. sehr gern mögen adorer qn/qc **I7D,** 4
jdn./etw. mögen, lieben aimer qn/qc **I2B,** 2
möglich possible/possible **II1A,** 6
eine Möhre une carotte **II4A,** 2
ein Moment un moment **II2A,** 1
ein Monat un mois **I3B,** 7
der Mond la lune **II8DE**
Montag, am Montag lundi (m.) **I4A,** 3
morgen demain **I3A,** 3
der Morgen le matin **I5A,** 3
eine Mousse au chocolat (süße Nachspeise) une mousse au chocolat **II4A,** 1
ein MP3-Player un baladeur mp3 **II5A,** 3
müde fatigué/fatiguée **I7C,** 1
ein Museum un musée **I7DE**
die Musik la musique **I2B,** 2
ein Musikalbum un album **II5A,** 3
etw. tun müssen devoir faire qc **II6C**
man muss etw. tun il faut faire qc **II4A,** 2
der Mut le courage **II6DE**
mutig courageux/courageuse **II2DE**
eine Mutter une mère **I3A,** 9

N

nach après **I4A,** 1
 nach (Paris) à (Paris) **I2DE**
ein Nachbar/eine Nachbarin un voisin/une voisine **II7B,** 3
nachdenken réfléchir **II7A,** 1
nach Hause gehen rentrer **I4A,** 1
der Nachmittag l'après-midi (m.f.) **I5A,** 6
eine Nachricht/eine Mitteilung un message **II3DE**
nächster/nächste/nächstes prochain/prochaine **I3B,** 4
die Nacht la nuit **I5A,** 1
ein Nachtisch un dessert **II4A,** 1
Na klar! bien sûr **I3A,** 1
ein Name un nom **II1DE**
ein Nationalfeiertag une fête nationale **I6DE**
neben jdm./etw. à côté de qn/qc **II1A,** 1

214 deux-cent-quatorze

Wortliste

etw. nehmen; etw. essen prendre qc **I5C**, 1
 etw. noch einmal nehmen, von etw. noch mehr nehmen reprendre de qc **II4B**, 6
das Neopren le néoprène **II5B**, 1
nerven énerver qn **II1A**, 6; Ça m'énerve! **II1A**, 6
nett sympa **I2B**, 2
neu nouveau/nouvel/nouvelle **II6DE**
ein Neuer, eine Neue un nouveau/une nouvelle **II1B**, 2
neugierig curieux/curieuse **II2B**, 1
nicht ne … pas **I4A**, 3
 auch nicht ne … pas non plus **I4A**, 3
 noch nicht ne … pas encore **II4B**, 2
nichts ne … rien **I7E**, 1
nie, niemals ne … jamais **II4B**, 2
niemand ne … personne **II8A**
noch encore **I3B**, 1
noch nicht ne … pas encore **II4B**, 2
normal normal/normale **II5A**, 3
eine Note une note **II3A**, 2
November novembre (m.) **I3B**, 7
eine Nummer un numéro **I5B**, 3
nur seulement **II7B**, 3
nur ne … que **II3B**, 1
etw. nutzen utiliser qc **II6DE**

O

ob si **II5A**, 6
oder ou **I2DE**; **I3A**, 1
etw. öffnen ouvrir qc **II2B**, 2
oft souvent **II2A**, 1
Oh! Oh! **I1A**, 1
o.k. d'accord **I2B**, 2
ökologisch écologique **I7C**, 2
Oktober octobre (m.) **I3B**, 7
das Öl l' huile (f.) **II4A**, 1
eine Olive une olive **II4A**, 1
ein Onkel un oncle **I3A**, 9
online en ligne **II2A**, 1
Opa; Opi papi/papy (fam.) **I7A**, 1
etw. organisieren organiser qc **II3A**, 2
ein Ort un endroit **I7DE**
ein Overall une combinaison **II5B**, 1

P

Papa papa **I1A**, 1
ein Papagei un perroquet **I1P**
das Papier le papier **I1B**, 2
eine Parade un défilé **I6B**, 1
ein Pariser/eine Pariserin un Parisien/une Parisienne **I7C**, 1
ein Park un parc **I5DE**
ein Parkour (Sportart) un parkour **II7A**, 1
eine Party une fête **II7A**, 1
eine Pause la récréation **I4A**, 3; une pause **II5A**, 3
eine Person une personne **I6A**, 1
ein Pfad une piste **II3B**, 1
ein Pferd/Pferde un cheval/des chevaux **II7B**, 3
eine Piste une piste **II3B**, 1
ein Plakat une affiche **I2A**, 3

ein Platz une place **I4A**, 3
plötzlich tout à coup **II1B**, 2
die Post la poste **I5B**, 2; le courrier **II0DE**
eine Postkarte une carte postale **I7B**, 1
ein(e) Prahler(in) un vantard/une vantarde **II7A**, 1
ein Preis un prix **II6C**
probieren goûter qc **II4B**, 2
ein Problem un problème **I6A**, 2
 kein Problem mehr plus de problème **I7D**, 1
ein Projekt un projet **I4B**, 1; **II6C**
eine Projektwoche une semaine banalisée **II8DE**
ein(e) Protzer(in) un vantard/une vantarde **II7A**, 1
ein Pullover un pull **I6B**, 8
Punkt juste **I5A**, 3
pünktlich juste **I5A**, 3
eine Pyramide une pyramide **I7DE**

Q

Quatsch! N'importe quoi! **II8A**

R

das Radfahren le cyclisme **I5**
ein Radiergummi une gomme **I2A**, 1
am Rande von etw. au bord de qc **II0DE**
ein Rastplatz (auf französischen Autobahnen) une aire de repos **II5A**, 3
ein Rätsel une devinette **II1B**, 7
eine Ratte un rat **I1P**
das Recht le droit **II6A**
das Recht haben, etw. zu tun avoir le droit de faire qc **II6A**
recht haben avoir raison **I4B**, 4
(nach) rechts à droite **I5B**, 1
ein Referat un exposé **II3A**, 2
der Refrain le refrain **II8A**
ein Regal une étagère **I3A**, 2
eine Region une région **II5B**, 1
regnen pleuvoir **I7B**, 2
 Es regnet. Il pleut. **I7B**, 2
eine Reise un voyage **II0DE**
das Reiten l' équitation(f.) **I5**
eine Reportage un reportage **I7DE**
der RER (S-Bahnartiges Verkehrsnetz in Paris und Umgebung) le RER **I7C**, 2
ein Restaurant un restaurant **I7B**, 1
der Rhythmus le rythme **II6B**
der Rock, die Rockmusik le rock **I2B**, 7
ein Rock une jupe **I6B**, 8
der Roquefort (franz. Käsesorte) le roquefort **II4A**, 1
rot rouge/rouge **I6A**, 4
rothaarig roux/rousse **II1B**, 7
der Rücken le dos **II5B**, 1
jdn. (an)rufen appeler qn **II2B**, 2
die Ruhe le silence **II4B**, 2; le calme **II8A**
ein Rundgang un tour **I5A**, 3

S

eine Sache un truc (fam.) **I2A**, 1; une affaire **I3A**, 3
ein Saft un jus **I5C**, 1
(jdm.) etw. sagen dire qc (à qn) **II5A**, 6
 er sagt/sie sagt il dit/elle dit **I2A**, 3
Das sagt mir nichts./Ich habe keine Lust darauf. Ça ne me dit rien! **II3A**, 3
eine Salami un saucisson **II4A**, 1
ein Salat une salade **II4DE**
Samstag, am Samstag samedi (m.) **I4**
samstags le samedi **I5A**, 3
der Sand le sable **II5B**, 1
ein Sandwich un sandwich **II5A**, 3
ein Sänger/eine Sängerin un chanteur/une chanteuse **I6A**, 4
schade dommage! **I3A**, 3
ein Schädel un crâne **II2A**, 1
ein Schauspieler/eine Schauspielerin un acteur/une actrice **II1B**, 2
die Scheidung le divorce **II2B**, 2
scheinen briller **II8DE**
jdm. etw. schenken offrir qc à qn **II8DE**
ein Scherz une blague **II1A**, 1
ein Schiff un bateau/des bateaux **II5A**, 1
eine Schirmmütze une casquette **I6B**, 1
schlafen coucher **I5A**, 3; dormir **II6A**
schlecht mauvais/mauvaise **I6B**, 1
 Es ist schlechtes Wetter. Il fait mauvais. **I7B**, 2
schlecht (Adv.) mal (adv.) **I1B**, 7
etw. schließen fermer qc **II2A**, 1
endlich enfin **I6A**, 4
der Schluss la fin **I4B**, 5; **I4B**, 5
ein Schlüssel une clé **I4A**, 3
Schmerzen haben avoir mal **I5B**, 3
schneien neiger **I7B**, 2
schnell (Adv.) vite **I1A**, 1
die Schokolade le chocolat **II4A**, 1
schon déjà **I5A**, 3
schön beau/bel/belle **II6B**
Es ist schönes Wetter. Il fait beau. **I7B**, 1
jdm. etw. schreiben écrire qc à qn **I7B**, 1
ein Schreibtisch un bureau **I3A**, 3
schreien crier **II3B**, 1
schüchtern timide/timide **II1B**, 2
ein Schuh une chaussure **I6B**, 8
der Schul(jahres)beginn la rentrée **II1DE**
eine Schule une école **I2A**, 3
ein Schüler/eine Schülerin un élève/une élève **I4DE**
der (Schul-)Hof la cour **I4DE**
schwarz noir/noire **I6B**, 6
das Schweinefleisch le porc **II4A**, 1
eine Schwester une sœur **II1B**, 2
schwierig compliqué/compliquée **II4DE**; difficile/diificile **II4DE**
ein Schwimmbad une piscine **I5B**, 2
schwimmen nager **II0DE**
das Schwimmen la natation **I2**; **I5A**, 5
schwören jurer **II1B**, 2
die Sechs, die sechste Klasse la sixième **II1DE**
ein Seegelboot un voilier **II0DE**
ein Segel; das Segeln la voile **II5P**

deux-cent-quinze 215

Wortliste

etw. sehen voir qc **II2A**, 1
sehr très **I6A**, 4
ein Seil une corde **II7A**, 1
sein être **I2B**, 2
seit depuis **II2A**, 1
eine Seite une page **II2B**, 2; un côté **II7A**, 1
Selbstverständlich! bien sûr **I3A**, 1
seltsam mystérieux/mystérieuse **II2DE**
September septembre (m.) **I3B**, 7
seriös sérieux/sérieuse **II7A**, 1
eine Serviette une serviette **II4B**, 1
etw. setzen/stellen poser qc **II4B**, 1
sicher sûr/sûre **II4B**, 2
Sicherlich! bien sûr **I3A**, 1
Sieh mal! Tiens! **I2A**, 3; **I2A**, 3
singen chanter **I3B**, 1
Ski fahren le ski **I5**
die Slackline la corde molle **II7A**, 1
so comme ça **I4B**, 4
ein Sofa un canapé **II5A**, 6
sofort tout de suite **II5B**, 1
sogar même **I5B**, 3
ein Sohn un fils **I3A**, 9
der Sommer l'été (m.) **II5B**, 4
die Sonne le soleil **I7B**, 1
Sonntag, am Sonntag dimanche (m.) **I4**
Spanisch l'espagnol (m.) **II1A**, 1
spät tard **I5A**, 3
  zu spät kommen être en retard **I4DE**
speziell, Spezial-, Sonder- spécial/spéciale **II6DE**
ein Spiel/Spiele un jeu/des jeux **I3B**, 1
spielen jouer **I4DE**; **I5A**, 3
ein Spielzeug un jouet **I6B**, 1
der Sport le sport **I2B**, 2
  Sport (Schulfach) l'EPS (Education physique et sportive) (f.) **II1A**, 1
ein Sportler/eine Sportlerin un sportif/une sportive **II3B**, 1
sprechen parler **I2DE**
  mit jdm. sprechen parler à qn **I6B**, 1
springen sauter **II7B**, 1
eine Stadt une ville **II0DE**
das Stadtzentrum le centre-ville **I7A**, 1
ein Stand un stand **I5DE**
ein Star une star **II1B**, 2
stark in etw. fort en qc **I5C**, 1
eine Station une station **I7A**, 1
ein Steak mit Pommes frites un steak-frites **II4A**, 1
stehend, im Stehen debout **II5B**, 1
ein Stein une pierre **II2DE**
eine Stelle un endroit **I7DE**
etw. stellen mettre qc **I5A**, 1
  etw. stellen poser qc **II4B**, 1
ein Stern une étoile **II8DE**
ein Stil un style **II6DE**
die Stille le silence **II4B**, 2
die Stimme la voix **II6B**
Stimmt's? C'est ça? **I3B**, 1
ein Strand une plage **II0DE**
der Strass le strass **I6A**, 4
eine Straße une rue **I2A**, 3
  auf der Straße dans la rue **I2A**, 3
ein Streich une blague **II1A**, 1
ein Streit une dispute **II3B**, 1

streng sévère/sévère **II1A**, 1
ein Stuhl une chaise **II3DE**
eine Stunde une heure **I4A**, 1; **I4A**, 1
der Stundenplan l'emploi (m.) du temps **I4B**, 1
jdn./etw. suchen chercher qn/qc **I2DE**
der Südwesten le Sud-Ouest **II5DE**
super super (inv.) **I0**, 4; chouette/chouette (fam.) **II8DE**
ein Supermarkt un supermarché **II4DE**
  ein kleiner Supermarkt une supérette **II4A**, 2
surfen surfer **II6A**
das Surfen le surf **I5P**; **II5A**, 1
ein Sweatshirt un sweat-shirt **I6B**, 8
symphatisch sympa **I2B**, 2

T

eine Tafel un tableau/des tableaux **II3DE**
ein Tag une journée **I4A**, 1
  Einen schönen Tag! Bonne journée! **I5C**, 1
der Tag le jour **I6A**, 4
  pro Tag/täglich par jour **I7C**, 1
eine Tante une tante **I3A**, 9
der Tanz, das Tanzen la danse **I5A**, 5
tanzen danser **I6DE**
eine Tasche un sac **I4B**, 4
das Taschengeld l'argent (m. de poche) **II7B**, 3
eine Tasse une tasse **II4B**, 6
tauchen plonger **II0DE**
tausend mille **II1B**, 2
Tausende des milliers (m.) **II2A**, 1
ein Team une équipe **II6DE**
Techno la techno **I2B**, 7
an etw. teilnehmen participer à qc **II3A**, 2
ein Telefon un téléphone **I3A**, 3
ein Teller une assiette **II4B**, 1
teuer cher/chère **I7D**, 1
das Theater le théâtre **I5A**, 5
ein Thema un sujet **II6DE**
der Thunfisch le thon **II4A**, 1
der Thymian le thym **II4A**, 2
ein Tier un animal/des animaux **II5A**, 3
etw. tippen taper qc **II1B**, 2
ein Tisch une table **I5A**, 3
  den Tisch decken mettre la table **II4B**, 1
den Tisch decken mettre la table **II4B**, 1
eine Tischdecke une nappe **II4B**, 1
ein Titel un titre **II8A**
eine Tochter une fille **I1B**, 1
der Tod la mort **II2DE**
die Toilette les toilettes **I4A**, 1; les W.-C. **I5**
toll super (inv.) **I0**, 4; fantastique **I1B**, 1
eine Tombola une tombola **I6B**, 9
topfit sein avoir la pêche (fam.) **II8A**
tot mort/morte **II8DE**
ein Totenkopf un crâne **II2A**, 1
eine Tour un tour **I5A**, 3
ein Tourist/eine Touristin un touriste/une touriste **I7DE**
etw. tragen porter qc **I2A**, 2
ein Trampolin un trampoline **II7A**, 1
ein Traum un rêve **II6B**

träumen rêver **I4B**, 4
traurig triste/triste **I6A**, 4
jdn. treffen retrouver qn/qc **I4A**, 3; rencontrer qn **I6B**, 1
eine Treppe un escalier **II2DE**
auf etw. treten marcher sur qc **II0DE**
etw. trinken boire qc **II4A**, 2
trotzdem quand même **II4A**, 2
ein T-Shirt un t-shirt **I2B**, 2
ein Turm une tour **I6DE**
das Turnen la gymnastique **I2B**, 7
eine Turnhalle un gymnase **I4B**, 3
ein Turnschuh une basket **I6B**, 8
typisch typique/typique **II4A**, 1

U

überall partout **II8DE**
etw. überarbeiten retravailler qc **II8DE**
überlegen réfléchir **II7A**, 1
etw. überqueren traverser qc **I5B**, 1
eine Überraschung une surprise **I3B**, 1
eine Übung un exercice **I4B**, 4
am Ufer von etw. au bord de qc **II0DE**
Uff! Ouf! **I6A**, 4
sieben Uhr sept heures **I4A**, 1
um wie viel Uhr à quelle heure **I4A**, 2
jdn. umarmen embrasser qn **II0DE**
umweltfreundlich écologique **I7C**, 2
ein Umzug un défilé **I6B**, 1
und et **I1A**, 1
unglücklich malheureux/malheureuse **II2B**, 1
unter sous **I3A**, 2
sich (über etw.) unterhalten discuter (de qc) **I4A**, 3
eine Unterhaltung une discussion **II2A**, 1
ein unterirdischer Gang/Raum un souterrain **II2DE**
eine Unterrichtsstunde un cours **I4DE**
ein Unterseeboot un sous-marin **II0DE**
der Urlaub les vacances (f, pl.) **I6A**, 4; **I6A**, 4
keine Ursache De rien. **II7A**, 4
ein USB-Stick une clé USB **I4A**, 3

V

ein Vampir un vampire **II2A**, 1
ein Vater un père **I3A**, 9
eine Verabredung un rendez-vous **I6B**, 1
jdn./etw. verabscheuen détester qn/qc **I2B**, 2
etw. verbringen passer qc **I5A**, 1
Verdammt! Zut! (fam.) **I2A**, 3
etw. vergessen oublier qc **I6A**, 4
vergessen (Adj.) oublié/oubliée **II2DE**
ein Verkäufer/eine Verkäuferin un vendeur/une vendeuse **I5C**, 1
ein Verkehrsmittel un moyen de transport **I7C**, 2
ein Verkehrsstau un bouchon **II5A**, 3
etw. verlassen quitter qc **I5A**, 3
etw. verlieren perdre qc **II2B**, 2
die Verlosung le tirage au sort **II7B**, 3
verrückt fou/fol/folle **II4DE**

216 deux-cent-seize

Wortliste

etw. verstehen comprendre qc **II1A**, 7
etw. versuchen essayer qc **II5B**, 1
viel beaucoup **I5B**, 2
   viel(e) beaucoup de **I7B**, 1
vielleicht peut-être **I6A**, 4
vielmehr plutôt **II3A**, 2
in der vierten Klasse en 4e **II1DE**
ein (Stadt-)Viertel un quartier **I5DE**
eine Violine un violon **II6B**
ein Volleyball le volley(ball) **I5**
von de/d' **I1B**, 1
   von … bis de … à **I4A**, 2
vor (örtlich) devant **I2B**, 2
vor (zeitlich) avant **I6B**, 1
vor allem surtout **I6B**, 1
vorankommen avancer **II3B**, 1
vorausgesetzt, dass à condition que **II3A**, 1
etw. vorbereiten préparer qc **I3A**, 3
jdm. etw. vorlesen lire qc/qc à qn **I7B**, 3
ein Vorname un prénom **II6B**
vorschlagen, etw. zu tun proposer de faire qc **II3A**, 2
Vorsicht! Attention! **I1A**, 1
eine Vorspeise une entrée **II4A**, 1
sich jdn./etw. vorstellen imaginer qn/qc **II0DE**
   jdn. vorstellen présenter qn **II1B**, 7
eine Vorstellung un spectacle **I7DE**
etw. vorziehen préférer qc **II0DE**; **I4B**, 2
ein Vulkan un volcan **II0DE**

W

wachsen grandir **II6B**
eine Waffel une gaufre **I5C**, 1
etw. wählen choisir qc **II7A**, 1
während (Präp.) pendant **I6A**, 4
wann quand **I3B**, 7
warm chaud/chaude **I5C**, 1
   Es ist warm. Il fait chaud. **I7B**, 1
auf jdn. warten attendre qn **II2B**, 2
warum pourquoi **I5B**, 3
Was … ? Qu'est-ce que … ? **I2B**, 2
Was? Quoi? **I5A**, 1
Was ist das? Qu'est-ce que c'est? **I2DE**
sich waschen faire sa toilette **I5A**, 3
Was gibt es? Qu'est-ce qu'il y a? **I3A**, 1
das Wasser l'eau (f.) **I5C**, 1
eine Wasserschale (zum Reinigen der Finger beim Essen) un rince-doigts **II4A**, 2
wechseln changer **I6B**, 6
etw. wechseln changer de qc **II1A**, 1
weggehen partir **II6A**
etw. wegtragen emporter qc **II5B**, 1
weh tun faire mal **I5B**, 3
weich mou/mol/molle **II7A**, 1
weil parce que **I5B**, 3
weiß blanc/blanche **I6B**, 6
weit (Adv.) loin **I5A**, 1
welcher/welche/welches (Fragebegleiter) quel/quelle/quels/quelles **II1A**, 1
eine Welle une vague **II5B**, 1
das Wellenreiten le surf **II5A**, 1
ein Wellensittich une perruche **I1P**
weniger … als moins … que **II7A**, 1

wenn quand **II1B**, 2
wer qui **II1B**, 1
etw. werfen lancer qc **II5B**, 1
eine Werkstatt un atelier **II6C**
der Wert la valeur **I7D**, 1
das Wetter le temps **I7B**, 2
   Wie ist das Wetter? Quel temps fait-il? **I7B**, 2
wichtig important/importante **II6A**; **II6B**
wie? comment? **I1A**, 1
   wie comme **I4B**, 4
wieder encore **I3B**, 1
etw. wiederfinden retrouver qn/qc **I4A**, 3
Wie geht es euch/Ihnen? Comment allez-vous? **I7B**, 4
Wie geht's? Ça va? **I0**, 4
wie viel combien (de) **I5C**, 1
Willkommen! Bienvenue! **I0**, 1
der Wind le vent **I7B**, 1
der Winter l'hiver (m.) **II5B**, 4
wirklich vraiment **I5B**, 3
die Wirklichkeit la réalité **II6A**; **II6C**
wissen savoir **II1A**, 1
   Ich weiß nicht. Je ne sais pas. **I4A**, 3
wo; wohin où **I2B**, 2
eine Woche une semaine **I5A**, 1
wohnen habiter **I2B**, 2
eine Wohnung un appartement **I5A**, 3
ein Wohnzimmer une salle de séjour **I5A**, 3; un salon **I5A**, 3
eine Wolke un nuage **I7B**, 1
wollen vouloir **II3A**, 2
   Wenn du willst. Si tu veux. **II3A**, 8
   ich will je voudrais **I5C**, 1
ein Workshop un atelier **II6C**
ein Wort un mot **I4B**, 3
das Wunder le mystère **II2DE**
wunderbar magnifique/magnifique **II3A**, 1
wunderschön magnifique/magnifique **II3A**, 1
etw. wünschen désirer qc **I7D**, 2
die Wut la colère **II1A**, 1
wütend sein être en colère **II1A**, 1

Z

ein Zeichner/eine Zeichnerin un dessinateur/une dessinatrice **II2B**, 2
eine Zeichnung un dessin **II2B**, 2
jdm. etw. zeigen montrer qc à qn **I6B**, 1
die Zeit le temps **I4B**, 1
Zeit haben, etw. zu tun avoir le temps de faire qc **II4B**, 2
eine Zeitschrift un magazine **I2DE**
eine Zeitung un journal **I2DE**
zerstreut sein être dans la lune (fam.) **II4A**, 1
ein (Schul-)Zeugnis un bulletin (scolaire) **II3A**, 2
ziemlich assez **I6B**, 1; plutôt **II3A**, 2
ein (Schlaf)Zimmer une chambre **I3A**, 3
ein Zimmer une pièce **I5A**, 3
der Zirkus le cirque **II7DE**
die Zirkuskünste les arts du cirque (m.) **II7DE**

eine Zitrone un citron **II4DE**
das Zögern l'hésitation (f.) **II3A**, 1
der Zorn la colère **II1A**, 1
eine Zucht un élevage **II7B**, 3
der Zucker le sucre **II4DE**
zuerst d'abord **I3A**, 1
zufrieden content/contente **I6A**, 4
ein Zug un train **I3A**, 3
auf jdn. zugehen aller vers qn **I6B**, 1
jdm. zuhören, etw. anhören écouter qn/qc **I2A**, 2
zurückkommen rentrer **I4A**, 1; **II1A**, 1; revenir **II3B**, 4
etw. (zurück)lassen laisser qc **II5A**, 3
zusammen ensemble **I3A**, 1
etw. zusammenfassen résumer qc **II6C**
zusätzlich en plus **I2A**, 2
zu viel, zu sehr trop **I5B**, 3
zweitausend deux mille **II1B**, 2
zwischen entre **I6B**, 1
zwölf Uhr (mittags) midi **I4A**, 1

deux-cent-dix-sept **217**

Solutions: Lösungen und Lösungsvorschläge

Mit dem Lösungsteil kannst du dich selbst kontrollieren. Damit du eigene Fehler erkennst, musst du sehr genau hinsehen und deine Lösungen sorgfältig mit den hier abgedruckten vergleichen. Trage deine Fehler in dein „Fehlerprotokoll" ein. Wie du damit arbeiten kannst, steht auf Seite 167.

Au début S. 10–13

2 Vrai ou faux?
1. faux;   2. faux;   3. faux;   4. faux;
5. vrai;   6. faux;   7. faux;   8. faux

4 Souvenirs de Découvertes 1
1. Malou est un chien? Non, Malou n'est pas <u>un</u> chien.
2. Il joue <u>dans</u> la rue.   3. Ce soir, nous allons <u>chez</u> Léo.
4. Ils ont oublié quelque chose? Non, ils n'ont <u>rien</u> oublié.   5. Lilou porte un <u>joli</u> manteau <u>long</u>.   6. Marc va à la piscine pour faire <u>de la</u> natation.   7. Gabriel et Clara <u>prennent</u> une glace ensemble.   8. Nicolas <u>raconte une histoire aux copains</u>.   9. Nicolas et Sabine <u>ont rangé</u> leur chambre.   10. Sylvie, <u>mets</u> la table, nous voulons manger.
11. Lilou, qu'est-ce que tu <u>as fait</u> hier?   12. Tu lis encore? Non, je <u>ne</u> lis <u>plus</u>.   13. Marc pose <u>beaucoup de</u> questions à sa mère.   14. Qu'est-ce que nous <u>faisons</u>, demain?
15. Léo et Magalie, est-ce que ce sont <u>vos</u> parents?
16. <u>travaille, travaillons, travaillez</u>.   17. Marie et Pierre cherchent <u>leurs</u> copains.   18. Tu as encore des questions? Non, je n'ai plus de questions.   19. Léo aime <u>les</u> chiens?
20. <u>Pourquoi est-ce que</u> tu aimes Paris?

Unité 1, Bilan S. 27

1 Parler
1. Je ne connais pas ce garçon.   2. Tu es dans quelle classe?
3. Je suis en huitième.   4. Pourquoi est-ce que tu es en colère?   5. Je vais bien.   6. Ça m'énerve!   7. Je n'ai pas compris.   8. Tu peux répéter, s'il te plaît?   9. Je veux dire … (euh … je ne trouve pas le mot).   10. C'est une fille petite et sympa. Elle a les cheveux noirs et elle porte un pull rouge.

2 En forme
1. Où est-ce qu'on met ces livres? – Quels livres?   2. Tiens, tu connais cette casquette? Quelle casquette?   3. Il est à qui ce sac? – Quel sac?   4. Il est à qui cet anorak? – Quel anorak?
5. Je ne comprends pas ces élèves. – Quels élèves?

3 En forme
1. Dans la classe de ma sœur, il y a un nouveau qui s'appelle Antoine.   2. C'est un petit garçon blond qui joue de la guitare.   3. Il joue des mélodies fantastiques que je ne connais pas.   4. Le mercredi après-midi, il va dans la rue où il joue pour tout le monde.   5. Beaucoup de gens aiment bien les chansons qu'il joue.   6. Un garçon qui sait jouer comme Antoine, c'est vraiment super.

Unité 2, Bilan S. 40–41

1 Parler
1. Qu'est-ce que tu as contre moi?   2. Il a des idées noires.
3. Qu'est-ce que tu en penses?   4. Je pense que c'est drôle.   5. Il a l'air heureux. / Elle a l'air heureuse.   6. J'en ai marre.   7. Bonne chance!   8. J'ai déjà appelé aujourd'hui.
9. Je n'entends rien.   10. Je rappelle plus tard.

2 Parler
(z. B.)   1. Comment est-ce que tu trouves la discussion sur Julien sur Internet? – Moi, je trouve que la discussion est nulle. Et toi, qu'est-ce que tu en penses? – Moi, je pense que les garçons ne sont pas sympas.   2. Comment est-ce que tu trouves l'idée de visiter les catacombes? – Moi, je trouve que c'est une idée super. Et toi, qu'est-ce que tu en penses? – Moi, je pense que c'est une idée bizarre.   3. Comment est-ce que tu trouves l'idée de Vladimir de faire un manga là-bas? – Moi, je trouve que c'est une idée fantastique. Et toi, qu'est-ce que tu en penses? – Moi aussi, je pense que c'est une idée intéressante.   4. Comment est-ce que tu trouves cette histoire? – Moi, je trouve que cette histoire est bien. Et toi, qu'est-ce que tu en penses? – Moi, je pense que c'est une histoire bête.

3 En forme
1. *Alex:* Tu as vu ça, Léo? «C'est ici l'empire de la mort!»
2. *Léo:* Oui, j'ai lu ça! Qui a écrit ces mots?
3. *Alex:* Je ne sais pas. Tu as pris des photos?
Léo: Non, le guide n'est pas d'accord.
4. *Alex:* Et tu as fait un tour là-bas?
5. *Léo:* Non. Je n'ai pas été là-bas parce qu'on a mis une grille.
6. *Alex:* OK, j'ai compris. Tu as eu peur de rester seul là-bas!

4 En forme
1. *Un élève:* Moi, j'attends ici.
2. *Un autre:* Tu attends Julien ici, mais tu perds ton temps, tu entends? Nous avons perdu Julien.
3. *Une élève:* Nous appelons Julien, tout le monde appelle Julien, mais il ne répond pas. Et nous n'entendons rien. Est-ce que vous entendez quelque chose, vous?
4. *Une autre:* Les élèves là-bas entendent les professeurs et le guide, mais c'est tout. Ils ne répondent pas.
5. *Un professeur:* Attendez! Est-ce qu'on entend quelque chose, là? Ah! Des souris! Ne perdez pas la tête. Et attendez encore un peu. On ne perd pas quelqu'un comme ça! Allez, j'attends un moment ici.

218   deux-cent-dix-huit

5 Parler
1. Allô? 2. Bonjour, je suis Léo (un ami de Julien). J'ai déjà appelé ce matin. Je voudrais parler à Julien, s'il vous plaît. 3. Je suis désolée, Léo. Julien n'est pas là. 4. Bon, alors je rappelle plus tard. 5. D'accord. Julien rentre dans une heure. 6. Au revoir, madame et merci! 7. Alors au revoir, Léo!

6 Lire et écrire
3. D'abord, Julien a quitté le groupe dans les catacombes. 4. Puis, une main a traversé la grille et a pris son bras. 5. Alors, il a eu peur. 1. Après, il a rencontré le dessinateur de manga. 2. Enfin, il a retrouvé la sortie et ses copains.

Plateau 1; Révisions S. 44

1 Dans la cour du collège (z. B.)
– Tu fais souvent du foot? – Oui. J'adore le foot.
– Depuis quand est-ce que tu es au collège? – Depuis cette année.
– Tu es dans quelle classe? – Je suis en 6ᵉC. Et toi?
– Moi, je suis en 7ᵉA. Je trouve que tu joues bien.
– Ah bon? C'est vrai? – Je voudrais jouer avec toi. Tu es d'accord? – Oui, je veux bien.

2 Qu'est-ce que c'est, «stinksauer»? (z. B.)
Hausmeister: c'est une personne / un homme qui travaille à l'école et qui a les clés des portes.
Umkleide: C'est un endroit où on va pour mettre ses vêtements de sport avant le cours de sport.
stinksauer: On dit «sauer» quand quelqu'un est en colère et «stinksauer» quand quelqu'un est très en colère.
Überschwemmung: On dit «Überschwemmung» quand il y a trop d'eau.
Abfluss: C'est quelque chose comme les égouts, mais dans la salle de bains / dans la douche.

3 Ecrire (z. B.)
Ma sœur et moi, nous avons passé une semaine dans la maison de nos grands-parents. Un jour, nous avons trouvé une pièce bizarre, à côté de leur chambre. Dans cette pièce, nous avons trouvé un livre mystérieux et nous avons lu l'histoire d'un vampire. Tout à coup, nous avons entendu des bruits dans l'escalier. Puis, quelqu'un a ouvert la porte. Nous avons vu un crâne avec des grands yeux et à ce moment-là, nous avons eu très peur. Nous avons attendu un moment. Enfin, le crâne a dit: Ah, vous avez trouvé l'empire des livres. Allez, maintenant on mange.

Unité 3, Bilan S. 57–58

1 Parler
1. Je participe à un jeu. 2. Vas-y! 3. On se retrouve devant le cinéma? 4. Je propose d'aller au parc. 5. *(mehrere Möglichkeiten)* D'accord. / Bonne idée! / Je veux bien. / Si tu veux. / Pourquoi pas? 6. Ça ne me dit rien. 7. J'aimerais mieux lire. 8. Arrête!

2 En forme
1. Alors, qu'est-ce que vous voulez faire plus tard? 2. Moi, je veux écrire des livres. 3. Anne et moi, nous voulons être dessinateurs. 4. Les autres veulent dire quelque chose aussi? Sacha! 5. Moi, je veux être footballeur. Je ne sais pas encore. 6. Tu ne veux pas être prof? 7. Quoi? Non merci. Mais Anne, avec ses bonne notes, elle peut faire ça! 8. Euh, monsieur, Antoine et Eric ne sont pas bêtes. Vous ne pensez pas qu'ils peuvent être profs, plus tard? 9. Quand on veut, on peut! Bon, on arrête là, nous pouvons continuer la discussion une autre fois.

3 Parler (z. B.)
1. On va au cinéma ensemble? – Bof, je n'ai pas trop envie. 2. Tu es d'accord pour aller à la piscine? – Oui, mais pas maintenant. D'abord, je veux manger. 3. Je propose de faire un tour en ville. Qu'est-ce que tu en penses? – Oh, oui, c'est une bonne idée. 4. On apprend les leçons ensemble? – Ça ne me dit rien. J'aimerais mieux faire du foot. 5. Mais on peut aussi travailler à l'ordinateur. – Oh, oui, je veux bien. 6. On se retrouve devant le CDI? – D'accord.

4 En forme
1. Une dame a perdu son chien. 2. J'ai vu un chien seul et j'ai voulu aider la dame. 3. Mais le chien est entré avec un homme dans un magasin. 4. Alors, moi, vite, je suis allée dans ce magasin aussi. 5. Mais le chien est monté sur une table et des livres sont tombés. 6. Deux vendeuses sont arrivées, l'air pas contentes. 7. Bien sûr, l'homme et le chien n'ont pas attendu et sont retournés dans la rue. 8. Enfin, je suis arrivée à côté du chien. 9. Monsieur, vous avez pris le chien d'une dame, je pense! 10. Quoi, quelle dame? Quel chien? Gaston, c'est mon chien! 11. J'ai pensé: «Et voilà, cette fois encore, je suis allée trop vite!»

5 Vis-à-vis
1. Quand un professeur veut donner des informations à tes parents, il écrit un message dans le carnet de correspondance. 2. A la fin de chaque trimestre, les parents voient les résultats de leurs enfants dans le bulletin. 3. Le cahier de textes, c'est pour noter les devoirs à faire. 4. Quand les élèves n'ont pas cours, ils peuvent aller en permanence.

Unité 4, Bilan S. 70

1 Parler
1. Il faut du chocolat. 2. Il faut faire les courses. 3. Vous en voulez combien? 4. J'espère que le gâteau est bon. 5. Je préfère boire du lait. 6. Tu me passes le pain, s'il te plaît? 7. Je n'ai plus faim. 8. Ce n'est pas grave.

2 Vis-à-vis / Jeu de mots
Pour 3 personnes, il faut mettre 3 serviettes, 3 assiettes, 3 fourchettes, 3 couteaux, 3 verres, 3 cuillères, du pain et de l'eau.

3 Parler (z. B.)
1. Est-ce qu'il faut du beurre?

deux-cent-dix-neuf 219

– Oui, il en faut. – J'en achète combien? – Tu en achètes deux-cent-cinquante grammes. – Est-ce qu'il faut aussi de la viande? – Non, il n'en faut pas. **2.** Est-ce qu'il faut de l'eau? – Oui, il en faut. – Tu en achètes combien? – J'en achète cinq bouteilles. – Est-ce qu'il faut aussi des pommes de terre? – Non, il n'en faut pas.

4 En forme
1. Alors, qu'est-ce qu'on achète pour nos invités?
2. D'abord des boissons: qu'est-ce qu'elles boivent, les filles?
3. A la cantine, Marie boit toujours de l'eau! **4.** Oui, mais pour samedi, nous achetons du jus d'orange au supermarché.
5. Mais moi, je préfère le jus de pomme … et Julien aussi!
6. Ah, vous préférez le jus de pomme? Alors, on en prend aussi! … Et pour manger? **7.** J'espère que ma mère va faire une quiche! **8.** Bon, mais comment payer au supermarché? Je n'ai plus que 3 € dans ma poche! **9.** Ecoute, nous, nous payons cette fois, et la prochaine fois, tu paies!

Plateau 2; Révisions S. 72

1 Jour et nuit
A 1. Il fait beau? ≠ il pleut / il fait froid; **2. Tu es dans une grande ville?** ≠ Non, c'est un petit village; **3. Il y a des montagnes à côté du village?** ≠ Non, les montagnes sont loin; **4. L'escalade, c'est facile?** ≠ Non, c'est difficile; **5. Tu es courageux?** ≠ Non, j'ai peur. **6. Vous mangez des fruits et légumes?** ≠ Non, nous mangeons des steaks et des frites; **7. Tu es heureux?** ≠ Non, je suis malheureux; **8. Tu veux rester?** ≠ Non, je veux rentrer / quitter le centre de vacances.

2 Raconte! (z. B.)
A – Qu'est-ce que tu as fait, hier, Julia?
– Hier, je suis allée en ville avec mes parents. Et toi, Moritz?
– Hier, j'ai fait du roller dans la cour avec mes copains.
Les notes de Moritz:
hier – ville – parents
Les notes de Julia:
hier – roller – cour – copains
(z. B.) **B** *Moritz:* Hier, Julia et ses parents sont allés en ville.
Julia: Hier, Moritz a fait du roller avec ses copains.

3 Pour faire une fête (z. B.)
1. Pour préparer un repas de fête, il faut une entrée, par exemple des tomates et du saucisson, un plat principal avec de la viande et des légumes, de la salade verte, du fromage et un dessert, par exemple une mousse au chocolat.
2. Dans une salade de fruits, je mets des pommes, des oranges, des bananes et des kiwis. **3.** A midi, je mange des pommes de terre et de la viande. Je bois du jus de pomme avec de l'eau. **4.** Je ne mange jamais de moules et je ne mange jamais d'œufs.

Unité 5, Bilan S. 86–87

1 Parler
1. Ça m'intéresse. **2.** Je peux t'aider? **3.** Tu vas m'écrire?
4. Au printemps, il pleut souvent. **5.** La dune? Non, je ne la connais pas encore. **6.** Mes parents disent que c'est une mauvaise idée. **7.** Ce n'est pas juste! **8.** On joue à pile ou face?

2 En forme
A 1. Je **te** montre mon skimboard. **2.** Tu ne **me** lances pas le ballon? **3.** Je **vous** donne mon numéro de portable.
4. Vous **m'**appelez bientôt? **5.** Nous **t'**attendons pour manger. **6.** Tu ne **nous** écoutes pas? **7.** Venez, nous **vous** payons un diabolo menthe. **8.** Vous **nous** aidez à chercher le chat?
B 1. Je veux **te** montrer mon skimboard. **2.** Tu ne veux pas **me** lancer le ballon? **3.** Je veux **vous** donner mon numéro de portable. **4.** Vous voulez **m'**appeler bientôt?
5. Nous voulons **t'**attendre pour manger. **6.** Tu ne veux pas **nous** écouter? **7.** Venez, nous voulons **vous** payer un diabolo menthe. **8.** Vous voulez **nous** aider à chercher le chat?

3 En forme
Tu connais ce **garçon**?
– Oui, je le connais. / Non, je ne le connais pas.
Tu connais ces **filles**?
– Oui, je les connais. / Non, je ne les connais pas.
Tu connais ce **groupe**?
– Oui, je le connais. / Non, je ne le connais pas.
Tu connais cette **femme**?
– Oui, je la connais. / Non, je ne la connais pas.
Tu connais cet **animal**?
– Oui, je le connais. / Non, je ne le connais pas.
Tu connais cette **région**?
– Oui, je la connais. / Non, je ne la connais pas.
Tu connais ce **plat**?
– Oui, je le connais. / Non, je ne le connais pas.
Tu connais cette **ville**?
– Oui, je la connais. / Non, je ne la connais pas.
Tu connais ces **gens**?
– Oui, je les connais. / Non, je ne les connais pas.

4 Jeu de mots
B 1. L'hiver; **2.** l'été; **3.** le printemps; **4.** l'automne

5 En forme
1. M. Guibert demande s'ils visitent Bordeaux. **2.** Mme Guibert répond qu'elle veut bien. **3.** Jérôme veut savoir si c'est loin, Bordeaux. **4.** M. Guibert dit / répond que c'est à une heure en voiture. **5.** Alex dit qu'elle veut rester à Arcachon. **6.** Jérôme demande s'ils vont visiter Bordeaux en mini-train. **7.** M. Guibert répond que c'est une bonne idée. **8.** Mme Guibert demande à Alex si elle n'aime pas les visites. **9.** Alex répond qu'elle préfère la plage.

Unité 6, Bilan S. 138–141

Station 1 **1 A propos du texte**
A site, blog, contact, important, réalité
B *Camille:* passer beaucoup de temps sur le portable; avoir son blog; ne pas avoir le droit d'utiliser Internet tard dans

220 deux-cent-vingt

la nuit; aimer discuter avec ses amis sur Internet; écouter de la musique; être toujours en contact avec ses copains
Arthur: faire du sport; ne pas participer aux chats; préférer sortir avec ses amis; utiliser Internet pour trouver des informations; ne pas aimer passer la nuit devant l'ordinateur, envoyer des courriels

→ Camille passe beaucoup de temps sur son portable. Elle aime être toujours en contact avec ses copains, c'est pourquoi elle discute souvent avec ses amis sur Internet. Elle écoute aussi de la musique sur son portable. Elle a un blog. Mais elle n'a pas le droit d'utiliser Internet tard dans la nuit, ses parents ne trouvent pas ça bien.

→ Arthur utilise son portable, mais il ne le fait pas comme Camille. Il envoie des courriels et cherche des informations sur Internet, mais il ne participe pas aux chats parce qu'il préfère sortir avec ses amis et faire du sport. Il ne veut pas passer la nuit devant son ordinateur.

2 On part, on sort ou on dort?
A **1.** Ce soir, nous sortons. **2.** Et toi, tu sors avec nous? **3.** Le dernier bus part à 11 heures. **4.** Les filles dorment chez Lara. **5.** Moi, je dors chez moi. **6.** Et toi, tu dors ici ou tu pars?
B *(z. B.)* Hier, je suis partie à 8 heures pour le collège. Hier, tu es partie en retard. Hier, elle est sortie tôt du collège. Hier, nous sommes sortis avec nos amis. Hier, vous avez dormi pendant le film. Hier, ils ont dormi chez leurs grands-parents.

Station 2   1 A propos du texte
A différent, instrument, violon, important, rythme,
B **Guito B** joue *de la guitare* et il chante. Il est né à Haiti en 1977 et il a grandi à Paris. Son *dernier/nouvel* album s'appelle «Le bohémien». **Zaz** joue *du violon, de la guitare* et du piano. Son 3ᵉ album s'appelle «ZAZ». Dans sa chanson *«Je veux»*, elle dit que l'argent *n'est pas très important.* Elle veut plutôt avoir de l'amour et de la joie. Elle chante des vieilles chansons, mais aussi des nouvelles.

3 Tout nouveau, tout beau!
Je n'aime plus mes **vieux** pulls.
　Je voudrais des **nouveaux/beaux** pulls.
Je n'aime plus mon **vieil** ordinateur.
　Je voudrais un **nouvel/bel** ordinateur.
Je n'aime plus mon **vieil** anorak.
　Je voudrais un **nouvel/bel** anorak.
Je n'aime plus mes **vieux** albums.
　Je voudrais des **nouveaux/beaux** albums.
Je n'aime plus mes **vieux** DVD.
　Je voudrais des **nouveaux/beaux** DVD.
Je n'aime plus mon **vieil** instrument.
　Je voudrais un **nouvel/bel** instrument.
Je n'aime plus mon **vieux** jean.
　Je voudrais un **nouveau/beau** jean.
Je n'aime plus ma **vieille** radio.
　Je voudrais une **nouvelle/belle** radio.

4 Tu aimes jouer?
– A quoi est-ce que tu aimes jouer?
– J'aime jouer aux cartes et à pile ou face. Et toi?
– Moi, j'aime jouer au ballon et aux dominos.
– Tu joues d'un instrument?

– Non, je ne joue pas d'un instrument. / Oui, je joue du piano. Et toi?
– Moi, je joue du violon.

Station 3
1 A propos du texte
A simple, prix, Belgique, belge, réalité, à la mode, différent
B **1.** vrai; **2.** faux, il ne parle pas de ces BD; **3.** faux, l'atelier BD est un projet du collège; **4.** vrai; **5.** vrai; **6.** faux, cette BD n'a pas reçu de prix.

2 Qu'est-ce qu'on doit faire pour recevoir un prix?
A *(z. B.)* Hier, nous avons reçu les bulletins. – J'ai reçu des informations de l'Office de tourisme. – J'ai posé une question mais je n'ai pas reçu de réponse. – Ce matin, nous avons reçu une lettre de nos correspondants. – Monsieur Pirou reçoit un courriel de son collègue. – Aujourdhui, nous recevons le prix du sport. – Mon portable m'énerve: je ne reçois pas de messages. – Mardi, les élèves reçoivent les résultats de l'interro de maths.
B *(z. B.)* A l'atelier de BD, les élèves doivent écrire des textes très courts. – Dans une bonne BD, on doit avoir une ou plusieurs surprises. – Moi, je dois avoir beaucoup d'idées.
– Si tu veux faire des BD, tu dois en lire beaucoup.
– Pour faire une bonne BD, on doit trouver son style.
– Pour faire des BD intéressantes, nous devons travailler ensemble. – Pour avoir un prix à Angoulême, vous devez savoir très bien dessiner.

3 Miam, miam, c'est bon!
Snif! C'est quelqu'un qui est triste.
Aaarrrghhh! C'est quelqu'un qui est en colère.
Youpie! C'est quelqu'un qui est content.
Aïe! C'est quelqu'un qui a mal.
Beurk! C'est quelqu'un qui n'aime pas quelque chose.
Clap clap! Ce sont des applaudissements.
Glou glou! C'est quelqu'un qui boit.
Toc toc! C'est quelqu'un qui veut entrer.
Gla gla! C'est quelqu'un qui a froid.

Station 4   1 A propos du texte
A original, humour, série télévisée, comédie, film d'horreur, film policier
B **1.** Le festival des Très Courts est un festival de films très courts. **2.** On peut voir ce festival dans 80 villes de France et dans 15 autres pays. **3.** On peut voir les films aussi sur Internet. **4.** Célia trouve que ce film est original et drôle.

2 A propos du film
(z. B.) Le film que nous avons regardé s'appelle «Le sourire». C'est un film de Lionel Girard. L'histoire de ce film se passe dans le métro. Un homme entre dans le métro et demande de l'argent ou un sourire. D'abord, les gens dans le métro sont très tristes et fatigués. Tout à coup, un monsieur commence à sourire. Enfin tous les gens sourient. Ils ne donnent pas d'argent, ils préfèrent sourire. A la fin, l'homme part, il n'est pas content parce qu'il n'a pas d'argent.
B Je ne trouve pas le film drôle parce que les gens ne sont pas sérieux. Ils ne veulent pas comprendre l'homme. Et puis, leur sourire n'est pas vrai. Ils sourient parce qu'ils ne veulent

pas donner d'argent. Je ne trouve pas ça bien. Je trouve que c'est un bon film, mais il n'est pas drôle.

Unité 7, Bilan S. 108

1 Parler
1. Je rêve de savoir jongler.   **2.** Il me faut des balles.
3. Je ne sais pas quoi faire.   **4.** On va trouver une solution!
5. Je n'ai pas assez d'argent.   **6.** Je ne suis pas de ton avis.
7. De rien!

2 En forme
1. finissent   **2.** choisissons   **3.** finis   **4.** réussis
5. réussissez   **6.** choisit

3 En forme
1. tous les jeudis.   **2.** toute la nuit.   **3.** tout le temps.
4. toutes ses amies.   **5.** tous les jours.   **6.** tous tes cadeaux.
7. tout son argent de poche.   **8.** toutes leurs idées.

4 Ecouter
1. Yanis   **2.** faux.   **3.** faux.   **4.** vrai.   **5.** faux.   **6.** vrai.

5 En forme
1. Il va leur expliquer le parkour.   **2.** Elle lui montre un stand.   **3.** Il lui dit «bonne chance».   **4.** Elle lui propose une boisson.   **5.** Il va leur montrer Vincennes.   **6.** Il leur donne des sandwichs.

6 En forme
1. c'était   **2.** cherchais   **3.** restait   **4.** adorait   **5.** rêvais
6. téléphonais   **7.** passaient   **8.** c'était   **9.** avait

7 En forme
1. c'est plus intéressant que …   **2.** la jaune est moins belle que la rouge.   **3.** je suis plus fort que les autres.
4. Il n'est pas aussi sympa que …   **5.** je suis aussi triste que toi.   **6.** Mon père est moins sévère que le père d'Alex.

8 La langue dans son contexte
Hier, c'était la Fête du sport. Il faisait beau et ma copine Sarah et moi, nous étions à notre stand. Tout à coup, Sarah a vu Robin, Marc et Laura. «Salut, venez, nous avons un / notre atelier d'arts du cirque». Marc a tout de suite essayé de jongler avec trois balles. «Zut, c'est trop difficile pour moi». «Attends, j'essaie aussi», a dit Laura. «Génial, Laura, bravo!» Puis Robin a demandé: «On se retrouve au café?» Sarah et moi, on était d'accord: «Oui, on range le stand à 5 heures et demie et on vient tout de suite après, d'accord?» «Très bien, on vous attend. Bonne journée et à plus!»

Plateau 3; Révisions S. 112

1 Ecouter
A Il y a trois personnes / jeunes. Ils doivent préparer un article pour le journal du collège, mais ils n'ont pas d'ordinateur avec Internet pour travailler.
C 1. Les jeunes veulent préparer un article pour le journal du collège.   **2.** Ils doivent trouver un ordinateur avec Internet.

3. Oriane ne veut pas aller au CDI parce qu'il y a (une autre fille) Léa qu'elle déteste.   **4.** Elle déteste Léa parce que Léa dit des choses pas sympas (et parce que Léa veut lui prendre son copain.)   **5.** Un garçon a une idée. Il veut dire à Léa que ce copain est chez MacDonald.   **6.** Oriane n'est pas d'accord.
7. A la fin, les jeunes vont au CDI.

2 En forme
1. Elle le trouve très joli.   **2.** Alex lui montre sa casquette.
3. On lui fait un beau cadeau aussi!   **4.** Ses copains l'écoutent.   **5.** Il va la raconter à ses parents.

3 Jeu de mots
A (z.B.) LIVRES: Lire, Imaginer, Voyages, Roman, Edition, Surprise
B J'ai choisi le mot «sport»: Notre ville **o**rganise des fêtes du sport, alors souvent, je participe. Je joue au **r**ugby, par exemple. J'aime aussi **s**auter sur un trampoline et je ne suis jamais **t**ombé. Un jour, je voudrais faire du parachutisme, mais c'est un peu dangereux.

Unité 8, Bilan S. 124 – 125

1 Parler
1. Ça y est!   **2.** Il va mieux.   **3.** Il est heureux / content / Elle est heureuse / contente.   **4.** J'aime des sports différents
5. On risque de perdre du temps!   **6.** Il ne faut pas attendre.
7. C'est pour rire!   **8.** On en reparle.

2 Jeu de mots
1. Je suis en mauvaise forme.   **2.** Il veut voir peu de gens.   **3.** Elle n'aime pas du tout cette chanson.   **4.** Il va mal.   **5.** Arrête de jouer de la guitare.   **6.** Elle est repartie.

3 Lire   **1.** faux   **2.** vrai   **3.** vrai   **4.** vrai   **5.** faux.

4 Ecrire
A Il **a** déjà **écrit** huit romans dans la série «Artemis Fowl».
B Mon livre préféré, **c'est** «Artemis Fowl».   **C** Le roman **raconte** l'histoire d'un garçon génial qui entre en contact avec le monde des fées.   **D** C'est un **livre** fantastique de Eoin Colfer.   **E** J'aime beaucoup ce livre **car** il est très original et même un peu fou.   **F** Cet **auteur** a été professeur. Puis il a commencé à écrire des livres.

5 Ecrire
1. Tous les dimanches, j'accompagnais mon père au marché aux puces.   **2.** Dehors, il faisait froid mais dedans, j'avais chaud. Un dimanche, mon père a rencontré un cousin, monsieur Ali.   **3.** Monsieur Ali a demandé à mon père: «C'est le combien de tes enfants, çui-là?» Mon père a dit un numéro mais il a réfléchi avant de dire mon prénom.   **4.** Monsieur Ali m'a embrassé et m'a donné des coups sur les joues. Puis je suis allé vers les livres.   **5.** J'étais petit, mais je voyais les pages de couverture. Les titres m'emportaient avec eux dans la jungle, en Amazonie, dans le désert, au-delà de la réalité.   **6.** Ici, je pouvais rêver. C'était pas interdit. C'était gratuit.

Mehr dazu
db4qh5

Textes supplémentaires

Théâtre

Klett présente

Julien et la dame du rez-de-chaussée
de Léo Koesten

Personnages:
Julien, 13 ans; **Théo**, 13 ans; **Alexa**, 13 ans; **Jamel**, 13 ans; **garçon 1**, 13 ans; **garçon 2**, 13 ans;
La dame du rez-de-chaussée, autour de 80 ans;
Fabrice, 45 ans, le fils de la dame du rez-de-chaussée

Scène 1

**Extérieur jour, dans la cour du Collège Balzac
(Garçon 1, Garçon 2, Julien, Théo, Jamel)**

C'est la récréation. Des rires, des discussions. Julien lit une BD.
Deux garçons arrivent, qui énervent Julien.

Garçon 1: Tu attends quelqu'un?
Julien: Peut-être. Mais ce n'est pas toi!
Garçon 2: Ouh! Là! Pourquoi est-ce que t'es agressif comme ça? Hein? On t'a rien fait!
Garçon 1: (ricanant) Pas encore. Tu fais quoi?
Julien: Je lis une BD. C'est un problème?
Garçon 2: Oui. Parce que moi aussi j'ai envie de la lire …
Garçon 1: On lui prend sa BD?
Garçon 2: Tu sais que c'est une super bonne idée, ça?
Julien: Voler, ce n'est jamais une bonne idée … (Il part)
Garçon 1: Vite!
Garçon 2: Il est devant la cantine …

Les deux garçons poursuivent Julien. Puis, Julien fait une pause.

Julien: Des nuls! Vous êtes des nuls!

Théo et Jamel arrivent.

Théo: Qu'est-ce que vous faites? Y'a un problème?
Jamel: Comme toujours: rien de bien!
Garçon 1: (Essoufflé) C'est Julien …
Jamel: Vous ne pouvez pas le laisser tranquille?
Garçon 2: Il m'a volé ma BD!
Julien: T'as des BD, toi? Tu ne sais même pas lire!
Jamel: Il regarde les images. C'est tout!
Julien: Oui, mais il ne les comprend pas.
Garçon 2: Julien, le faux acteur qui ne parle qu'aux filles …
Julien: T'es jaloux?
Garçon 2: Jaloux?! Moi ?! Tu rigoles!
Théo: T'as vu, Jamel, il est tout rouge …
Jamel: Bon, nous, on trouve Julien très sympa.

deux-cent-vingt-trois 223

Textes supplémentaires

Théo: Exact, Jamel. Et maintenant, un problème avec lui,
   c'est un problème avec nous. Compris?
Jamel: Dis, Julien, qu'est-ce que tu fais, samedi?
Julien: Euh … je travaille …

On entend une sonnerie. C'est la fin de la récréation.

Théo: Pff … Les récréations sont trop courtes!
Jamel: T'as raison, Théo. C'est comme les vacances …
Julien: Bon … euh … Merci.

Scène 2

Intérieur jour, Chez la dame du rez-de-chaussée (Julien, la dame du rez-de-chaussée)

La dame du rez-de-chaussée regarde la télévision. On sonne à la porte.
Elle se lève pour aller voir qui c'est.

La dame du RC: Qui ça peut être? Je n'attends personne … Voilà! Voilà! J'arrive. Je ne marche pas vite,
   moi. *(Pour elle-même.)* Je suis une vieille dame … *(Fort)* C'est toi, mon petit Julien?

La dame du rez-de-chaussée ouvre la porte.

La dame du RC: C'est toi!
Julien: Bonjour, madame.
La dame du RC: Entre, Julien, entre. Pose les courses sur la table, et viens dans le salon.

Julien pose les sacs sur la table et prend place dans un fauteuil[7] en face de la dame.
Pendant ce temps, elle lui offre un grand verre de jus d'orange.

La dame du RC: Tiens, je t'ai préparé un verre de jus d'orange.
Julien: Merci, madame.
La dame du RC: Merci beaucoup, Julien, pour les courses. Tu n'as jamais oublié un samedi.
   Je t'ai mis dix euros sur la petite table.
Julien: Super. Merci.
La dame du RC: Oh! Toi, tu as mauvaise mine. Tu as mal quelque part[9]?
   Des problèmes au collège? Avec tes parents?
Julien: Tout va bien …
La dame du RC: Non, non, je le vois bien: tu as des problèmes. Tu peux m'en parler, tu sais?
Julien: Euh …
La dame du RC: Des mauvaises notes? Des élèves qui t'embêtent?
   Quelque chose de grave? Une maladie?
Julien: Non … Pas une maladie …
La dame du RC: Mais quoi?
Julien: C'est que … je n'aime pas trop parler de moi …
La dame du RC: Oublie mes questions, Julien. Je suis trop curieuse. Je suis désolée.
Julien: *(Embarrassé)* Mes problèmes, euh, c'est un peu tout …
La dame du RC: Un peu tout?
Julien: Enfin, pas les notes. L'école, ça va. Mais les copains …

Textes supplémentaires

La dame du RC: Ils ne sont pas sympas avec toi?
Julien: Non. Deux surtout. Des nuls. Ils m'embêtent tout le temps. Et puis, il y a … le divorce de mes parents. C'est difficile pour moi.
La dame du RC: Je comprends … Tu es chez qui? Chez ton père ou chez ta mère?
Julien: Chez mon père.
La dame du RC: C'est quoi, son métier?
Julien: Ingénieur. Il est au chômage. Il cherche. Il envoie beaucoup de mails.
La dame du RC: D'accord. Et toi, qu'est-ce que tu veux faire comme métier? Tu as déjà des idées?
Julien: Oui, euh … J'aime bien aider les gens …
La dame du RC: Il y a beaucoup de métiers dans cette branche.
Julien: Ah, et puis chez moi, quand je suis seul, je joue la comédie.
La dame du RC: Tu joues la comédie? C'est génial, ça!
Julien: (Enthousiaste) Oui. Je dis des textes, quoi! J'adore le théâtre. C'est drôle, parce qu'à la rentrée, mes copains m'ont pris pour un acteur.
La dame du RC: Tu as une belle petite tête d'acteur.
Julien: Bof! Euh …
La dame du RC: Si! Si!
Julien: (Il part) Merci pour le jus d'orange et les dix euros. Au revoir, madame. A samedi prochain.
La dame du RC. (Pour elle-même) J'ai une idée, mon petit Julien. J'ai une idée …

Julien ferme doucement la porte derrière lui. La dame du rez-de-chaussée décroche son téléphone.

Scène 3

Intérieur jour, Chez la dame du rez-de-chaussée (La dame du rez-de-chaussée, Fabrice)

La dame du rez-de-chaussée appelle son fils au téléphone.

Fabrice: Oui, maman?
La dame du RC: Je te dérange, Fabrice?
Fabrice: Non, maman. Jamais. Mais fais vite. Des comédiens m'attendent.
La dame du RC: Comment vas-tu, mon chéri?
Fabrice: (Pressé) Bien, maman, bien. Bon. Pourquoi est-ce que tu m'appelles?
La dame du RC: Est-ce que tu cherches toujours un garçon de treize ans pour ton prochain film?
Fabrice: Oui, pourquoi?
La dame du RC: Je connais un jeune de treize ans. Il a une tête d'acteur de cinéma. Julien – Julien, c'est son prénom – adore jouer la comédie.
Fabrice: Comment est-ce que tu l'as rencontré?
La dame du RC: Nous sommes voisins. Julien fait mes courses, le samedi.
Fabrice: Bien. Bon. J'attends Julien samedi prochain à 15 heures au studio 12
La dame du RC: Merci, mon chéri. Julien est un super petit jeune. Il va te plaire, je le sais.
Fabrice: Bien, maman. A samedi. Tout va bien?
La dame du RC: Oui, tout va bien. Juste des petits problèmes de vieux. A samedi, Fabrice.

La dame du rez-de-chaussée raccroche.

deux-cent-vingt-cinq **225**

Textes supplémentaires

Scène 4

Intérieur jour, Chez la dame du rez-de-chaussée (La dame du rez-de-chaussée, Julien)

La dame du rez-de-chaussée regarde la télévision. On sonne à la porte.
Elle se lève et va dans l'entrée.
Elle parle et pour elle-même et pour son interlocuteur qui attend derrière la porte.

La dame du RC: (Fort) Voilà! Voilà! J'arrive!
(Pour elle-même) Je marche lentement. Je suis une vieille dame, moi.
(Fort) C'est toi, mon petit Julien? *(Pour elle-même, heureuse)* Je t'ai préparé une belle surprise …

La dame du rez-de-chaussée ouvre la porte.

Julien: (Surpris) Bonjour madame. Euh … Vous avez votre grosse veste. Vous partez?
La dame du RC: Non, nous partons! Pose les courses sur la table et viens.
Julien: C'est que … j'ai rendez-vous à 15 heures. Chez un vieux monsieur.
La dame du RC: Non! Tu as rendez-vous avec mon fils. Et il est jeune, tu sais.
Julien: Non! Il est vieux: il a 90 ans!
La dame du RC: (Riant) Et moi, je te dis qu'il a 45 ans.
Julien: Je ne comprends rien. Qu'est-ce qui se passe?
La dame du RC: Ne pose pas de questions. On est déjà en retard.
Julien: En retard? Pourquoi?
La dame du RC: Allez! Viens! On y va!

La dame ferme la porte de l'appartement à clé.

Scène 5

Extérieur jour, dans la rue (La dame du rez-de-chaussée, Julien, Alexa, Jamel, Théo, Fabrice)

Julien: On va faire des courses, c'est ça?
La dame du RC: Non!
Julien: Alors vous allez chez le docteur et je dois vous aider à monter l'escalier?
La dame du RC: Non plus!
Julien: Le vieux monsieur m'attend …
La dame du rez-de-chaussée essoufflée, s'arrête.

La dame du RC: Tu marches trop vite, Julien.
Julien: Désolé.

Au loin, Alex, Jamel et Théo arrivent.

Julien: Tiens! Voilà les copains!
La dame du RC: (Etonnée) Tu les connais?
Julien: On est dans le même collège.
Alexa: (Fort) Salut, Julien!
Julien: Salut, Alex!
Alexa: Théo, Jamel, vous avez vu? Julien est avec la dame du rez-de-chaussée …

Textes supplémentaires

Jamel: Tu sais, toi, Alex, ce qu'il fait avec madame Antoine?
Alexa: Non.
Les trois amis sont maintenant près de Julien et de la dame.

Théo: Tu connais madame Antoine?
Julien: Oui. Vous aussi, on dirait …
Théo: Sûr!
Jamel: Et pas peut-être!
La dame du RC: Théo, Jamel, Alex, Marie, et d'autres, m'ont sauvé la vie l'année dernière.
Julien: Sauvé la vie?
La dame du RC: Oui. Je te raconterai.
Théo: Julien … euh … vous aide, c'est ça?
La dame du RC: Oui. Il fait mes courses, tous les samedis. Bon.
　　Nous sommes très en retard, Julien et moi.
Alexa: Euh … très en retard?
La dame du RC: Mon fils fait des films. Il cherche un jeune comédien.
　　Je vais lui présenter Julien.
Alexa: Euh … tu fais un casting?
Julien: (Il bafouille) Mais … je … enfin … quelle surprise …
La dame du RC: Une surprise pour vous comme pour lui.
Jamel: Je suis content pour toi, Julien.
Julien: Moi? Un casting? Alors, ça …

Le portable de la dame du rez-de-chaussée sonne.

La dame du RC: C'est mon fils. Il ne va pas être content, parce qu'on est en retard.
　　Zut! Comment ça marche ce truc? Ah! Ça y est!
Fabrice: Tu es où, maman?
La dame du RC: A cinq minutes du studio, mon chéri.
Fabrice: Avec Julien?
La dame du RC: Oui.
Fabrice: Bien. A tout de suite.
La dame du RC: A tout de suite, Fabrice.

Madame Antoine raccroche.

Scène 6

Intérieur jour, dans la chambre d'Alexa (Alexa)

La jeune fille laisse un message sur le répondeur de Marie.

Alexa: (Excitée) Bon, Marie, là où tu es, il n'y a pas de réseau, je sais. Je te laisse donc
　　un message. Julien connaît madame Antoine, la dame du rez-de-chaussée.
　　Il lui fait ses courses tous les samedis. Comme ça, il gagne un peu d'argent. Bon.
　　Ben … Alors, aujourd'hui samedi, avec les copains, on les a rencontrés dans la rue. Drôle, non?
　　Madame Antoine a un fils qui fait du cinéma. Il s'appelle Fabrice, Fabrice Antoine.
　　Et il cherche un jeune acteur. Julien, oui, notre Julien, l'a rencontré à 3 heures pour le premier rôle
　　dans son prochain film. C'est super, tu ne trouves pas? Et puis moi, Julien, je le trouve sympa.

deux-cent-vingt-sept　　**227**

Textes supplémentaires

Timide, mais sympa. Pas toi? J'espère que ta grand-mère va bien. Et toi aussi.
Bises de ton Alexa.

Alexa raccroche.

Scène 7

Extérieur jour, dans la rue (Julien, Théo)

Dans une rue calme. Quelques voitures passent de temps à autre.
On entend la sonnerie du téléphone de Julien. Julien marche en parlant.

Julien: Salut, Théo. Ça va?
Théo: Et toi? Ton casting? Raconte!
Julien: Fabrice m'a filmé. J'ai dit des textes. J'ai joué une petite scène avec madame Antoine.
Théo: Non! Pas possible! Et elle joue bien?
Julien: Super bien. Elle est trop drôle …
Théo: Alors, tu as eu le rôle?
Julien: Je ne sais pas. Fabrice ne m'a rien dit.
Théo: Il y a beaucoup de candidats?
Julien: Oui … une vingtaine.
Théo: D'accord. Bon. Julien. Je te dis à lundi.
Julien: A lundi, Théo.

Scène 8

Extérieur jour, dans la cour du collège Balzac (garçon 1, garçon 2)

C'est la récréation. Des rires, des cris, des discussions.

Garçon 1: A la radio, ils ont parlé de Julien …
Garçon 2: Ah bon? Julien? Notre Julien?
Garçon 1: Oui.
Garçon 2: Et alors?
Garçon 1: Un mec qui fait des films, Fabrice Antoine ou quelque chose comme ça, lui a donné le premier rôle dans son prochain film …
Garçon 2: (Stupéfait) Ah bon?!
Garçon 1: Comme tu dis …
Garçon 2: Il est timide, mais efficace!
Garçon 1: Ouais … Timide, mais efficace … On va lui parler? Le féliciter?
Garçon 2: Il lit une BD. Il faut peut-être pas le déranger.
Garçon 1: Tu as raison. Faut pas le déranger.
Garçon 2: Demain alors?
Garçon 1: Ouais! Demain!
Garçon 2: Dis, je pense à un truc …
Garçon 1: Quel truc?
Garçon 2: Maintenant, c'est nous qui sommes timides. Timides, mais pas efficaces …

Fondu.

Textes supplémentaires

Chansons

Zaz: Je veux*

zu P1, S. 42

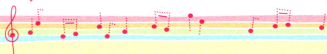

Donnez moi une suite au Ritz, je n'en veux pas!
Des bijoux de chez Chanel, je n'en veux pas!
Donnez moi une limousine, j'en ferais quoi?
  papalapapapala
Offrez moi du personnel, j'en ferais quoi?
Un manoir a Neufchatel, ce n'est pas pour moi.
Offrez moi la tour Eiffel, j'en ferais quoi?
  papalapapapala

Refrain:
Je veux d'l'amour, d'la joie, de la bonne humeur,
ce n'est pas votre argent qui f'ra mon bonheur,
moi j'veux crever la main sur le cœur papalapa-
papala allons ensemble, découvrir ma liberté,
oubliez donc tous vos clichés, bienvenue dans
ma réalité.

J'en ai marre de vos bonnes manières, c'est trop pour moi!
Moi je mange avec les mains et j'suis comme ça!
J'parle fort et je suis franche, excusez moi!
Finie l'hypocrisie moi j'me casse de là!
J'en ai marre des langues de bois!
Regardez-moi, de toute manière j'vous en veux pas et j'suis comme ça (j'suis comme ça)
papalapapapala

Refain

Kerredine Soltani, Tristan Solanilla
Kerredine Soltani, Tristan Solanilla
© Play on 911
Sony Muscic/ATV Music Publishing)

*Das Chanson befindet sich nur auf der Audio CD1 (Nr. 622122, Track 40).

Claire: Tu veux ou tu veux pas?*

zu U3, S. 48

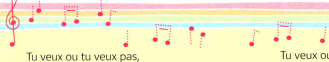

Tu veux ou tu veux pas,
Tu veux c'est bien
Si tu veux pas tant pis,
Si tu veux pas
J'en f'rai pas une maladie.
Oui mais voilà réponds-moi,
Non ou bien oui
C'est comme ci ou comme ça,
Ou tu veux ou tu veux pas

Tu veux ou tu veux pas
Toi tu dis noir et après tu dis blanc
C'est noir c'est noir
Oui mais si c'est blanc c'est blanc
C'est noir ou blanc
Mais ce n'est pas noir et blanc
C'est comme ci ou comme ça
Ou tu veux ou tu veux pas

→

deux-cent-vingt-neuf

Textes supplémentaires

La vie, oui c'est une gymnastique
Et c'est comme la musique
Y a du mauvais et du bon
La vie, pour moi elle est magnifique
Pourquoi tu te la compliques
Par tes hésitations

La vie, elle peut être très douce
A condition que tu la pousses
Dans la bonne direction
La vie, elle est là elle nous appelle
Avec toi elle sera belle
Si tu viens à la maison

Tu veux ou tu veux pas? hein! Quoi? Ah! tu dis oui Ah! a a a a a a a Et ben moi j'veux plus! Ouh! la la

Music by Carlos Imperial
French Lyrics by Pierre Cour)
FERMATA DO BRASIL – IMG LIECHTI & CIE

*Das Chanson befindet sich nur auf der Audio CD1 (Nr. 622122, Track 43).

Collectif Métissé* zu CdA, U5, S. 73

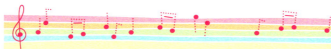

C'est le Collectif Métissé dans la place. D'accord, d'accord. Dédicace à tous la Gwada, Madinina, la Guyane, la Réunion, Mayotte! Ça envoie!

Qui est là, get down. Qui est là, get down. Oh, c'est le Collectif Métissé, on est dans la place Qu'est-ce que tu penses de ça? [Refrain]

Collectif Métissé, on compte sur vous pour bouger. Collectif Métissé' O, on compte sur vous pour danser. Collectif Métissé, on est là pour ambiancer. Collectif Métissé' O, vas-y DJ joue moi ce que j'ai envie. On est là pour danser, on n'est pas fatigués. Le Collectif te fait danser toute la nuit. On est là, pour toi …

C'est pour ça, … C'est pour ça, …
C'est pour ça, …   *Refrain*

Collectif Métissé, on compte sur vous pour bouger. Collectif Métissé' O, on compte sur vous pour danser. Collectif Métissé, on est là pour ambiancer. Collectif Métissé' O. Ça c'est la nouvelle danse. Allez marque le pas 1, 2 attrape tes cheveux et bouge la tête. Allez marque le pas 1, 2 attrape tes cheveux et bouge la tête.

Faut secouer, secouer, secouer, secouer, secouer, secouer, secouer, secouer. Aller secouer, secouer, secouer, secouer, secouer il fait chaud.

Collectif, la vie, moi, si tu me suis, sans limite toute l'année, on va bien profiter. Sème le collectif, bouge ton body. On est là, on dit quoi, sexy body. C'est pour ça, pour ça que le Collectif est là . C'est pour ça, que c'est bon d'écouter ça avec toi. C'est pour ça, on peut se comprendre toi et moi. C'est pour ça, et DJ met le son encore pour moi. [Refrain]

Collectif Métissé, on compte sur vous pour bouger. Collectif Métissé, on compte sur vous pour danser. Collectif Métissé, on es là pour ambiancer. Collectif Métissé' O. On est là pour bouger. On est là pour s'ambiancer, Collectif Métissé, hey!

Refrain

Carnascialli, Gaetan/Crepin, Frederic Bernard Henri/
Lemoine, 11
Erwan Yannick Guy/Somarriba, Claude Jose
Edition FCMV
© Universal Music Publ. GmbH, Berlin

*Das Chanson befindet sich nur auf der Audio CD2 (Nr. 622122, Track 32).

230   deux-cent-trente

Textes supplémentaires

Guito B: Le bohémien*

zu U6, S. 93

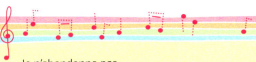

Je n'abandonne pas
Je veux voir le soleil nager dans ses bras
Et sous son chapiteau n'être que le plus beau
Pour effacer ma souffrance, ma cruelle
    innocence
Moi, le chanteur, je n'abandonne pas
Mon parcours, ma passion mon rêve et mon
    combat
les sensations extrêmes, le tandem
J'irai jusqu'à devenir un chemin d'avenir
A l'horizon des grands hommes,
Des bonhommes
Ces gens qu'on aime

Refrain:
Oui, le jour et la nuit, j'ai tout sacrifié au hasard
    des chemins
Pour vous, mes rêves de voyages, ma vie
    bohémienne, plus jamais humilié

Je n'abandonne pas
J'allumerai des bougies autant qu'il le faudra
C'est sur un lit sanguin que j'écrirai mes vers
Le temps d'une pensée, j'apprendrai à t'aimer
Toi ma plus douce, l'espérance en romance
Ces choses qu'on aime

Refrain

N'abandonne pas
Tu verras le soleil, tu nageras dans ses bras
Et sous son chapiteau, tu seras le plus beau
Il effacera ta souffrance, ta cruelle innocence
Toi, le chanteur, n'abandonne pas
N'abandonne pas
Jusqu'au dernier souffle, bats-toi

M + T: Guito B Joseph
© Caroline Joseph

*Das Chanson befindet sich nur auf der Audio CD1 (Nr. 622122, Track 5).

Camélia Jordana: Non, non, non!*

zu U8, S. 119

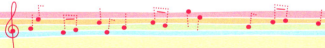

Combien de fois faut-il
Vous le dire avec style
Je ne veux pas sortir au Baron

Refrain:
Non, non, non, non
Je ne veux pas prendre l'air
Non, non, non, non
Je ne veux pas boire un verre
Non, non, non, non
Je ne veux pas l'oublier
Non, non, non, non
Je ne veux pas m'en passer

Je veux juste
Aller mal et y'a pas de mal à ça
Traîner, manger que dalle

Ecouter Barbara
Peut-être il reviendra

Non, je ne veux pas faire un tour
A quoi ça sert de faire un tour
Non, je ne veux pas me défaire
De ce si bel enfer
Qui commence à me plaire
Je ne veux pas quitter mon salon

Refrain

Je veux juste
Aller mal et y'a pas de mal à ça
Traîner, manger que dalle
Ecouter Barbara
Peut-être il reviendra

deux-cent-trente-et-un 231

Textes supplémentaires

Non, je ne veux pas aller mieux
A quoi ça sert d'aller mieux
Non, je ne veux pas m'habiller
Non plus me maquiller
Laissez-moi m'ennuyer
Arrêtez avec vos questions

Refrain

Je veux juste
Aller mal et y'a pas de mal à ça
Traîner, manger que dalle
Ecouter Barbara
Peut-être il reviendra

M.: Edouard Ficat
T.: Lescarret
© 19 Entertainment France/Strictly Confidential France/Wagram Publishing

*Das Chanson befindet sich nur auf der Audio CD3 (Nr. 622122, Track 32).

Gilles Floret: Pourquoi tu souris?*

chanson supplémentaires

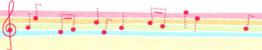

Quand je te vois, j'suis en émoi.
Ça fait des mois que toi et moi
On parle de la même voix
On fait les mêmes choix

Refrain:
Avec toi, j'ai plus peur de la vie.
Avec toi, j'ai plus peur de ce qu'on dit
Pourquoi est-ce que tu souris?
Pourquoi est-ce que je ris?

La peur d'ailleurs, le monde en pleurs
Les guerres et ses horreurs,
Et tous ces enfants qui de faim meurent,
Les hommes qui vivent dans la terreur.

Refrain

J'ai pas trop envie de grandir,
Parce que le monde est très hostile.
Le rendre meilleur, c'est notre avenir.
A deux, c'est plus facile

Refrain

Parce que je t'aime.
Parce que tu m'aimes.

M: Gilles Floret
T: Léo Koesten
© Ernst Klett Verlag GmbH, Stuttgart

*Das Chanson befindet sich nur auf der Audio CD3 (Nr. 622122, Track 46).

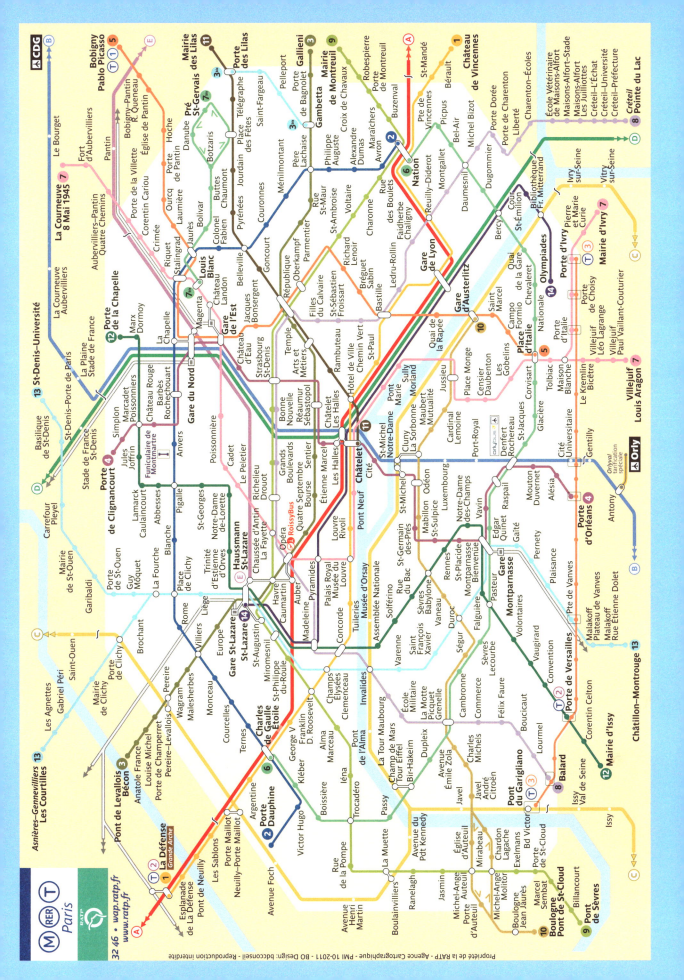